„Keiner darf fehlen im Kampf gegen Faschismus und Bolschewismus!“

Das Reichsbanner Schwarz-Rot-Gold und die „Eiserne Front“ in der Grafschaft Bentheim und im Kreis Lingen (1924–1933)

AF537883

Schriftenreihe
zur Geschichte des
Reichsbanners
Schwarz-Rot-Gold
Band 5

Helmut Lensing

„Keiner darf fehlen im Kampf gegen Faschismus und Bolschewismus!“

Das Reichsbanner Schwarz-Rot-Gold und die „Eiserne Front“ in der Grafschaft Bentheim und im Kreis Lingen (1924–1933)

(M) | METROPOL

Gefördert von:

Stiftung
Gedenkstätte
Deutscher
Widerstand

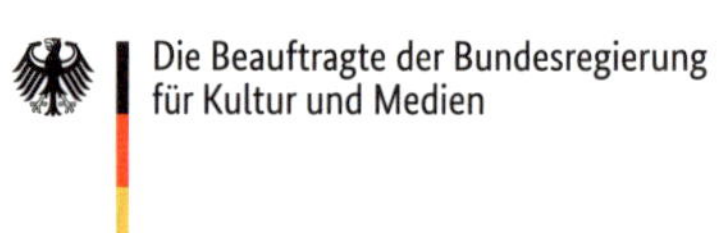

Schriftenreihe
Zur Geschichte des Reichsbanners Schwarz-Rot-Gold, Band 5

Herausgeber
Stiftung Gedenkstätte Deutscher Widerstand

Redaktion
Dr. Stefan Heinz, Dipl.-Pol. Marion Goers

Gestaltung
Braun Engels Gestaltung GmbH, Ulm
Mitarbeit: Michaela Gleinser, Susanne Jüttner, Lucie Schäufele

Druck
Königsdruck Printmedien und digitale Dienste GmbH, Berlin

Umschlagabbildung
Klebezettel der „Eisernen Front", 1932
Quelle: Bundesarchiv, R 9350/723

Alle Rechte vorbehalten
Metropol Verlag
Ansbacher Straße 70
D–10777 Berlin
www.metropol-verlag.de

© 2023 Metropol Verlag/Stiftung Gedenkstätte Deutscher Widerstand
ISBN: 978-3-86331-700-3

Inhalt

1

Die wirtschaftliche, religiöse und politische Situation in der Grafschaft Bentheim und im Kreis Lingen

Die nordwestdeutschen Landkreise Grafschaft Bentheim und Lingen entlang der niederländischen Grenze waren zur Weimarer Zeit Teil des Regierungsbezirks Osnabrück und gehörten damit der Provinz Hannover des preußischen Staates an. Die hier vorherrschenden kargen Moor- und Sandböden ließen nur eine bescheidene Landwirtschaft ohne große Rendite zu. Die gesamte Region war verkehrstechnisch wenig erschlossen.[1] 1933 existierten in beiden Landkreisen nur vier Orte von städtischer Größenordnung: Im Landkreis Bentheim hatte Nordhorn als zweitgrößte Stadt des Regierungsbezirks Osnabrück 20 220 Einwohner, und Lingen (11 591 Einwohner) war die einzige Stadt im gleichnamigen Landkreis. Dazu kamen noch Schüttorf (5459 Einwohner) und der Kreissitz Bentheim (3916 Einwohner) im Bentheimer Land.[2]

1 Vgl. Niedersächsisches Landesarchiv – Abteilung Osnabrück [künftig: NLA OS] Rep 450 Bent I L.A. Bent Nr. 464: Denkschrift: Die Notlage im Emsland, 1931. Dort finden sich auch die weiteren Angaben, sofern dies nicht anders vermerkt wird.

2 Die Daten stammen aus: Helmut Lensing, Die Region Emsland/Grafschaft Bentheim von der Gründungsphase des Kaiserreichs bis zur NS-Machtergreifung. Eine Handreichung für den Unterricht in den Sekundarbereichen I und II, hrsg. von der Emsländischen Landschaft für die Landkreise Emsland und Grafschaft Bentheim. Teil II: Quellen von der Novemberrevolution 1918 bis zur Konsolidierung der NS-Diktatur Ende 1933, Teilband II, Sögel 2009 [künftig: Lensing, Handreichung II], S. 901, 903, 905.

Die Grafschaft Bentheim umfasste eine Fläche von 915 km², wobei die Einwohnerschaft sehr ungleichmäßig verteilt war. In der Obergrafschaft, dem südlichen Teil, betrug die Bevölkerungsdichte 77 Menschen pro km², in der Mittelgrafschaft inklusive Nordhorn, der größten Gemeinde des Kreises, 131, um dann zum Norden hin in der moorreichen Niedergrafschaft auf 37 abzufallen.[3] Die Grafschaft hatte ab Mitte der 1920er-Jahre aufgrund eines Booms der Textilindustrie einen bedeutenden Einwohneranstieg zu verzeichnen. Von 49 912 Menschen 1925 wuchs die Bevölkerung in nur vier Jahren auf 57 016 Einwohner an, wobei allein Nordhorn rund 80 Prozent des Zuwachses für sich verbuchte.[4]

3 Ausführlicher zur Bevölkerungsdichte der Grafschaft: Ernst Kühle, Die Bevölkerungsdichte in der Grafschaft Bentheim, in: Grafschafter Heimat-Kalender für das Jahr 1933, bearbeitet von Heinrich Specht, hrsg. von Heinrich Kip, Neuenhaus (1932), S. 42–44.

4 Vgl. N. N., Volkszählung 1933 in der Grafschaft Bentheim, in: Das Bentheimer Land, Bd. IX. Zugleich Heimat-Kalender 1935 (Jahrbuch des Heimatvereins der Grafschaft Bentheim), Nordhorn 1934, S. 55–56. Zu Nordhorn vgl. N. N., Art. Nordhorn, in: Adreß-Buch der Stadt- und Landgemeinden des Kreises Grafschaft Bentheim 1930, bearbeitet von ten Brink, hrsg. von Engelbert Pötters, Nordhorn 1930, S. 147–151. Ausführlich zur Entwicklung Nordhorns und der Textilindustrie: Heinrich Specht, Nordhorn. Geschichte einer Grenzstadt, Nordhorn 1979 (Das Bentheimer Land, Bd. XXII) (Nachdruck der Ausgabe Nordhorn 1941), S. 294–371.

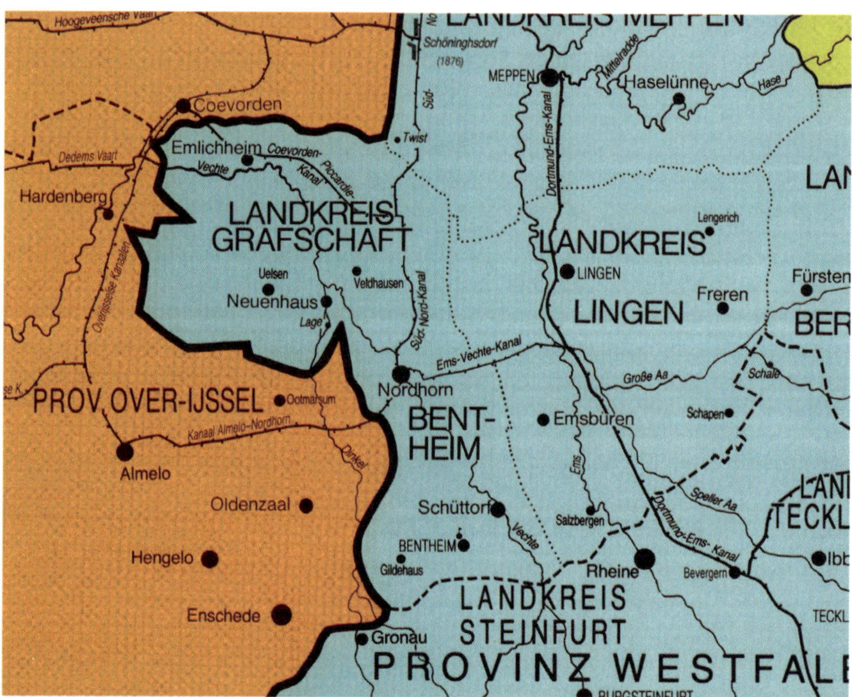

Die Landkreise Grafschaft Bentheim und Lingen während der Weimarer Republik.

Quelle: Karl-Eberhard Nauhaus, Das Emsland im Ablauf der Geschichte, Sögel 1984, Karte 63, Ausschnitt

In der Boomphase der Nordhorner Textilindustrie vergrößerten sich die Betriebe enorm. Hier wird 1928 die neue Spinnerei von Niehues & Dütting (später NINO) errichtet.
Quelle: Stadtmuseum Nordhorn/Richard Zahn

Der Landkreis war durchweg agrarisch geprägt, besaß aber einige industrielle Inseln. So stand die Grafschaft Bentheim in dem Ruf, ein Zentrum der deutschen Textilindustrie zu sein. In Nordhorn befanden sich Ende der 1920er-Jahre 6114 Webstühle, in Schüttorf 2196, in Gildehaus 690 und in Bentheim 360.[5] Am 1. Januar 1928 beschäftigten die Nordhorner Textilbetriebe 8188 Arbeiter und Angestellte.[6]

5 Vgl. Grafschafter Heimat-Kalender für das Jahr 1931, 6. Jg., bearbeitet von Heinrich Specht, hrsg. von Heinrich Kip, Neuenhaus 1930 [künftig: Heimat-Kalender 1931], S. 21.
6 Vgl. Grafschafter Heimat-Kalender für das Jahr 1929, 4. Jg., bearbeitet von Heinrich Specht, hrsg. von Heinrich Kip, Neuenhaus 1928, S. 24.

Ein Blick in den Websaal von Niehues & Dütting, ca. 1930.
Quelle: Stadtmuseum Nordhorn/ Richard Zahn

Die Nordhorn, Schüttorf und Gildehaus beherrschende Textilindustrie prägte nicht nur diese Orte, sondern gleichfalls das jeweilige Umland, kamen doch beispielsweise bei guter Wirtschaftslage selbst aus den Niederlanden Pendler nach Nordhorn. Da die Grafschaft im industriellen Sektor völlig auf die Textilindustrie gesetzt hatte, wurde der Arbeitsmarkt schnell empfindlich in Mitleidenschaft gezogen, wenn es in diesem Industriezweig kriselte, denn angesichts der industriellen Monostruktur gab für die Arbeiter keine Ausweichmöglichkeit, um anderweitig ein Auskommen zu finden. Für Jahrzehnte war Schüttorf der führende Textilort des Kreises gewesen.[7] Jedoch nahm ab der vorletzten Jahrhundertwende Nordhorn eine rasante Entwicklung, die die saturierte Schüttorfer Fabrikantenschaft nicht zu neuen Aktivitäten anstachelte. Dadurch verlagerte sich der wirtschaftliche und politische Schwerpunkt der Grafschaft immer mehr nach Nordhorn und seinen während der Zeit der Weimarer Republik sukzessive eingemeindeten Nachbargemeinden. Nordhorn, als Boomtown amerikanischen Ausmaßes reichsweit bekannt geworden, musste durch Eingemeindungen und Zuwanderungen aufgrund einer in der Blütezeit der Weimarer Republik ungemein florierenden und expandierenden Textilindustrie im Zeitraum von 1919 bis 1933 einen Sprung von 2525 auf 20 220 Einwohner verkraften.[8]

Konfessionell dominierte in der Grafschaft Bentheim der calvinistisch geprägte reformierte Bevölkerungsteil. 1925 waren 81,8 Prozent der Einwohnerschaft evangelisch, wobei sich ungefähr 75 Prozent der Kreiseinwohner als evangelisch-reformiert bezeichneten. Etwa 4,8 Prozent der Grafschafter bekannten sich als Anhänger der streng orthodoxen altreformierten Kirche, die sich 1834 von der reformierten Gemeinschaft getrennt hatte. Die altreformierten Gläubigen lebten schwerpunktmäßig in der Niedergrafschaft und besaßen enge Verbindungen in die benachbarten Niederlande.[9] Beiden reformierten Glaubensrichtungen gemein war eine strenge Heiligung des Sonntags

7 Vgl. dazu Hermann Criegee, Textilindustrie in Schüttorf, in: Heinrich Voort (Schriftleitung), 1295–1995. 700 Jahre Stadtrechte Schüttorf. Beiträge zur Geschichte, hrsg. von der Stadt Schüttorf, Bad Bentheim 1995 (Das Bentheimer Land, Bd. 134) [das Buch künftig: Voort, Schüttorf], S. 463–508.

8 Vgl. Lensing, Handreichung II, S. 903.

9 Zu den Altreformierten vgl. Gerrit Jan Beuker, Umkehr und Erneuerung. Aus der Geschichte der Evangelisch-altreformierten Kirche in Niedersachsen 1835–1988, hrsg. von der Synode der Ev.-altref. Kirche in Niedersachsen, Bentheim 1988, S. 331; Lensing, Handreichung II, S. 895.

mit einem Vormittags- und einem Nachmittagsgottesdienst. Am Tag des Herrn wurde nur die nötigste Arbeit verrichtet und keinem Sport oder anderen Vergnügungen nachgegangen. In den reformierten Dörfern ruhte am Sonntag das öffentliche Leben mit Ausnahme kirchlicher Veranstaltungen komplett.[10] Das religiöse Leben in den orthodox-reformierten Grafschafter Gemeinden war sehr lebendig, der theologische Bildungsstand der Bevölkerung außergewöhnlich hoch, zumal hier eine besondere Ausprägung der reformierten Lehre vorherrschte.[11]

Die Katholiken stellten 1925 im Bentheimer Land 18 Prozent der Bevölkerung. Sie konzentrierten sich in drei rein katholischen Dörfern an der Grenze zum Kreis Lingen sowie in der aufblühenden Textilstadt Nordhorn. Ihre politische Vertretung, die Zentrumspartei, besaß nachweislich Ortsgruppen in Schüttorf, Bentheim, Nordhorn, Wietmarschen und Neuenhaus, dazu vermutlich in Emlichheim/Laar.[12]

Aufgrund des Booms der Nordhorner Industrie setzte Mitte der 1920er-Jahre ein Zuzug vieler zumeist katholischer Arbeiter vornehmlich aus dem Ruhrgebiet ein. Im Verein mit der hohen Geburtenrate der katholischen Bevölkerung stieg deren Anteil im Kreis bis 1933 auf 22,7 Prozent an.[13] Zeitgleich verringerte sich durch Abwanderung die Zahl der jüdischen Gläubigen von 0,4 auf 0,26 Prozent, womit sie beträchtlich unter dem Durchschnitt des Deutschen Reichs lag.[14]

1925 wurde der Kreis Lingen von 42 853 Menschen bewohnt, von denen ein Viertel in der Kreisstadt selbst lebte. Mit 54 Personen pro km² lag der Kreis Lingen um 15 Menschen pro km² unterhalb der Bevölkerungsdichte des Regierungsbezirks Osnabrück.[15] In der Behördenstadt Lingen fungierte das Reichsbahnausbesserungswerk (RAW), bei dem 1925 1653 Personen beschäftigt waren, als größter industrieller Arbeitgeber und

10 Vgl. Albert Rötterink, Sonntag in der Grafschaft Bentheim – ein Blick zurück, in: Bentheimer Jahrbuch 2002, Bad Bentheim 2001 (Das Bentheimer Land, Bd. 155), S. 77–92.

11 Vgl. zu den Auswirkungen: Karl Koch, Kohlbrüggianer in der Grafschaft Bentheim. Eine Studie zur reformierten Kirchengeschichte der Grafschaft Bentheim zwischen 1880 und 1950. Zugleich ein Beitrag zur Geschichte des Kirchenkampfes, in: Emsland/Bentheim. Beiträge zur Geschichte, Bd. 12, hrsg. von der Emsländischen Landschaft für die Landkreise Emsland und Grafschaft Bentheim, Sögel 1996, S. 355–432.

12 Zur Organisation des Zentrums im Bentheimer Land vgl. Helmut Lensing, Die politische Partizipation der Bürger. Wahlen und Parteien in der Grafschaft Bentheim, in: Heinrich Voort (Hrsg.), 250 Jahre Bentheim – Hannover. Die Folgen einer Pfandschaft 1752–2002, hrsg. i. A. des Landkreises Grafschaft Bentheim, Bad Bentheim 2002 (Das Bentheimer Land, Bd. 156), S. 127–266, hier S. 144–148 [der Beitrag künftig: Lensing, Partizipation].

13 Vgl. Heimat-Kalender 1931, S. 21.

14 Die Daten wurden entnommen aus: Das Bentheimer Land, Bd. XII. Zugleich Heimat-Kalender 1937 (Jahrbuch des Heimatvereins der Grafschaft Bentheim), Nordhorn 1936, S. 17–18.

15 Vgl. dazu (Johannes) Brans, Der Kreis Lingen. Wirtschaft und Statistik, in: „Osnabrücker Volkszeitung", Nr. 62 vom 2.3.1932 [künftig: Brans, Kreis Lingen].

dominierte hierdurch das örtliche wirtschaftliche Leben. Allerdings war das RAW ständig zumindest von Teilschließungen bedroht, und es kam immer wieder zu Entlassungswellen. So kündigte etwa das RAW Anfang Mai 1932 105 Handwerkern, sodass nur noch 837 Beschäftigte verblieben. Lingen bildete zugleich das ökonomische Zentrum des Kreises. Von den 10 872 Arbeitern im Kreis (= 25,4 Prozent der Beschäftigten) war fast die Hälfte in der Stadt Lingen ansässig, bei den Beamten und Angestellten waren dies über zwei Drittel, sodass der Rest des Kreises durchweg landwirtschaftlich strukturiert war. In der Land- und Forstwirtschaft arbeiteten 60 Prozent der Beschäftigten. In der Endphase der Weimarer Republik verzeichnete die Stadt vor allem wegen der vielen Entlassungen im RAW eine hohe Arbeitslosigkeit von 19 Prozent.[16]

16 Vgl. hierzu „Freie Presse", Osnabrück [künftig: FP], Nr. 112 vom 14.5.1932; Ludwig Remling, Von der Demokratie zur Diktatur. Lingen 1932–1933, in: Emsland-Jahrbuch. Jahrbuch des Emsländischen Heimatbundes, Bd. 60 (2014) [künftig: Remling, Lingen], S. 75–106, hier S. 80–81.

Die Lokwerkstatt des Lingener Reichsbahnausbesserungswerks, 1928.
Quelle: Stadtarchiv Lingen, Fotosammlung Nr. 0502

Blick in eine Halle des Lingener Reichsbahnausbesserungswerks, 1928.
Quelle: Stadtarchiv Lingen, Fotosammlung Nr. 0505

Innerhalb des Kreises bildete die namensgebende Kreisstadt – konfessionell betrachtet – ein bemerkenswertes Kuriosum: Jahrhundertelang dominierten dort innerhalb eines katholischen Umfelds infolge obrigkeitlicher Protektion die Protestanten, die bis zum Ende des Kaiserreichs eine privilegierte Stellung bewahren konnten. Indes gerieten sie infolge der zunehmenden Einwanderung aus dem Kreisgebiet in der zweiten Hälfte des 19. Jahrhunderts in eine Minderheitenposition.
Die reformierten und lutherischen Protestanten stellten 1925 mit 4089 Personen 37,5 Prozent der Einwohnerschaft Lingens, katholisch waren 60 Prozent (= 6565 Menschen). Die jüdischen Gläubigen konzentrierten

sich auf die Stadt Lingen, wo sie 0,7 Prozent der Einwohnerschaft ausmachten, im restlichen Kreisgebiet lediglich 0,2 Prozent. Im gesamten Kreis gaben nur 0,1 Prozent der Einwohner an, keiner Religionsgemeinschaft anzugehören, während 12,6 Prozent evangelisch und 86,6 Prozent katholisch waren.[17]

Die politische Situation in den beiden Landkreisen spiegelte die konfessionellen und ökonomischen Gegebenheiten wider. Im Bentheimer Land waren die evangelischen Einwohner traditionell national, rechtsgerichtet und regierungstreu eingestellt. Die Sozialdemokratische Partei Deutschlands (SPD) gründete hier erst in der Revolutionsphase 1918/19 in den Textilorten Nordhorn, Schüttorf, Bentheim und Gildehaus Ortsgruppen, wobei Nordhorn und Schüttorf die mitgliederstärksten Ortsvereine stellten. Auf dem Land war die Partei nicht vertreten. In der Ortsgruppe Neuenhaus/Niedergrafschaft versammelten sich die verstreuten Mitglieder der gesamten Niedergrafschaft. Um 1930 fusionierten offenbar die Ortsgruppen Bentheim und Gildehaus, da die Partei in Bentheim nach dem Tod des Vorsitzenden an Boden verlor.[18] Der Rechenschaftsbericht der SPD im Wahlkreis Weser-Ems hielt zur Situation der Partei 1927 fest:

17 Brans, Kreis Lingen. Hier finden sich detaillierte Statistiken zur Wirtschaftsgliederung des Kreises. Zur dominierenden Stellung des Reichsbahnausbesserungswerks in Lingen und zur Arbeitslosigkeit vgl. Martin Löning, Die Durchsetzung nationalsozialistischer Herrschaft im Emsland (1933–1935), in: Emsland/Bentheim. Beiträge zur Geschichte, Bd. 12, hrsg. von der Emsländischen Landschaft für die Landkreise Emsland und Grafschaft Bentheim, Sögel 1996 [künftig: Löning, Durchsetzung], S. 7–353, hier S. 30; N. N., Die beruflich-sozialen Verhältnisse in Lingen, in: „Lingener Tageszeitung", Rheine/Lingen [künftig: LT], vom 27.2.1930. Da nur die Lokalseiten erhalten sind, kann bei dieser Zeitung die Nummer der Ausgabe nicht angegeben werden.

18 Vgl. Lensing, Partizipation, S. 140–144.

19 N. N., Die SPD. im Bezirk Oldenburg-Ostfriesland-Osnabrück. Der Rechenschaftsbericht, in: FP, Nr. 2100 vom 19.2.1927.

„Im Regierungsbezirk Osnabrück bilden den Kern des Parteilebens natürlich in erster Linie ebenfalls die Industrieorte. In den ausgesprochenen Landgemeinden hält auch dort die Schaffung örtlicher Wahlvereine nur schwer. [...]

Ein sehr großer Teil der Heuerleute wird durch seine wirtschaftliche Notlage zunächst einmal aufgerüttelt und wendet sich in immer steigendem Maße von den bürgerlichen Parteien ab und in einem gewissen Umfange den sozialdemokratischen Gedankengängen zu. Diese Entwicklung steckt in den Kinderschuhen.“[19]

Die katholische Arbeiterschaft der Grafschaft stand weitgehend geschlossen hinter der Zentrumspartei. Nur in Nordhorn wechselten katholische Werktätige während der Weltwirtschaftskrise zur Kommunistischen Partei Deutschlands (KPD).[20] Das Zentrum als Partei der katholischen Minderheit war in der Grafschafter Diaspora politisch relativ stabil. 1919 in Nordhorn mit 26,5 Prozent gestartet, konnte es seine Ergebnisse bei den Reichstagswahlen durch die Zuwanderung von Katholiken bis 1928 auf 28,3 Prozent steigern, verlor dann jedoch vornehmlich an die KPD und errang 1933 24,4 Prozent.[21] Die Wählerzahl stieg jedoch in absoluten Zahlen, weshalb der prozentuale Rückgang teilweise auch eine Folge der Eingemeindungen protestantischer Umlandgemeinden war.

Die SPD errang in der Textilarbeiterstadt 1919 27,0 Prozent und erreichte im Mai 1924 nach dem Zusammenschluss mit der „Rest"-Unabhängigen Sozialdemokratischen Partei Deutschlands (USPD) im Jahr 1922 als Vereinigte Sozialdemokratische Partei Deutschlands (VSPD) ihren besten Wert mit 33,5 Prozent. Dann verlor sie viele Wähler an die KPD, aber auch an die Nationalsozialisten. 1933 errang die Sozialdemokratie lediglich 11,4 Prozent unter den Nordhorner Wählern. Während die SPD in der Endphase der Weimarer Republik deutlich an Zustimmung einbüßte, stieg die KPD hingegen in Nordhorn von 5,7 Prozent im Mai 1924 bis November 1932 auf 17,0 Prozent und überflügelte bereits im Juli 1932 die SPD.

Die linksliberale Deutsche Demokratische Partei (DDP) wurde 1919 – trotz der eher konservativen Ausrichtung der Grafschafter Bevölkerung – mit 45,0 Prozent der gültigen Stimmen stärkste Partei im Landkreis. Grund dafür war die antichristliche Kulturpolitik des preußischen Kultusministers Adolph Hoffmann (1858–1930) von der USPD, die die Menschen der Region in Scharen auf die Barrikaden trieb. Große Teile der reformierten Kirche der Grafschaft und die orthodox-calvinistischen

20 In der Kartei der politischen Polizei der Weimarer Republik für den Regierungsbezirk Osnabrück (NLA OS Rep 439 Nr. 19) finden sich – ergänzt durch spätere Einträge der Gestapo – die Namen zahlreicher KPD-Mitglieder und -Anhänger aus Nordhorn, darunter viele Niederländer, ebenso etliche aus Lingen. Viele waren katholisch oder gehörten vor ihrem Kirchenaustritt der katholischen Kirche an.

21 Vgl. dazu Tab. 3. Das Nordhorner Zentrum hatte ein dichtes Organisationsnetz aufgebaut und besaß eine Jugendorganisation, einen eigenen Arbeiter- und Angestelltenbeirat und veranstaltete etwa Großkundgebungen mit dem Vorsitzenden der christlichen Gewerkschaften, dem ehemaligen preußischen Ministerpräsidenten Adam Stegerwald (1874–1945) sowie Versammlungen eigens für Arbeiter (vgl. etwa für 1932: „Nordhorner Anzeiger", Münster/Nordhorn [künftig: NA], Nr. 46 vom 26.1.1932; NA, Nr. 365 vom 16.7.1932; NA, Nr. 391 vom 30.7.1932; NA, Nr. 403 vom 5.8.1932; NA, Nr. 517 vom 5.10.1932; NA, Nr. 525 vom 9.10.1932; NA, Nr. 530 vom 12.10.1932; NA, Nr. 648 vom 14.12.1932; NA, Nr. 659 vom 20.12.1932).

Altreformierten riefen zur Wahl der DDP auf, die in einer erwarteten Koalition mit der Mehrheits-Sozialdemokratischen Partei Deutschlands (MSPD) in der Kultur- und Wirtschaftspolitik mäßigend auf diese einwirken sollte.[22]

Nachdem sie diese politische Funktion erfüllt hatten, verloren die Linksliberalen anschließend ständig an Unterstützung. Im Mai 1924 versammelten sie nur noch 5,6 Prozent der Grafschafter Wähler hinter sich. Die Zahl der Ortsgruppen wie der organisierten Mitglieder schrumpfte stark. Mitte der 1920er-Jahre wiesen die Ortsgruppen Nordhorn und Schüttorf lediglich 20 Mitglieder auf. Die übrigen Ortsgruppen waren sogar noch mitgliederschwächer. In der Kreisstadt Bentheim wie im benachbarten Gildehaus verzeichneten die Linksliberalen zehn eingeschriebene Mitglieder. Im Niedergrafschafter Emlichheim waren es 15. Die ländlichen Ortsgruppen Hoogstede, Neuenhaus, Lage und Uelsen gaben keine Mitgliederzahlen an,[23] doch dürfte die Zahl der eingeschriebenen Parteimitglieder dort noch niedriger gewesen sein.

Die Nationalsozialisten konnten von Bentheim aus in Nordhorn relativ früh eine Ortsgruppe konstituieren, doch war ihr Wählerzuspruch in den 1920er-Jahren bescheiden. Erst zur Reichstagswahl von 1930 wurden sie mit 15,8 Prozent ein Faktor in der Stadtpolitik. Auf Kosten der bürgerlichen Parteien und der vielen kleinen Interessenparteien wuchs sie bis 1933 auf beachtliche 42,2 Prozent. In den evangelischen Bauerschaften des Landkreises wurde ihr Vormarsch gelegentlich noch vom betont protestantischen Christlich-Sozialen Volksdienst (CSVD) oder den Deutschnationalen gebremst. Aber in vielen Gemeinden wurde die Nationalsozialistische Deutsche Arbeiterpartei (NSDAP) die evangelische Sammlungspartei schlechthin mit Werten bis über 90 Prozent der Wähler.[24]

22 Darüber hinaus besaß der DDP-Parteiführer Friedrich Naumann (1860–1919) im Landkreis Sympathien, weil er mit seinem Nationalsozialen Verein um die Jahrhundertwende unter den Textilarbeitern der Region viele Anhänger gefunden hatte. Überdies warb auf dem Lande ein DDP-naher Kleinbauernverband, der Deutsche Bauernbund, für die Linksliberalen.
Vgl. zu Details Helmut Lensing, Der reformierte Protestantismus in der Grafschaft Bentheim während der Weimarer Republik und das Aufkommen des Nationalsozialismus bis zu seiner Etablierung Ende 1933, in: Jahrbuch der Gesellschaft für niedersächsische Kirchengeschichte, Bd. 105 (2007) [künftig: Lensing, Protestantismus], S. 95–166, hier S. 109–115.

23 Vgl. Organisationshandbuch der Deutschen Demokratischen Partei, hrsg. von der Reichsgeschäftsstelle der Deutschen Demokratischen Partei, Berlin 1926 [künftig: Organisationshandbuch der DDP], S. 210; Lensing, Partizipation, S. 148–151.

24 Detailliert dazu: Helmut Lensing, Der Aufstieg der Nationalsozialistischen Deutschen Arbeiterpartei in der Grafschaft Bentheim 1923–1933, in: Osnabrücker Mitteilungen. Mitteilungen des Vereins für Geschichte und Landeskunde von Osnabrück (Historischer Verein), Bd. 111 (2006) [künftig: Lensing, Aufstieg NSDAP Grafschaft], S. 255–296.

Tab. 1: Die Wahlresultate in Nordhorn (Reichstagswahlen 1919–1933)[25]

	1919	1920	1924 I	1924 II	1928	1930	1932 I	1932 II	1933
Wahlber.		1 266	3 676	3 765	6 202	9 693		10 924	11 245
Wähler		1 014	2 644	2 883	4 194	8 494			10 029
ungültig		1	64	57	168	33			92
gültig	1 176	1 013	2 580	2 826	4 026	8 461	9 072	8 942	9 937
Wahlbet.		80,1 %	71,9 %	76,6 %	67,6 %	87,6 %		81,6 %	89,2 %
Zentrum	310	265	577	638	1 141	2 041	2 086	2 115	2 421
	26,4 %	26,2 %	22,4 %	22,6 %	28,3 %	24,1 %	23 %	23,7 %	24,4 %
DNVP/	33	83	444	419	293	229	239	365	386
KFSWR	2,8 %	8,2 %	17,2 %	14,8 %	7,3 %	2,7 %	2,6 %	4,1 %	3,9 %
DVP	199	188	304	446	545	279	41	129	40
	16,9 %	18,6 %	11,9 %	17,7 %	13,5 %	3,3 %	0,5 %	1,4 %	0,4 %
DDP/	313	207	137	133	159	152	22	19	19
DStP	26,6 %	20,4 %	5,3 %	4,7 %	3,9 %	1,8 %	0,2 %	0,2 %	0,2 %
SPD	317	233	725	948	1 210	1 398	1 231	1 153	1 131
	27 %	23 %	28,1 %	33,5 %	30,1 %	16,5 %	13,6 %	12,9 %	11,4 %
KPD		6	146	123	327	949	1 430	1 518	1 290
		0,6 %	5,7 %	4,4 %	8,1 %	11,2 %	15,8 %	17 %	13 %
VSB/			69	70	69	1 296	3 550	3 123	4 198
NSDAP			2,7 %	2,5 %	1,7 %	15,3 %	39,1 %	34,9 %	42,2 %
DHP	4	11	44	14	27	57	1	27	6
	0,3 %	1,1 %	1,7 %	0,5 %	0,7 %	0,7 %	0 %	0,3 %	0 %
CSVG*/		2	85	28	22				
CSRP		0,2 %	3,3 %	1 %	0,5 %				
CNBLP/					91	61			
DL					2,3 %	0,7 %			
USPD		18	5			4			
		1,8 %	0,2 %			0 %			
CSVD						1 736	444	272	445
						20,5 %	4,9 %	5,3 %	4,5 %
WP					86	201	10	2	
					2,1 %	2,4 %	0,1 %	0 %	
Sonstige			44	5	56	58	18	19	1
			1,7 %	0,2 %	1,4%	0,7 %	0,2 %	0,2 %	0 %

***1920: Christlich-Soziale Volkspartei.**
Durch Eingemeindungen und Zuzug vergrößerte sich die Zahl der Wahlberechtigten enorm. Soweit Angaben fehlen, konnten diese nicht rekonstruiert werden.

Unter den Nordhorner Textilarbeitern besaß zunächst die SPD eine herausragende Stellung. Die vor dem Ersten Weltkrieg führenden christlichen Gewerkschaften waren in den Revolutionstagen 1918 führerlos, da ihre Leiter entweder gefallen waren oder an den Fronten Dienst taten, während die SPD mit dort stationierten oder zufällig auf Heimat- oder Genesungsurlaub weilenden freien Gewerkschaftern starke Präsenz zeigen konnte.[26] Der sozialistische Deutsche Textilarbeiter-Verband (DTV) wurde zunächst die stärkste gewerkschaftliche Organisation in den Betrieben, doch überflügelte der Christliche Textilarbeiter-Verband (CTV), der einen starken evangelischen Zweig aufbauen konnte, ab 1928 die sozialistische Konkurrenz. 1929 hatte der DTV in Nordhorn nach dem Auszug der Kommunisten 1048 Mitglieder, während sich der CTV auf 1526 Anhänger gesteigert hatte. Beide arbeiteten zunehmend zusammen, da ab 1930 die Weltwirtschaftskrise mit den vielen Lohnkonflikten und der anschwellenden Arbeitslosigkeit einen Aufschwung der kommunistischen Revolutionären Gewerkschafts-Opposition (RGO) bewirkte, die den etablierten Gewerkschaften zu schaffen machte.[27]

Im Kreis Lingen dominierte seit Gründung des Kaiserreichs die katholische Zentrumspartei das politische Leben. Die beträchtlichen sozialen Spannungen der Weimarer Republik trafen aber auch sie, sodass das Zentrum zwischen 1920 und 1928 in der Stadt Lingen Verluste erlitt. Vor allem linkskatholische Splitterparteien – 1920 die Christlich-Soziale Volkspartei, ein Eigengewächs des Lingener Lands, 1924 die Christlich-Soziale Volksgemeinschaft (CSVG) und 1928 die Christlich-Soziale Reichspartei (CSRP) – fanden Wähler speziell in der Arbeiterschaft und bei Jungwählern.[28] Wenn man die prozentualen Resultate von 1919 und 1933 vergleicht, blieb die Partei jedoch stabil um die 40 Prozent. Die SPD hingegen fiel in diesem Zeitraum von

25 Die Ergebnisse wurden entnommen aus: Helmut Lensing, Die Region Emsland/Grafschaft Bentheim von der Gründungsphase des Kaiserreichs bis zur NS-Machtergreifung. Eine Handreichung für den Unterricht in den Sekundarbereichen I und II, hrsg. von der Emsländischen Landschaft für die Landkreise Emsland und Grafschaft Bentheim. Teil II: Quellen von der Novemberrevolution 1918 bis zur Konsolidierung der NS-Diktatur Ende 1933. Teilband I, Sögel 2009 [künftig: Lensing, Handreichung I], S. 602.

26 Vgl. Lensing, Partizipation, S. 140.

27 Vgl. Helmut Lensing, Die Betriebsratswahlen in der Nordhorner Textilindustrie während der Weimarer Republik. Ein Beitrag zur Geschichte der Arbeiterbewegung in der Grafschaft Bentheim, in: Studiengesellschaft für Emsländische Regionalgeschichte (Hrsg.), Emsländische Geschichte 8 (2000) [die Reihe künftig: EG], S. 41–104, hier S. 46–47 (Mitgliederzahlen von DTV, CTV, der Nationalsozialistischen Betriebszellen-Organisation (NSBO) und der RGO), 71, 88 [künftig: Lensing, Betriebsratswahlen Nordhorn].

28 Zu Details vgl. Helmut Lensing, Die Zentrumspartei in der Provinz Hannover während der Weimarer Republik – Teil 1, in: EG 25 (2018) [künftig: Lensing, Zentrumspartei], S. 57–221, hier S. 134–138. Auf dem Land wechselten viele Heuerleute zur Christlich-Sozialen Volksgemeinschaft.

32,6 Prozent auf 13,0 Prozent ab. Gewinnerinnen dieser Entwicklung waren zunächst die USPD, dann die KPD, die im November 1932 sogar mit 17,2 Prozent der gültigen Stimmen in der Kreisstadt Lingen die SPD, die 14,3 Prozent erreichte, übertrumpfte. So kommt der Historiker Gerd Steinwascher zu dem Resümee:

„Die Schwäche der Sozialdemokraten im Emsland zeigte sich schließlich während der Weltwirtschaftskrise, als sie überproportional an die KPD verloren."[29]

Außerhalb von Lingen konnte die Partei, die sich auf die evangelische Arbeiterschaft stützte, keine Ortsgruppe im katholischen Landkreis errichten.

Die linksliberale DDP war demgegenüber in Lingen weitgehend bedeutungslos. 1919 mit 3,9 Prozent gestartet, blieb sie immer im Schatten der rechtsliberalen Deutschen Volkspartei (DVP), die stark in den beiden evangelischen Gemeinden der Stadt verankert war. Trotz einiger Stimmengewinne 1924 war sie bzw. die Deutsche Staatspartei (DStP) in der Endphase der Weimarer Republik in der Emsstadt quasi bedeutungslos. Ab 1932 erzielte sie Resultate von 0,5 Prozent oder darunter.

Im Kreis Lingen startete das Zentrum 1919 mit 79,0 Prozent und erhielt 1933 64,9 Prozent. Tiefpunkt war allerdings der Mai 1924, als die linkskatholische CSVG 19,2 Prozent der Stimmen erhielt, mit lediglich 58,2 Prozent. Die SPD sackte auf Kreisebene von 1919 mit 10,5 Prozent der gültigen Stimmen auf 3,9 Prozent 1933 ab.

29 Gerd Steinwascher, Politische Geschichte im 19. und in der ersten Hälfte des 20. Jahrhunderts, in: Werner Franke/Josef Grave/Heiner Schüpp/Gerd Steinwascher (Hrsg.), Der Landkreis Emsland. Geographie – Geschichte – Gegenwart. Eine Kreisbeschreibung, hrsg. im Auftrag des Landkreises Emsland, Meppen 2002, S. 333–379, hier S. 369. In der Nachkriegszeit war der Lingener SPD das Wissen über ihre Geschichte in der Weimarer Republik nahezu komplett abhandengekommen. In ihrer Parteigeschichte referierte sie über diese Zeit quasi nur die Wahlresultate (vgl. Willi Wolf, 60 Jahre Lingener SPD, in: SPD Ortsverein Lingen (Hrsg.), 60 Jahre SPD. 1919–1979 Ortsverein Lingen, Lingen 1979, S. 33–43, hier S. 35).

Die KPD überrundete im Kreis Lingen im Sommer 1932 wie in Nordhorn mit ihren 6,4 Prozent die SPD mit 4,4 Prozent. Im Gegensatz zur SPD gewann sie auch vermehrt Katholiken als Wähler. Die NSDAP errang 1930 auf Kreisebene 5,0 Prozent, also erheblich weniger als in der Grafschaft und auf Reichsebene. Dies blieb bis 1933 so, als sie mit 22,3 Prozent ihren besten Wert während der Weimarer Republik erreichte.[30] Die Nationalsozialisten waren in der Kreisstadt relativ schwach. 1930 kamen sie auf 8,1 Prozent der Stimmen, also weit unterhalb ihres Ergebnisses auf Reichsebene. Im November 1932 war ihr Wert auf 18,0 Prozent gestiegen. Auch dies stellte ein weit unterdurchschnittliches Resultat dar, ebenso die 27,9 Prozent am 5. März 1933. Leiter der Partei in Stadt und Kreis Lingen war der Student Erich Plesse (1909–1945?).[31] Die bis 1933 sehr schwachen Resultate der NSDAP im Emsland resultierten daraus, dass die hier dominierende Zentrumspartei von Beginn an eine sehr entschiedene Haltung gegen die NS-Ideologie einnahm. So gehörten emsländische Landkreise zu den zehn deutschen Landkreisen mit den schlechtesten NSDAP-Wahlergebnissen auf Reichsebene. Wegen des vergleichsweise hohen Protestantenanteils gehörte der Kreis Lingen jedoch nicht dazu.[32]

30 Vgl. dazu die Tab. 2. Zu den Resultaten im Kreis Lingen: Lensing, Handreichung I, S. 558.
31 Zur NSDAP im Kreis und vor allem in der Stadt Lingen vgl. Helmut Lensing, Die „Nationalsozialistische Deutsche Arbeiterpartei" (NSDAP) im Emsland von ihren Anfängen bis zum Beginn der NS-Diktatur 1933, in: EG 20 (2013) [künftig: Lensing, NSDAP im Emsland], S. 258–481, hier S. 305–307, 448–460, zur politischen Entwicklung im Emsland in der Endphase der Weimarer Republik: Löning, Durchsetzung, S. 84–143.
32 Vgl. Jürgen W. Falter, Hitlers Wähler, München 1991, S. 160–161; Lensing, NSDAP im Emsland, S. 313–327, 347–397.

Tab. 2: Die Wahlergebnisse der Stadt Lingen (Reichstagswahlen 1919–1933)[33]

	1919	1920	1924 I	1924 II	1928	1930	1932 I	1932 II	1933
Wahlber.	5 684	5 918	5 947	5 998	6 277	6 462	6 423	6 594	6 814
Wähler	4 846	4 812	4 752	4 865	4 919	5 572	5 885	5 499	6 136
ungültig	4	17	108	61	94	45	42	50	48
gültig	4 842	4 795	4 644	4 804	4 825	5 527	5 843	5 449	6 088
Wahlbet.	85,3 %	81,3 %	79,9 %	81,1 %	79 %	86,2 %	91,6 %	83,4 %	90 %
Zentrum	1 971	1 750	1 498	1 830	1 813	2 339	2 459	2 242	2 392
	40,7 %	36,5 %	32,3 %	38,1 %	37,6 %	42,3 %	42,1 %	41,1 %	39,3 %
DNVP/	27	62	252	297	175	95	169	256	329
KFSWR	0,6 %	1,3 %	5,4 %	6,2 %	3,6 %	1,7 %	2,9 %	4,7 %	5,4 %
DVP	816	657	479	531	584	311	45	130	60
	16,9 %	13,7 %	10,3 %	11,1 %	12,1 %	5,6 %	0,8 %	2,4 %	1 %
DDP/	188	189	220	206	156	98	27	20	17
DStP	3,9 %	3,9 %	4,7 %	4,3 %	3,2 %	1,8 %	0,5 %	0,4 %	0,3 %
SPD	1 578	864	597	718	977	1 223	959	779	790
	32,6 %	18 %	12,9 %	14,9 %	20,2 %	22,1 %	16,4 %	14,3 %	13 %
KPD		22	714	718	516	536	811	939	739
		0,5 %	15,4 %	14,9 %	10,7 %	9,7 %	13,9 %	17,2 %	12,1 %
VSB/			59	32	95	449	1 291	982	1 698
NSDAP			1,3 %	0,7 %	2 %	8,1 %	22,1 %	18 %	27,9 %
DHP	262	109	139	126	63	116	4	8	7
	5,4 %	2,3 %	3 %	2,6 %	1,3 %	2,1 %	0,1 %	0,1 %	0,1 %
CSVG*/		434	614	331	350	53			
CSRP		9,1 %	13,2 %	6,9 %	7,3 %	1 %			
CNBLP/					13	1	1	1	
DL					0,3 %	0 %	0 %	0 %	
USPD		708	16						
		14,8 %	0,3 %						
CSVD						116	72	72	56
						2,1 %	1,2 %	1,3 %	0,9 %
WP					40	114	2	2	
					0,8 %	2,1 %	0 %	0 %	
Sonstige			56	15	43	38	3	18	
			1,2 %	0,6 %	0,9 %	0,7 %	0,1 %	0,3 %	

***1920: Christlich-Soziale Volkspartei.**
Soweit Angaben fehlen, konnten diese nicht rekonstruiert werden.

Die sozialistische Gewerkschaftsbewegung war im Kreis Lingen vor allem auf das RAW beschränkt, ansonsten war die Lingener Arbeiterschaft „fast restlos christlich“[34] organisiert. Bei den Betriebsratswahlen im Lingener RAW war in der Regel der sozialistische Deutsche Eisenbahner-Verband (DEV), später umbenannt in Einheitsverband der Eisenbahner Deutschlands (EdED), die stärkste Kraft. Der christliche Flügel der Arbeiterschaft war gespalten. Der kleinere Teil folgte dem Allgemeinen Eisenbahner-Verband (AEV). Er war als älteste Gewerkschaft des Emslandes auf Reichsebene Teil der liberalen Hirsch-Dunckerschen Gewerkschaftsbewegung, wobei die Lingener Ortsgruppe von Linkskatholiken geprägt wurde. In den wirtschaftlichen Krisenjahren der Weimarer Republik reichte ihr Stimmenanteil schließlich nicht mehr für Mandatsgewinne. Der größere Teil der katholischen Arbeiter folgte der Gewerkschaft deutscher Eisenbahner (GdE), in Lingen Mitglied des starken christlichen Gewerkschaftskartells der Stadt. Seit 1929 war auch die kommunistische RGO mit einem Mandat im RAW-Betriebsrat vertreten.[35]

Vor diesem Hintergrund sollen nun die Entstehung und das Wirken des Reichsbanners Schwarz-Rot-Gold im Bentheimer Land und in der Stadt Lingen untersucht werden, wobei insbesondere ein Blick auf das Verhältnis zu den Zentrumsleuten und den Linksliberalen, die organisatorische Entwicklung des Verbandes und seine Aktivitäten zum Schutz der Republik wie zur Gewinnung und Haltung von Mitgliedern geworfen werden. Umstritten ist besonders, inwieweit sich Personen außerhalb der SPD im Reichsbanner und vor allem der „Eisernen Front“ engagierten, weshalb diese Frage im Fokus der Untersuchung stehen wird.

33 Die Wahlresultate stammen aus Lensing, Handreichung I, S. 596.
34 Zitat nach dem Bericht über eine Ortskartell-versammlung der Lingener christlichen Gewerkschaften 1928, in: LT vom 14.3.1928.
35 Detaillierter zu den einzelnen Gewerkschaften vor Ort vgl. Helmut Lensing, Betriebsratswahlen im Lingener Reichsbahnausbesserungswerk während der Weimarer Republik, in: Jahrbuch des Emsländischen Heimatbundes, Bd. 41 (1995) [künftig: Lensing, Betriebsratswahlen Lingen], S. 82–103.

Das regionale Reichsbanner ist bislang nur am Rande im Rahmen einiger Orts- und Parteiengeschichten behandelt worden, wobei etliche aus der Feder des Autors stammen, der überdies für den geographischen Großraum die einzige Studie über das Reichsbanner, nämlich über die beiden Ortsgruppen im Emsland, veröffentlicht hat.[36] Da Akten des Reichsbanners selbst nicht erhalten sind, bilden einige überlieferte staatliche Archivalien – vornehmlich aus dem niedersächsischen Landesarchiv Osnabrück – und Artikel aus einer Vielzahl von Zeitungen unterschiedlicher politischer Couleur die Grundlage dieser Studie.

Die vielgestaltige Grafschafter Presselandschaft ist von bürgerlich-agrarischen Organen geprägt, die protestantisch und tendenziell eher rechtsgerichtet waren und daher wenig bis gar nicht über Interna des Reichsbanners berichteten. 1927 entstand das mit Lücken erhaltene Zentrumsblatt „Nordhorner Anzeiger". Da sich die Katholiken hier aber dem Reichsbanner nicht anschlossen, fällt die Zeitung ebenfalls als ergiebige Informationsquelle über diese Wehrorganisation aus. Die einzige dem Reichsbanner im Landkreis zugeneigte Zeitung, das „Nordhorner Tageblatt", ist nur in Einzelexemplaren erhalten.[37]

Im Kreis Lingen war die Kreisstadt das Pressezentrum. Hier wurden drei Zeitungen herausgegeben. Das von den staatlichen Behörden seit jeher geförderte „Lingen'sches Wochenblatt", 1928 umbenannt in „Lingener Kreisblatt", war rechtsgerichtet-protestantisch und verfügte über die kleinste Auflage. 1932 schwenkte es zu den Nationalsozialisten über. Der „Lingener Volksbote" stand auf dem Boden der Zentrumspartei und unterstützte den agrarisch orientierten Flügel der Partei. Im Frühjahr 1924 entstand mit der „Lingener Tageszeitung", die von einem Zentrumsverlag aus dem münsterländischen Rheine gegründet wurde, die modernste Zeitung des Landkreises.[38] Sie vertrat tendenziell eher linkskatholische Positionen und wandte sich vor allem an die christlichen

36 Vgl. Helmut Lensing, Republikanische Wehrorganisationen im Emsland. Das „Reichsbanner Schwarz-Rot-Gold", die „Eiserne Front" und die „Volksfront gegen Radikalismus und soziale Reaktion", in: Emsland-Jahrbuch. Jahrbuch des Emsländischen Heimatbundes, Bd. 55 (2009) [künftig: Lensing, Republikanische Wehrorganisationen], S. 45–72, hier S. 46–64. Die einzelnen Kurzerwähnungen des Reichsbanners in der regionalen Literatur werden später zitiert.

37 Zur Presse im Landkreis vgl. Helmut Lensing, Die Presse in der Grafschaft Bentheim während der Weimarer Republik, in: Bentheimer Jahrbuch 1992, Bad Bentheim 1991 (Das Bentheimer Land, Bd. 125), S. 179–200.

38 Zum noch weiter ausgestalteten Pressewesen im Kreis Lingen vgl. Wilfried Hinrichs, Die emsländische Presse unter dem Hakenkreuz. Selbstanpassung und Resistenz im katholischen Milieu, in: Emsland/Bentheim. Beiträge zur Geschichte, Bd. 6, hrsg. von der Emsländischen Landschaft für den Landkreis Emsland und die Grafschaft Bentheim, Sögel 1990, S. 7–253, zu den hier genannten Zeitungen S. 59–60, 182–187, 194–198, 205–206; ergänzend Helmut Lensing, Die emsländische Presselandschaft im „Dritten Reich", in: Reinhard Bojer, Emsländische Heimatkunde im Nationalsozialismus 1933–1945. Heimatkundliches aus emsländischen Tageszeitungen, Bd. 1, Lingen/Ems 2005, S. 17–51, hier S. 26–31.

Arbeiter sowie an die Kleinbauern und Heuerleute. Heuerleute, eine Besonderheit der nordwestdeutschen Agrarverfassung, waren Kleinstbesitzer und/oder landwirtschaftliche Pächter, die sozial zwischen den Bauern und ihrem Gesinde standen. Die „Lingener Tageszeitung" ist nur lückenhaft erhalten und unterstützte als einziges Blatt im Landkreis das Reichsbanner. Weiterhin gab es in Freren im östlichen Kreis das „Frerener Volksblatt", eine ländliche Kleinzeitung auf Zentrumsboden, die einmal wöchentlich erschien.[39]

Die SPD verfügte in beiden Landkreisen über kein ihr nahestehendes Organ. Ihr Parteiblatt für den Regierungsbezirk Osnabrück, die „Freie Presse" aus der Bezirkshauptstadt, ist für viele Jahre der Weimarer Republik verschollen und erst ab 1927 mit Lücken greifbar. Zur Abrundung des Bildes wird bei Bedarf auf einige weitere relevante Presseerzeugnisse außerhalb der Region zurückgegriffen, so auf die Presse des Reichsbanners selbst und auf das „Ruhr-Echo" aus Essen, das in der Endphase der Weimarer Republik das für die beiden Landkreise zuständige Organ der KPD darstellte. Aufgrund der Quellenlage vermag die vorliegende Untersuchung daher nur einen begrenzten Einblick in die Geschichte des Reichsbanners und der „Eisernen Front" im Bentheimer Land und in der Stadt Lingen zu geben.

39 Vgl. Josef Grave, Das Frerener Volksblatt. Notizen zur Geschichte einer ländlichen Kleinzeitung, in: Jahrbuch des Emsländischen Heimatbundes, Bd. 36 (1990), S. 98–105.

2

Die Entstehung des Reichsbanners Schwarz-Rot-Gold

Spätestens mit dem Kapp-Lüttwitz-Putsch vom März 1920 war deutlich geworden, dass die Weimarer Republik auf wackligen Füßen stand – und mit ihr die junge Demokratie in Deutschland. Die Reichswehr versagte der Demokratie den militärischen Schutz gegen die rechten Putschisten aus den eigenen Reihen. Auch nach dem Scheitern des Putschversuchs wurde die junge Demokratie weiterhin militärisch herausgefordert, von rechtsgerichteten Einwohner- und Sicherheitswehren ebenso wie von kommunistischen Proletarischen Hundertschaften. So entstanden in einzelnen Regionen des Reichs – speziell im Dunstkreis des von der SPD geschaffenen sozialistischen Milieus – unabhängig voneinander militärische Schutzverbände zugunsten der angefeindeten Republik. Zunächst waren sie vor allem damit beschäftigt, SPD-Versammlungen gegen Störungen rechter wie linker Republikfeinde zu schützen.

Am 22. Februar 1924 gründete der Oberpräsident der preußischen Provinz Sachsen, der SPD-Politiker Otto Hörsing (1874–1937), zusammen mit seinen Parteifreunden Karl Höltermann (1894–1955) und Horst Baerensprung (1893–1952) sowie weiteren Mitstreitern in Magdeburg das „Reichsbanner Schwarz-Rot-Gold. Bund der republikanischen Kriegsteilnehmer“. Dies geschah auch als Reaktion auf den niedergeschlagenen „Hitler-Putsch“ in München am 9. November 1923 und auf kommunistische Aufstandsversuche in Mitteldeutschland und Hamburg im Vorjahr.

Feier anlässlich des ersten Jahrestages nach der Gründung des Reichsbanners auf dem Domplatz in Magdeburg, 22. Februar 1925.
Quelle: BArch, Bild 102-01086/Georg Pahl

Die Initiatoren wollten mit ihm einen militärischen Schutzverband zugunsten der Weimarer Demokratie schaffen. Die Gründungsversammlung bestimmte Otto Hörsing zum Bundesvorsitzenden. Den Magdeburger Aktivisten gelang es, einige Repräsentanten der beiden anderen Parteien, die mit der SPD auf nationaler Ebene die Weimarer Koalition bildeten, als Vorstandsmitglieder zu gewinnen.[40]

Im 1926 gewählten Bundesvorstand befanden sich 13 Sozialdemokraten, vier Mitglieder der linksliberalen Deutschen Demokratischen Partei und drei katholische Zentrumsleute. Von 1928 bis 1933 bestand der Bundesvorstand aus 21 Sozialdemokraten, fünf Demokraten und sechs Zentrumsmännern.[41] Als Zentrumsvertreter gehörten dem Gremium im Laufe der Zeit der ansonsten in der Partei bedeutungslose Gewerkschaftssekretär Daniel Hatzelmann, der Arbeitersekretär und Reichstagsabgeordnete Josef Joos (1878–1965), Repräsentant der katholischen Arbeitervereine, oder der Journalist und zeitweilig hochrangige Staatsbedienstete Carl Spiecker (1888–1953) an. Im Zentrum war allerdings ein Engagement im SPD-dominierten Reichsbanner innerparteilich umstritten. Aktiv engagierten sich hier meist nur Mitglieder des linken Parteiflügels aus den christlichen Gewerkschaften und der katholischen Arbeiterbewegung.[42]

40 Zur Vorgeschichte und Gründung vgl. Jacob Toury, Das Reichsbanner Schwarz-Rot-Gold. Stiefkind der Republik. Zur Gründungsgeschichte republikanischer Wehren, in: Jacob Toury, Deutschlands Stiefkinder: ausgewählte Aufsätze zur deutschen und deutsch-jüdischen Geschichte, Gerlingen 1997 (Schriften des Instituts für Deutsche Geschichte, Universität Tel Aviv, Bd. 18) [das Buch künftig: Toury, Deutschlands Stiefkinder], S. 11–92; Benjamin Ziemann, Die Zukunft der Republik. Das Reichsbanner Schwarz-Rot-Gold 1924–1933, Bonn 2011 (Gesprächskreis Geschichte, Heft 91) [künftig: Ziemann, Zukunft], S. 13–15; und vor allem: Karl Rohe, Das Reichsbanner Schwarz Rot Gold. Ein Beitrag zur Geschichte und Struktur der politischen Kampfverbände zur Zeit der Weimarer Republik, Düsseldorf 1966 (Beiträge zur Geschichte des Parlamentarismus und der politischen Parteien, Bd. 33) (künftig: Rohe, Reichsbanner], S. 44–71, zu Hörsing, Höltermann und Baerensprung vor allem S. 56–64; Sebastian Elsbach, Das Reichsbanner Schwarz-Rot-Gold. Republikschutz und politische Gewalt in der Weimarer Republik, Stuttgart 2019 (Weimarer Schriften zur Republik, Bd. 10) [künftig: Elsbach, Reichsbanner], S. 114–133.

41 Vgl. ebenda, S. 273–274. In den Gauvorständen saßen bei eindeutiger Dominanz der SPD offenbar meist mehr DDP-Vertreter als Zentrumsleute (ebenda, S. 274–275).

42 Vgl. Ziemann, Zukunft, S. 19–20; zu Details vgl. Thomas A. Knapp, The German Center and the Reichsbanner, in: International Review of Social History 14 (1969) [künftig: Knapp, Center and Reichsbanner], S. 159–179; Rohe, Reichsbanner, S. 279–303.

REICHSBANNER
SCHWARZ-ROT-GOLD
BUND DER REPUBLIKANISCHEN
KRIEGSTEILNEHMER E.V.
BUNDESVORSTAND

BERLIN · BIELEFELD · BRAUNSCHWEIG
BRESLAU · CHEMNITZ · DARMSTADT
DRESDEN · DÜSSELDORF · FRANKFURT %M
HAMBURG · HANNOVER · HINDENBURG %S
KIEL · KÖLN · KÖNIGSBERG PR. · LEIPZIG
LUDWIG · MAGDEBURG · MANNHEIM · MÜNCHEN
NÜRNBE · REGENSBURG · ROSTOCK · STETTIN
STUTTG · WEIMAR · WILHELMSHAVEN · ZWICKAU

Otto Hörsing am Rednerpult bei der Verfassungsfeier des Reichsbanners in Leipzig, 14. August 1927.

Quelle: GDW, Schaudepot Reichsbanner Schwarz-Rot-Gold, RB 483

Der bekannteste DDP-Vertreter im Vorstand war ab 1928 der liberale Gewerkschaftssekretär und Reichstagsabgeordnete Ernst Lemmer (1898–1970),[43] der zugleich als ein stellvertretender Bundesvorsitzender fungierte.

Innerhalb weniger Monate expandierte das Reichsbanner über das gesamte Reich. Bereits im August 1924 registrierte die Magdeburger Zentrale 5618 Ortsgruppen mit 1,26 Millionen Mitgliedern. Die Mitgliederzahl soll bis auf über drei Millionen gestiegen sein,[44] doch wird diese seinerzeit vom Reichsbanner selbst verbreitete Zahl inzwischen als weit überhöht angesehen.[45] Der Historiker Karl Rohe geht davon aus, dass es wohl nie mehr als eine Million Aktive gewesen sind. Damit war das Reichsbanner aber immer noch der mitgliederstärkste politische Kampfverband der Weimarer Republik.[46] Als Verbandsorgan fungierte die Zeitung „Das Reichsbanner", für das Vorstandsmitglied Karl Höltermann häufig wichtige Artikel verfasste. Hinzu kam die reichhaltig bebilderte „Illustrierte Reichsbanner-Zeitung".

Im äußersten Nordwesten des Reichs entstand der Gau Oldenburg-Ostfriesland-Osnabrück, der identisch mit dem Reichstagswahlkreis Weser-Ems war. Organisatorischer Schwerpunkt waren der stark sozialdemokratisch geprägte nördliche Teil des Freistaats Oldenburg und die ostfriesischen Hafenstädte. So fanden hier auch regelmäßig die Grautreffen statt.[47]

43 Vgl. Wegweiser für Funktionäre, Führer und alle Bundeskameraden des Reichsbanners Schwarz-Rot-Gold. Gültig ab 1. Januar 1929, Magdeburg o. J., S. 78–79. Hier finden sich ebenfalls Ausführungen zum Aufbau, der Mitgliedschaft, der Uniformierung oder den politischen Gegnern des Reichsbanners. Zu den Zentrumsleuten im Reichsbanner vgl. auch: Rohe, Reichsbanner, S. 272–274, 279–280; aus marxistischer Sicht: Helga Gotschlich, Zwischen Kampf und Kapitulation. Zur Geschichte des Reichsbanners Schwarz-Rot-Gold, (Ost-)Berlin 1987 [künftig: Gotschlich, Kampf], S. 47–49.

44 So bereits im Frühjahr 1925 in der Ankündigung einer Reichsbannerversammlung in Nordhorn in: Nordhorner Nachrichten [künftig: NN], Nr. 50 vom 2.3.1925.

45 Vgl. Ziemann, Zukunft, S. 16–17. Zur rasanten Ausbreitung vgl. ebenso: Rohe, Reichsbanner, S. 72–74.

46 Vgl. ebenda.

47 Dazu gibt es für das Gautreffen 1930 in Leer eine Broschüre über den geplanten Ablauf mit Grußworten und dergleichen: Leer. Reichsbanner-Gautreffen Oldenburg, Ostfriesland, Osnabrück 28. Juni – 29. Juni 1930, (Leer 1930).

Titelseite „Das Reichsbanner" vom 30. August 1930 mit einem Beitrag Karl Höltermanns zur anstehenden Reichstagswahl.

Das Reichsbanner

Erscheint jeden Sonnabend. Bezugspreis vierteljährlich 1.95 RM., monatlich 65 RPfg. Zeitungspreisliste 4. Nachtrag Seite 21. Einzelnummer im Zeitungshandel 20 RPfg. Druck und Verlag W. Pfannkuch & Co., Magdeburg. Fernruf: Amt Norden 23861—65. Postscheck 122 Magdeburg. Redaktionelle Leitung Karl Höltermann, verantw. Ernst Diefenthal, beide in Magdeburg. Tel. 9776. Alleinige Anzeigenannahme: Anzeigenverwaltung des Reichsbanners, Magdeburg, Lutscherstraße 3. Tel. 36220. Postscheck 2625 Magdeburg. Schluß der Anzeigenannahme 8 Tage vor Erscheinen. / Insertions-Bedingungen: Die 9gesp. Millimeter-Zeile im Anzeigenteil 40 RPfg., die 3gesp. Millimeter-Zeile im Reklameteil 3 RM. / Beilagen nach Vereinbarung. Verantwortlich für Anzeigen E. Schuppe, Magdeburg

Zeitung des Reichsbanners Schwarz-Rot-Gold / Bund Deutscher Kriegsteilnehmer und Republikaner E. V., Sitz Magdeburg

Nr. 35 | Magdeburg, 30. August | Jahrgang 1930

Nach dem 14. September!

Von Karl Höltermann

Es wird viel geunkt — und nicht nur in Deutschland! — über die Zeit nach dem 14. September. Was wird geschehen, wenn die Parteien der Regierung Brüning keine Mehrheit im kommenden Reichstag haben? das ist die Frage. Das ist aber auch die Frage, um deren Beantwortung sich die meisten Reichstagskandidaten drücken.

Treviranus stellt Neuwahlen und wieder Neuwahlen in Aussicht, und Neuwahlen so lange, bis sich eine Minderheit der Mehrheit fügt oder aus der Minderheit eine Mehrheit geworden ist. Herr Treviranus redet viel, und wenn er zuviel geredet hat, dann interpretiert er sich; er wird auch mit sich über Neuwahlen reden lassen. Z. B. wenn Herr Scholz von der Deutschen Volkspartei mit Hugenberg und Frick die Bedingungen für eine Verbreiterung der Brüning-Front aushandelt. Werden Zentrum und Deutsche Staatspartei sich von Herrn Scholz ins Schlepptau nehmen lassen? Werden selbst alle Volksparteiler und alle Wirtschaftsparteiler den Mut aufbringen, den Kopf in eine Schlinge zu stecken, deren Ende die Nazi-Sturmabteilungen in Händen haben? Das Reich ist schließlich nicht Thüringen. Geschworenen Feinden dieses Staates die Staatsgewalt in die Hand zu geben, ist auch für Abgeordnete nicht ganz gefahrlos; auf dem Weg ins „Dritte Reich" gibt es keine Immunität; wer den Marsch antritt, tut es auf eigene Gefahr. Die thüringischen Landtagsabgeordneten, die einen Frick zum Minister gemacht haben, können dem Himmel danken, wenn er sie davor bewahrt, ein hochverräterisches Unternehmen verantworten zu müssen; denn jegliche Art von Immunität hört auf, wo Gesetzlosigkeit beginnt. Wir täuschen uns wohl nicht, wenn wir annehmen, daß vor der Bildung einer Reichsregierung mit abenteuerlicher Bindung nach rechts der Versuch gemacht werden wird, mit den Sozialdemokraten eine Verständigung zu suchen. Und wenn sich eine verständigungsbereite Mehrheit nach links nicht finden läßt? Auch nicht eine Mehrheit, die ein Minderheitskabinett duldet?

Es gibt sehr ernsthafte Politiker, die sehr ernstlich befürchten, daß der kommende Reichstag „regierungsunfähig" sein wird, das heißt, daß er nicht imstande sein wird, aus sich heraus eine Regierungsmehrheit zu bilden.

Was dann? Eisenbartkur nach dem Rezept des Herrn Treviranus? Regieren mit dem Artikel 48 ohne Reichstag, das heißt Diktatur? Diktatur ohne Diktator?

Nach dem 14. September erst wird sich erweisen, ob wirklich ein Reichstag gewählt worden ist, das heißt ein regierungswilliges Parlament. Nach dem 14. September erst wird sich zeigen, wie groß die Zahl der Erwählten ist, die gar nicht Abgeordnete sein wollen, die nur in negativem Sinn Parlamentarier sind. Nazis und Kommunisten wollen nicht, daß Deutschland durch ein Parlament regiert wird, ihre „Abgeordneten" wollen nichts andres sein als Sand in der Regierungsmaschine. Neben den Nationalsozialisten stehen die Hugenberger zu jeglicher Unterstützung zu jeder Zeit bereit. Und die künftigen Abgeordneten zwischen Kommunisten und Hugenberg? Werden die alle wirkliche Parlamentarier sein wollen? Wie viele davon mögen der Ueberzeugung sein, daß Deutschland viel besser ohne Parlament regiert werden könne! Sie wird groß sein, die Partei der offenen und heimlichen Feinde des Parlaments; sie werden in fast allen Fraktionen sitzen und — wenn auch mit verteilten Rollen — immer zusammenwirken. Und sei es auch nur, daß sie das Zustandekommen einer Gemeinschaft der Parlamentswilligen verhindern. Wird die Zahl der parlamentswilligen Abgeordneten nach dem 14. September groß genug zur Mehrheitsbildung sein, und werden sie alle entschlossen sein, sich durchzusetzen? In den Fraktionen und notfalls gegen die Fraktion im Plenum? Wieviel entschlossene Verteidiger wird der Reichstag im Reichstag finden?

Nach dem 14. September wird sich erweisen, welche von den Parteien zu den Staatsparteien zu zählen ist. Wer von den Erwählten als Abgeordneter ins Parlament eintrat und nicht als offener oder heimlicher Hochverräter. Wer diesmal kandidiert und ein Mandat erhält, muß sich darüber klar sein, daß er nicht nur eine theoretische Verantwortung übernimmt. Nach dem 14. September wird jede Partei vor der Frage stehen, an der die Deutschnationalen zerbrochen sind: Staat von heute oder Abenteuer und Chaos? Die Grenzen der Parteien sind flüssig geworden und für diese Wahl zum guten Teil nur provisorisch neu gezogen. Erst nach dieser Wahl werden die Abgeordneten ihre „Partei" zu wählen haben: Hie Staat! Hie Chaos!

Das Reichsbanner Schwarz-Rot-Gold steht vor der Wahl und nach der Wahl zu jedem Abgeordneten, der für den Staat von heute Partei ergreift! —

Erinnerung an Matthias Erzberger

Die deutschen Republikaner aller Schattierungen richten in diesen Tagen ihren Blick nach dem einfachen Holzkreuz, das am Kniebis bei Griesbach im badischen Schwarzwald errichtet wurde und das die schlichte Inschrift trägt: „Hier starb Matthias Erzberger am 26. August 1921."

Zum zehnten Male jährt sich der Tag, an dem fanatisierte junge Menschen den verdienten Volksvertreter auf einem Spaziergang mit seinem badischen Reichstagskollegen Diez feige von hinten meuchelten. Warum mußte Matthias Erzberger damals sterben? Das werden viele Menschen heute fragen; denn unsre Zeit ist vergeßlich. Erzberger mußte sterben, weil er zu den beherzten Männern um Ebert, Rathenau, Scheidemann, Hermann Müller und Hugo Preuß gehörte, die dem deutschen Volk einen Weg aus dem Wirrwarr nach oben zeigten. Weil aber die Putschisten kein Interesse daran haben, daß solche Männer leben, darum wurde er ihr Opfer. Erzberger hatte gewisse Gegner. Ja selbst im Zentrum war man nicht immer mit ihm einverstanden, aber kaum ein Minister der Republik vor und nach ihm hat die Gegner seiner demokratischen Befreiungspolitik mit solcher Leidenschaft und Schärfe abgefertigt. Sein Angriff hat immer gesessen. Wie hagelte es gegen die deutschnationalen Junker und gegen die volksparteilichen Industriebarone, wenn der württembergische Zentrumsmann, der Lieblingsschüler Wilhelm Groebers, das Wort nahm. Er wollte den Großverdienern des Krieges an den Kragen. Er wollte die Steuerhinterziehung verhindern und durch Schaffung der sogenannten Steuerreform die Steuerhoheit des Reiches festigen. Nachdem Erzberger sich zu den aktivsten Annektionisten (Eroberungspolitikern) des Kriegsreichstags bekannt hatte, ließ er sich bald belehren, daß solche Politik Deutschland ins Unglück führe, und aus dem Kriegsfanatiker wurde über Nacht einer der aktivsten Vorkämpfer für den Verständigungsfrieden. Er war einer der eifrigsten Verfechter des Verständigungsfriedens im Sommer 1917. Zusammen mit Sozialdemokraten, Fortschrittlern und Zentrumsleuten und einigen Nationalliberalen legte er den Grundstock zur Verständigungspolitik.

Er scheute auch dann nicht vor der Verantwortung zurück, als Deutschlands Schicksal schon entschieden war. Als alles verloren schien und viele sogenannte Patrioten sich zurückgezogen hatten, ging er im Auftrag der Reichsregierung in den Wald von Compiegne und schloß den Waffenstillstandsvertrag ab, nachdem man sich vorher Hindenburgs Zustimmung verschafft. Und ein zweites Mal ist Erzberger in die Bresche gesprungen: In jenen denkwürdigen Tagen vor dem Abschluß des Friedensvertrags, da noch einmal das Reich auseinanderzubrechen drohte und die Demokraten bereits die Unterzeichnung abgelehnt hatten, da war auch im Zentrum Stimmung gegen die Unterzeichnung. Und wieder war es Matthias Erzberger, der eine Rücksprache mit seinen Parteifreunden in zwölfter Stunde erbat, zurückkam und dem Reichskabinett mitteilte, daß seine Freunde nun doch unterzeichnen würden.

Die Krönung der Erzbergerschen Lebensarbeit war die Unterzeichnung der deutschen Reichsverfassung am 11. August 1919, die die Unterschriften Ebert, Bauer und Erzberger an erster Stelle trägt. Erzberger war aus einem demokratischen Teile des Reiches. Er war Württemberger, von zu Hause aus geborner Demokrat und großer Verehrer der republikanischen Farben. Als er sich im badischen Schwarzwald von den Mühen der Arbeit eine kleine Erholung gönnen wollte, knallten ihn Angehörige der Organisation Ehrhardt nieder. Die Nachfolger dieser Mordbanditen finden wir heute im Hakenkreuzlager. Die Republikaner gedenken dieses aufrechten Vorkämpfers in Dankbarkeit und Verehrung. —

Max Reinheimer.

Aus dem Inhalt dieser Nummer:

Diktatur?

Es gibt im republikanischen Lager einige merkwürdige Gralshüter von Ruhe und Ordnung, die schon den Umstand, daß ein Republikaner über die Möglichkeit der Diktatur spricht, als Hochverrat am Geiste der Demokratie empfinden. Als ob man das Heraufziehen solcher Möglichkeiten heute noch mit Totschweigen bannen könnte! Wir halten es demgegenüber lieber mit dem Worte Lassalles, daß alles politische Handeln beginnt mit dem Aussprechen dessen, was ist. Die Tatsache, daß nicht nur in Rußland, sondern auch in dem von jeher als besonders demokratisch geltenden Italien eine Diktatur sich derart festsetzen kann, wie es eben heute der Fall ist, beweist, daß in der Politik noch immer kein Ding unmöglich ist. Und wer ist gegen drohende Gefahren besser gerüstet: der, der alle feindlichen Möglichkeiten kalt und nüchtern ins Auge faßt — oder der, der aus Besorgnis für seine momentane Ruhe und Behaglichkeit den Kopf in den Sand steckt? „Wir haben eine so große, so festorganisierte Partei —, uns kann keiner aus dem Wege schaffen —, was kann uns passieren!" Uns kann sehr viel passieren. Uns kann zum Beispiel passieren, daß auch im andern Lager Leute klar und nüchtern denken, Leute, die durchaus willens und u. a. auch fähig sind, ihre Machtansprüche mit allen Mitteln zur Geltung zu bringen.

Es hat seinen guten Grund, daß sich unsre Aufmerksamkeit heute in erster Linie auf die Kreise konzentriert, die man als faschistisch bezeichnet, und erst in zweiter Linie auf die Bolschewisten. Denn die Praxis zeigt, daß letztere im Grunde genommen nur der aktivistischen Rechten die Stichworte geben für deren politisches Handeln, ohne jedoch noch selbst eine große eigne einheitliche Linie aufzuweisen. Immer klarer wird jedoch dafür die Linie der Faschisten. Man konnte in der Oeffentlichkeit lange Zeit glauben, eine Einigung zwischen der extremen NSDAP. und den nationalen, besitzbürgerlichen Kreisen sei durch den sozialistischen Inhalt des Hitlerschen Programms unmöglich gemacht. Langsam, aber zielsicher räumte hier auf der einen Seite die Münchner Nazileitung alle Hindernisse aus dem Weg, um schließlich ihr Werk der „Verbürgerlichung" der Partei mit dem Hinauswurf der wenigen „Sozialisten" und jenem Erlaß Hitlers zu krönen, wonach man zwar die Deutschnationale Partei auf anständige Weise angreifen solle, aber der Geheimrat Hugenberg nicht einmal mit Namen zu erwähnen sei! Anderseits tat Hugenberg alles, um die nicht unbedingt faschistisch-reaktionären Kreise aus der DNVP. herauszuekeln (siehe Fall Lambach usw.!), und so auch seinerseits alles für die gemeinsame Plattform vorzubereiten. Heute hat sich die Phraseologie beider Gruppen bereits derart angenähert, daß ein Unterschied höchstens noch in Hugenbergs offnem Bekenntnis zur Monarchie liegt, ein Punkt, in dem Hitler sich nach außen hin noch immer ziert. Hugenbergs Rede im Berliner Sportpalast am 14. August d. J. hätte fast ebenso Hitler halten können — wobei der große Adolf allerdings ganz erheblich mehr Schwung hat und als freisprechender Massenredner seine Zuhörer ganz anders mitreißt als der langweilige alte Mann Hugenberg.

Wie die Dinge heute liegen, müssen wir immer wieder eindringlich vor dem falschen Optimismus warnen (es ist schon mehr Blindheit!), der auch im jetzigen Anschwellen der Hitler-Partei nur eine Welle sehen will. Der Organisationsapparat der Partei ist fabelhaft eingespielt; auch ein Verbot würde die Partei nicht allzu schwer treffen. Es ist keineswegs mit der Bezeichnung „größenwahnsinnig!" abzutun, daß die neue Zentrale in München auf eine Mitgliederzahl von einer Million zugeschnitten ist. Die Parteipresse ist in einem dauernden Aufschwung und Ausbau begriffen; und die monatlichen Neuaufnahmeziffern haben eine enorme Höhe — 15 000 bis 20 000 (offiziell spricht man sogar von 20 000 bis 30 000!) erreicht. Zur Zeit der sogenannten völkischen Welle 1923/24 bestand keinerlei Organisation, die die Massen der Anhänger praktisch erfaßt und bearbeitet hätte; heute ist bei den anscheinend immer lebhafter strömenden Geldquellen der Partei der Organisationsapparat mindestens so gut eingespielt wie der der KPD.

Im faschistischen Lager glaubt man an die Möglichkeit eines kalten, „legalen" Uebergangs zu antiparlamentarischen Regierungsformen. Man rechnet dabei so: Der am 14. September dieses Jahres neu zu wählende Reichstag wird keine lange Lebensdauer haben, da die Extremen rechts und links zu stark und die Mitte zu zerrissen sein wird. Bei der angekündigten Wahlrechtsreform wird die verfassungsändernde Zweidrittelmehrheit für die

Gründungsvorsitzender im Gau wurde der SPD-Parteisekretär und Provinziallandtagsabgeordnete Paul Neue (1876–1969), der zunächst in Emden, dann in der SPD-Hochburg Rüstringen bei Wilhelmshaven tätig war.[48] Damit war er also für den organisatorischen Aufbau zuständig. Rüstringen wurde dadurch zugleich Sitz der Gauleitung.[49] Auf der Gautagung in Oldenburg am 25. Januar 1925 wurde unter der Leitung von Neue beschlossen, den Gauvorstand mit Vertretern aus den drei Bezirken zu ergänzen, wobei Wilhelm Wübbenhorst (1888–1958)[50] für den Freistaat Oldenburg, Otto Schwier (1884–1932)[51] aus Emden für den ostfriesischen Regierungsbezirk Aurich und Hans Wunderlich (1899–1977)[52] für den Regierungsbezirk Osnabrück gewählt wurden.[53] Neue blieb bis 1933 Gauvorsitzender, während sein Stellvertreter wechselte. 1928 war dies Arthur Grunewald sen.[54] und 1930 der SPD-Reichstagsabgeordnete Oskar Hünlich (1887–1963), ebenfalls aus Rüstringen. Demgegenüber gehörte der katholische Rektor Adolf Adamczyk (1876–1938) aus Osnabrück dem Vorstand als DDP-Vertreter und Bildungsleiter an.[55] Im April 1931 wurde wieder Grunewald aus Rüstringen stellvertretender Vorsitzender.[56] Der engere Gauvorstand setzte sich aus Neue und Grunewald als den beiden

48 Vgl. „Das Reichsbanner" [künftig: RBZ], Nr. 10 vom 1.10.1924 (Beilage). Zu Neue: Beatrix Herlemann, Biographisches Lexikon niedersächsischer Parlamentarier 1919–1945, Hannover 2004 (Veröffentlichungen der Historischen Kommission für Niedersachsen, Bd. 222) [künftig: Herlemann, Biographisches Lexikon], S. 258–259.

49 Die von einem SPD-Funktionär aus diesem Kreis geschriebene SPD-Geschichte des Raums Weser-Ems mit Schwerpunkt auf Ostfriesland und Nordoldenburg geht auf das Reichsbanner ausschließlich in seiner Funktion als Saalschutz für die SPD ein. Vgl. Emil Kraft, 80 Jahre Arbeiterbewegung zwischen Moor und Meer. Ein Beitrag zur Geschichte der politischen Bewegungen in Weser-Ems, Wilhelmshaven 1952, S. 94–95.

50 Der Eisenbahner Wübbenhorst trat 1918 der SPD bei und fungierte von 1920 bis 1933 als Bezirksleiter des Eisenbahnerverbandes in Oldenburg. 1923 wurde er SPD-Vorsitzender in Oldenburg und leitete von 1926 bis 1933 das Reichsbanner in der Stadt. Dem Oldenburger Landtag gehörte er von 1923 bis 1925 an. Während der NS-Zeit wurde er mehrfach inhaftiert. 1952 trat er aus der SPD aus und wechselte später zur FDP (Herlemann, Biographisches Lexikon, S. 400).

51 Vgl. den Nachruf für den Vorsitzenden des Emder Reichsbanners in: RBZ vom 9.7.1932.

52 Der Osnabrücker Redakteur Hans Wunderlich arbeitete bei der SPD-Zeitung „Freie Presse", war Schriftführer der SPD Osnabrück und dort Reichsbanner-Vorsitzender (NLA OS Rep 439 Nr. 19). Nach 1933 zog er sich aus seinem Beruf zurück, nach dem Attentat auf Hitler 1944 wurde er verhaftet. 1947 bis 1950 war Wunderlich Mitherausgeber des SPD-Blatts „Nordwestdeutsche Rundschau". Er gehörte für die SPD dem Parlamentarischen Rat an. 1950 wechselte er zur „Westfälischen Rundschau", deren Chefredakteur er wurde.

53 Vgl. RBZ, Nr. 3 vom 15.2.1925 (2. Beilage).

54 Vgl. FP, Nr. 2415 vom 29.2.1928.

55 Vgl. FP, Nr. 47 vom 25.2.1930. Zu Hünlich vgl. Herlemann, Biographisches Lexikon, S. 166, zu Adamczyk S. 20–21. Adamczyk war 1926 Mitglied des DDP-Vorstands im Wahlkreis Weser-Ems und leitete die DDP im Regierungsbezirk Osnabrück und im Bezirk Osnabrück (Organisationshandbuch DDP, S. 209–210).

56 Vgl. FP, Nr. 93 vom 22.4.1931.

Vorsitzenden, dem „Technischen Gauleiter" sowie den sieben Kreisführern von Ostfriesland-Nord und -Süd, Oldenburg-Nord und -Süd, Oldenburg-Weser sowie Osnabrück-Ost und -West zusammen. Die Grafschafter Reichsbanner-Ortsgruppen und das Lingener Reichsbanner bildeten den Kreis Osnabrück-West, wobei stets der Nordhorner Karl Strübbe (geb. 1887) diesen Reichsbannerbezirk im Gauvorstand in Rüstringen vertrat. 1928 wurde der gebürtige Schüttorfer in seiner Funktion als Reichsbanner-Vorsitzender dieses Kreises als „Bezirksleiter" bezeichnet.[57]

Zum erweiterten Gauvorstand gehörten 1931 zudem die beiden SPD-Reichstagsabgeordneten Hermann Tempel (1889–1944) und Oskar Hünlich, der Emder Senator Georg Frickenstein (1890–1946), dazu der Gaujugendleiter Heinz Jacobs und der Gauschießwart Obst.[58] Reichsbanner-Mitglieder aus dem Wahlkreis Weser-Ems gelangten weder in den Reichsausschuss noch in den Bundesvorstand.

57 Vgl. „Bentheimer Zeitung" [künftig: BZ], Nr. 114 vom 24.9.1927. Im Nordhorner Reichsbanner war der Gewerkschaftsaktivist und SPD-Kommunalpolitiker bereits zuvor „Technischer Leiter" des Reichsbanners (FP, Nr. 164 vom 17.7.1929).

58 Zum Gauvorstand 1931 vgl. RBZ vom 2.5.1931; FP, Nr. 93 vom 22.4.1931, zu 1930: FP, Nr. 47 vom 25.2.1930. Zu 1928: FP, Nr. 2415 vom 29.2.1928. Der ehemalige Nationalsoziale Frickenstein war ostfriesischer Bezirksvorsitzender der Deutschen Staatspartei.

3

Die Gründungsphase des regionalen Reichsbanners (1924/25)

Einige Monate nach der Konstituierung auf Reichsebene regten sich im Bentheimer Land Kräfte, diese pro-republikanische Schutzorganisation auch in der Grafschaft einzuführen. Im agrarisch geprägten Landkreis Grafschaft Bentheim war die SPD als Hauptträgerin des Reichsbanners eine relativ kleine Partei, die sich weitgehend auf die Ortschaften mit Textilindustrie konzentrierte.[59] Weil im Landkreis antisozialistische Positionen erheblich verankert waren, ging die Initiative zur Reichsbanner-Gründung nicht direkt von der SPD aus, um Republikaner außerhalb des sozialistischen Lagers nicht abzuschrecken. Anfang August 1924 erschien in der Neuenhauser bürgerlich-agrarischen „Zeitung und Anzeigeblatt" aus dem Verlag Kip eine Anzeige, die anlässlich des Verfassungstags der Weimarer Republik zu einer republikanischen Kundgebung des Reichsbanners in Nordhorn unter dem Thema „Die Staatsgewalt geht vom Volke aus" mit „Kamerad Kuper" einlud.[60] Im Anschluss daran sollte die Gründungsversammlung des Reichsbanners folgen. Dazu warben entsprechende Plakate in der Textilstadt.

Erst ein kurzer Bericht in der „Schüttorfer Zeitung", dessen Verlag mit dem verschollenen „Nordhorner Tageblatt" ein links von der Mitte stehendes auflagenstarkes Blatt in Nordhorn unterhielt, verdeutlicht, wer hinter dieser Initiative stand: Veranstalter der Verfassungsfeier war die Gewerkschaft DTV.[61] Damit war für den aufmerksamen Grafschafter Zeitungsleser die Sachlage klar. Mit „Kamerad Kuper" war der sozialistische Osnabrücker Arbeitersekretär August Kuper (geb. 1895) gemeint. Er hatte in den Jahren zuvor bereits in Nordhorn, Bentheim und Schüttorf auf Versammlungen der sozialistischen Gewerkschaften gesprochen – vor allem beim DTV – und war ebenfalls bei der SPD als Redner aufgetreten.[62]

59 Zur Parteienlandschaft der Grafschaft in der Weimarer Zeit vgl. Lensing, Partizipation, S. 140–178.
60 „Zeitung und Anzeigeblatt", Neuenhaus [künftig: ZuA], Nr. 139 vom 9.8.1924.
61 Vgl. „Schüttorfer Zeitung" [künftig: SZ] Nr. 123 vom 13.8.1924.
62 Vgl. etwa ZuA, Nr. 116 vom 6.10.1920; SZ, Nr. 23 vom 23.3.1921 oder BZ, Nr. 88 vom 5.11.1921. Kuper beging später Unterschlagungen, wurde aus der SPD ausgestoßen und zu einer Gefängnisstrafe verurteilt (FP, Nr. 2372 vom 10.1.1928; FP, Nr. 2569 vom 1.9.1928).

Plakat mit Aufruf zu einer republikanischen Kundgebung mit anschließender Gründung des Reichsbanners in Nordhorn.
Quelle: KKA NOH Stadtarchiv Nordhorn, C II b Nr. 4

Die konservativen „Nordhorner Nachrichten" aus dem Verlag Kip meldeten, Kuper habe in seiner Rede für eine Mitgliedschaft im Reichsbanner geworben, um den republikanischen Staat gegen die „Befehlsempfänger Moskaus" zu schützen. Damit attackierte der Gewerkschaftssekretär die KPD, die in den Jahren zuvor immer wieder mit sowjetischer Unterstützung bewaffnete Aufstände gegen die demokratische Republik unternommen hatte.

Zugleich solle das Reichsbanner den Staat gegen die ständigen Angriffe der sogenannten „nationalen" Verbände verteidigen. Explizit nannte Kuper die völkischen Organisationen, wozu auch die noch kleine und nach dem Hitler-Putsch verbotene NSDAP zählte, die jedoch in Tarnorganisationen weiterhin aktiv war, den rechten Wehrverband Stahlhelm,[63] der der antirepublikanischen Deutschnationalen Volkspartei (DNVP) nahestand, oder den in der Grafschaft seinerzeit sehr aktiven Jungdeutschen Orden,[64] kurz Jungdo genannt. Der Jungdo war eine eher elitäre Organisation und verstand sich als Gesinnungsgemeinschaft. Im Gegensatz zum rechten Stahlhelm und dem kommunistischen Roten Frontkämpferbund (RFB) handelte es sich nicht um eine Wehrorganisation.

Nach Angaben der „Nordhorner Nachrichten" traten über 60 Kriegsteilnehmer der Nordhorner Ortsgruppe des Reichsbanners bei. Die „Schüttorfer Zeitung" führte hingegen aus, 70 Leute aus allen Schichten der Bevölkerung seien in das Reichsbanner aufgenommen worden.[65] Der „Gefolgschaftsmeister des Jungdeutschen Ordens der Bruderschaft Nordhorn", also der Leiter der Nordhorner Ortsgruppe, Mittelschullehrer Karl Wicke, wandte sich in einem Leserbrief gegen das Reichsbanner als eine überflüssige Neugründung. Der Jungdeutsche Orden sei gegen jede Klassen-, Religions- und Parteigegensätze. Er wolle gewaltlose Veränderungen des Systems von 1918/19, das versagt habe.[66]

63 Zum Stahlhelm vgl. Volker Berghahn, Der Stahlhelm. Bund der Frontsoldaten 1918–1933, Düsseldorf 1966 (Beiträge zur Geschichte des Parlamentarismus und der politischen Parteien, Bd. 33); Bernhard Mahlke, Stahlhelm – Bund der Frontsoldaten (Stahlhelm) 1918–1935 (1934–1935 Nationalsozialistischer Deutscher Frontkämpferbund [Stahlhelm] [NSDFB], in: Dieter Fricke u. a. (Hrsg.), Lexikon zur Parteiengeschichte. Die bürgerlichen und kleinbürgerlichen Parteien und Verbände in Deutschland 1789–1945, Bd. 4, Leipzig 1986 [künftig: Fricke, Lexikon zur Parteiengeschichte mit Bandangabe], S. 145–158. Eine seiner Ursprünge waren Einwohnerwehren und Zeitfreiwilligenverbände, vgl. Lothar Albertin, Stahlhelm und Reichsbanner. Bedrohung und Verteidigung der Weimarer Demokratie durch politische Kampfverbände, in: Neue Politische Literatur. XIII. Jg. 1968, Frankfurt am Main 1968 (künftig: Albertin, Stahlhelm und Reichsbanner], S. 456–465, hier S. 458.

64 Zum Jungdeutschen Orden, der in der Geschichtswissenschaft wenig Beachtung gefunden hat, vgl. Kurt Finker, Jungdeutscher Orden (Jungdo) 1920–1933, in: Fricke, Lexikon zur Parteiengeschichte, Bd. 3, Leipzig/Köln 1985, S. 138–148; Klaus Hornung, Der Jungdeutsche Orden, Düsseldorf 1958 (Kommission für Geschichte des Parlamentarismus und der politischen Parteien, Bd. 14). In der Grafschaft war der Jungdeutsche Orden vor allem in Bentheim und Neuenhaus sehr aktiv. Vgl. Helmut Lensing, Vom Ersten Weltkrieg bis zur Durchsetzung der NS-Diktatur. Neuenhaus von 1914 bis 1933, in: Neuenhaus – Ansichten und Einblicke. Aspekte einer Stadtgeschichte, hrsg. von Ruth Prinz/Peter Koop für die Stadt Neuenhaus und der Volkshochschule Grafschaft Bentheim. Schriftleitung: Hubert Titz, Nordhorn/Bad Bentheim/Neuenhaus 2011 (Schriftenreihe der Volkshochschule Grafschaft Bentheim, Bd. 30) [künftig: Lensing, Neuenhaus], S. 246–299, hier S. 274–275.

65 Vgl. NN, Nr. 143 vom 14.8.1924.

66 Vgl. NN, Nr. 146 vom 18.8.1924. Zu Wicke vgl. NN, Nr. 59 vom 6.5.1924; ZuA, Nr. 105 vom 1.7.1924 (zur Fahnenweihe des Jungdo Nordhorn sprach er gegen die „Kriegsschuldlüge" und den Dawes-Plan); NN, Nr. 214 vom 15.9.1925 (Großmeister Wicke spricht über „Deutsches Blut und Volkstum"); ZuA, Nr. 231 vom 2.10.1928 (Studienassessor Wicke ist aus dem Kollegium der Mittelschule ausgeschieden). Die Redebeiträge Wickes zeigen deutlich die politische Verortung des Jungdeutschen Ordens Nordhorn im rechten republikkritischen Lager.

Einen Monat später, am 11. September 1924, lud die Reichsbanner-Ortsgruppe Nordhorn mit dem Osnabrücker Kameraden Diefenthal zu einer Versammlung ein, um eine Jugendgruppe zu gründen.[67] Der Osnabrücker Ernst Diefenthal war Parteisekretär der Deutschen Demokratischen Partei für den Regierungsbezirk Osnabrück und hatte sich bereits im Juli in Osnabrück an der Gründung der dortigen Reichsbanner-Ortsgruppe beteiligt,[68] wohl zugleich der Startschuss für die Konstituierung des Reichsbanners in anderen Kommunen des Regierungsbezirks. Sein Kommen zeigt das Bestreben des Reichsbanners, auch Republikaner aus dem bürgerlichen Lager in das Nordhorner Reichsbanner einzubinden. In seiner Gründungsrede warb der DDP-Parteisekretär für die schwarz-rot-goldene Flagge, das umkämpfte Symbol der deutschen Republik und Demokratie, und erläuterte die Geschichte dieser Fahne, die von rechten Gruppierungen massiv verunglimpft wurde.[69] Zudem wandte sich Diefenthal gegen die von den Deutschnationalen verbreitete Dolchstoß-Legende.[70] Ob es zur Gründung einer Jugendgruppe des Reichsbanners gekommen ist, verschweigt der Pressebericht.

Nachdem in Nordhorn als der größten Stadt im Landkreis eine Ortsgruppe geschaffen worden war, regten sich ebenfalls in der Textilarbeiterstadt Schüttorf die republikfreundlichen Kreise. Anfang September 1924 bildete sich eine vierköpfige Kommission zur Konstituierung einer Reichsbanner-Ortsgruppe. Ihr gehörten Dietrich Maschmeyer, Wilhelm Schmidt, Robert Lenßen (geb. 1878) und Bernhard Wehrmeyer an.[71] Lenßen war der Obergrafschafter Sekretär des DTV und SPD-Kommunalpolitiker.[72]

67 Vgl. ZuA, Nr. 166 vom 10.9.1924.
68 Zu Diefenthal vgl. NLA OS Rep 439 Nr. 19. Mit dem Niedergang der DDP wurde er, wie ein Gestapo-Eintrag vom 10. Juni 1936 vermuten lässt, hauptamtlicher Reichsbanner-Funktionär. Diefenthal, ehemaliger Privatsekretär Friedrich Naumanns, hatte im Januar 1919 bei der Gründung der DDP in Schüttorf mitgewirkt und war Landesgeschäftsführer der DDP im Saarland gewesen, wo er im „Abwehrkampf" gegen die Franzosen aktiv war. Er kehrt offenbar 1924 wieder nach Osnabrück zurück. Diefenthal gehörte zur Redaktion der Reichsbanner-Zeitung und schrieb dort vielfach Beiträge für den Vorsitzenden Hörsing. Vgl. SZ, Nr. 3 vom 8.1.1919; NN, Nr. 31 vom 1.4.1924; Rohe, Reichsbanner, S. 64, 274, 277.
69 Dies war auch in der Grafschaft der Fall, wo der DDP-Kommunalpolitiker Hauptlehrer Ludwig Sager einen aufsehenerregenden Prozess gegen ein ehemaliges Mitglied des Jungdo aus Hardingen führte, der 1927 bei einem Schulausflug die mitgeführte Reichsflagge verunglimpft hatte. Dieser wurde in Neuenhaus freigesprochen und verklagte dann umgekehrt erfolgreich Sager wegen Beleidigung. Erst die Berufungsverhandlung im katholischen Meppen entschied zugunsten Sagers (FP, Nr. 2389 vom 30.1.1928; BZ, Nr. 144 vom 21.5.1928; ZuA, Nr. 39 vom 16.2.1929; ZuA, Nr. 155 vom 6.7.1929; SZ, Nr. 155 vom 5.7.1929). Die Zentrumspartei des Wahlkreises Weser-Ems nahm die Ermordung Walter Rathenaus zum Anlass, ihre Anhänger zur Verteidigung der Weimarer Republik und ihrer Symbole, vor allem der Reichsflagge, aufzurufen. Vgl. „Ems-Zeitung", Papenburg, Nr. 81 vom 9.7.1922.
70 Vgl. SZ, Nr. 150 vom 13.9.1924.
71 Vgl. SZ, Nr. 143 vom 5.9.1924. Zum Schüttorfer Reichsbanner vgl. Helmut Lensing, Wahlen, Parteien und Verbände in Schüttorf von 1867 bis 1933, in: Voort, Schüttorf, S. 333–438, hier S. 392–394. Dem folgt: Nonno de Vries, Demokratie kommt nicht von selbst. Ein Rückblick auf unsere Vergangenheit in der Grafschaft Bentheim vor 1945, hrsg. von der Historischen Kommission der Grafschafter SPD, Nordhorn 2018 (Beiträge zur Geschichte der Grafschaft Bentheim, 1), [künftig: de Vries, Demokratie], S. 327.

Der Oberpostsekretär Schmidt war 1919 bei der Gründung der DDP Schüttorf zum Schriftführer der Ortsgruppe gewählt worden.[73] Über den Weber Wehrmeyer konnte bislang nichts ausfindig gemacht werden. Über Schüttorf hinaus bekannt war der Bäckermeister Dietrich Maschmeyer (1854–1933). Er gehörte um die Jahrhundertwende zu den führenden Grafschafter Vertretern des Nationalsozialen Vereins Friedrich Naumanns, der in der Vechtestadt eine reichsweite Hochburg aufbaute. Maschmeyer war 1898 Vorsitzender des Nationalsozialen Wahlvereins für den preußischen Landtagswahlkreis Lingen-Bentheim geworden. Nach der Revolution wurde der Kommunalpolitiker Schüttorfer DDP-Vorsitzender.[74]

Zur Gründungsversammlung der Reichsbanner-Ortsgruppe kamen rund 150 Besucher. Gewerkschaftssekretär Lenßen eröffnete und erteilte dann dem Osnabrücker SPD-Parteisekretär Karl Westphälinger (1879–1961)[75] das Wort. Dieser lobte die demokratische Weimarer Verfassung und warnte vor der Verunglimpfung der schwarz-rot-goldenen Reichsflagge durch „Hakenkreuzjünger". Der DDP-Parteisekretär Diefenthal sprach über das Reichsbanner und die deutsche Geschichte. Rund 100 Personen folgten dem Aufruf zum Eintritt in die Schüttorfer Ortsgruppe.[76] Bereits am 6. Dezember 1924, am Tag vor der Reichstagswahl, marschierte sie erstmals durch Schüttorf, um die Präsenz der demokratischen Kräfte zu zeigen.[77]

Bei der Konstituierung des Bentheimer Reichsbanners ist ein direktes Mitwirken der SPD offensichtlich, denn auf der Tagesordnung einer Versammlung des dortigen Ortsvereins für den 4. Oktober stand explizit die Besprechung zur Gründung einer Ortsgruppe des Reichsbanners Schwarz-Rot-Gold.[78] Details darüber lieferte die bürgerliche Ortszeitung des Kreissitzes nicht. Am 16. November 1924 bestand bereits eine Ortsgruppe, die für diesen Tag erstmals eine Versammlung anberaumte.[79]

72 Zu Lenßen (auch Lentzen): Der Schüttorfer DTV-Gewerkschaftssekretär kam im April 1921 aus Elberfeld und wurde 1924 und 1929 in das Schüttorfer Bürgervorsteher-Kollegium gewählt. 1925 gelangte er für die SPD in den Kreistag, in dem er 1930 als Nachrücker erneut einzog. Vgl. Stadtarchiv Schüttorf Nr. 51: Anmeldungen von SPD-Versammlungen durch Lenßen: SZ, Nr. 19 vom 9.3.1921; SZ, Nr. 28 vom 9.4.1921; SZ, Nr. 39 vom 5.5.1924; ZuA, Nr. 268 vom 17.11.1925; SZ, Nr. 11 vom 14.1.1929; ZuA, Nr. 278 vom 30.11.1929; SZ, Nr. 141 vom 19.6.1930.

73 Vgl. SZ, Nr. 3 vom 8.1.1919.

74 Zu Maschmeyer vgl. Helmut Lensing, Art. Maschmeyer, Dietrich, in: EG 6 (1997), S. 255–259; Organisationshandbuch DDP, S. 210.

75 Zu Westphälinger, 1921 bis 1929 Provinziallandtagsabgeordneter der SPD, vgl. Herlemann, Biographisches Lexikon, S. 388.

76 Vgl. SZ, Nr. 159 vom 24.9.1924.

77 Vgl. SZ, Nr. 220 vom 5.12.1924.

78 Vgl. BZ, Nr. 100 vom 4.10.1924.

79 Vgl. BZ, Nr. 118 vom 15.11.1924.

V. S. P. D.

Versammlung

am Sonnabend, den 4. Okt., abends 8 Uhr,

bei Schmeing, Bentheim.

Tagesordnung:

1. Bericht von der Bezirksvorstandssitzung in Oldenburg.
2. Besprechung über die Gründung einer Ortsgruppe des Reichsbanners Schwarz-Rot-Gold.
3. Verschiedenes.

Um zahlreiches Erscheinen wird ersucht.

Der Vorstand.

Auf einer Versammlung der Bentheimer VSPD-Ortsgruppe steht 1924 auch das Thema Reichsbanner-Gründung auf der Tagesordnung.

Quelle: „Bentheimer Zeitung", Nr. 100 vom 4. Oktober 1924

Reichsbanner schwarz=rot=gold.

Am Sonnabend, dem 10. Oktober,

abends $8^1/_2$ Uhr,

findet im Saale der Witwe **Paust** die endgültige

Versammlung

für die Niedergrafschaft statt.

Punkt 1. Vortrag über Zweck und Ziele.

Punkt 2. Wahl des Vorstandes.

Alle Republikaner der Niedergrafschaft sind hierzu freundlichst eingeladen. Für die bereits eingetragenen Mitglieder ist das Erscheinen Pflicht.

Die Einberufer.

Zeitungsanzeige zur Gründungsversammlung des Reichsbanners Niedergrafschaft, Anfang Oktober 1925.

Quelle: „Nordhorner Nachrichten", Nr. 233 vom 7. Oktober 1925

Im Oktober 1925 kamen zwei weitere Ortsgruppen hinzu. Damit war die Gründungsphase des Grafschafter Reichsbanners abgeschlossen. In der agrarisch geprägten Niedergrafschaft Bentheim war die SPD nur schwach vertreten, ihr eher großbürgerlicher Bündnispartner DDP besaß hier ebenfalls eine geringe soziale Basis und schmolz bei Wahlen immer weiter zusammen. Infolgedessen stammten die Mitglieder der hier beheimateten neuen Reichsbanner-Ortsgruppe nicht aus einem Ort, sondern verteilten sich über die gesamte Niedergrafschaft.

Die rechtsgerichtete „Zeitung und Anzeigeblatt" aus Neuenhaus berichtete über die Konstituierung am 10. Oktober:

„Die Ortsgruppe Nordhorn des Reichsbanners Schwarz-Rot-Gold hielt am Sonnabend abend im Paust'schen Saale eine Versammlung zwecks Gründung einer Gruppe für die Niedergrafschaft ab. Eröffnet wurde sie von Herrn Karl Hager-Veldhausen, der die Erschienenen begrüßte und nach kurzen, einleitenden Worten dem Vorsitzenden der Ortsgruppe Nordhorn, Herrn Zwitzers, das Wort zu einem Vortrage erteilte. Dieser legte in kurzen Sätzen, zurückgreifend auf den Krieg, die Ziel- und Richtlinien der Reichsbannerorganisation klar. In einer nach dem Vortrage angesetzten Pause ließen sich 41 neue Mitglieder in die Liste eintragen. Nach Beendigung der Pause wurde anschließend eine Mitgliederversammlung abgehalten, in der man zur Vorstandswahl schritt. Als ersten Vorsitzenden schlug man Herrn Zollassistenten Pohl aus Uelsen vor, der von der Versammlung auch einstimmig gewählt wurde. Er nahm die Wahl dankend an und der Versammlungsleiter übergab ihm den Vorsitz. Der Hauptvorstand wurde ganz nach Uelsen verlegt. Erster Schriftführer wurde Herr Schmidt und Erster Kassierer: Herr Janßen. Zum zweiten Vorsitzenden wurde Herr Karl Hemme aus Neuenhaus gewählt, zum zweiten Schriftführer Herr Karl Hager-Veldhausen und zweiten Kassierer Herr Nientker-Neuenhaus. Außerdem wurden vier Beisitzer gewählt, die Herren Itterbeck und Staal aus Neuenhaus, Herr Pfeil aus Lage und Herr Hartmann aus Veldhausen."[80]

Treibende örtliche Kraft bei der Gründung war offenbar der SPD-Mann Karl Hager (1888–1942) aus Veldhausen,[81] ein gebürtiger Bayer. Offensichtlich gehörten der Ortsgruppe Niedergrafschaft wie dem Vorstand mehrere dort zeitweilig stationierte Zollbedienstete an. Da diese wie die Lehrer häufiger versetzt wurden, hatte die Ortsgruppe bereits 1926 mit Berend Itterbeck einen neuen Vorsitzenden,[82] weshalb der Sitz nach Neuenhaus verlegt wurde. Dort blieb der Vereinssitz bis 1933.

80 ZuA, Nr. 238 vom 13.10.1925. Zur Gründung auch: SZ, Nr. 240 vom 13.10.1925.
81 Zu Hager (auch Harger) vgl. NLA OS Rep 439 Nr. 19 (bis 1933 SPD-Mitglied, Hausdurchsuchungen); NN, Nr. 272 vom 18.11.1929 (SPD-Kreistagsmitglied); NLA OS Rep 430 Dez. 201 Akz 5/66 Nr. 12 Bd. 1: Regierungspräsident vom 4.9.1930 (Vorsitzender der SPD-Ortsgruppe Niedergrafschaft); vor allem aber: de Vries, Demokratie, S. 336, 401–402.
82 Vgl. ZuA, Nr. 166 vom 20.7.1926; ZuA, Nr. 178 vom 3.8.1926. Das Vorstandsmitglied Itterbeck verzog nach dem Frühjahr 1928 nach Nordhorn, wo er 1930 stellvertretender Reichsbanner-Vorsitzender wurde (FP, Nr. 11 vom 14.1.1930). Spätestens 1932 kehrte er wieder nach Neuenhaus zurück. Er war SPD-Mitglied. Vgl. FP, Nr. 16 vom 20.1.1932; NLA OS Rep 450 Bent II L.A. Bent Nr. 410: Landjäger Neuenhaus vom 22.4.1933.

Im Dezember 1925 veranstaltete die Niedergrafschafter Ortsgruppe eine Werbeversammlung in Veldhausen, um neue Mitglieder zu gewinnen. Über einen Erfolg berichtete der Pressebeitrag nicht.[83]

Die letzte Grafschafter Reichsbanner-Ortsgruppe konstituierte sich am 24. Oktober 1925 im Textilarbeiterdorf Gildehaus. 30 Männer schlossen sich der demokratischen Wehrorganisation an.[84] Eine der ersten Handlungen der neuen Ortsgruppe war die Anschaffung einer eigenen Fahne,[85] ein nicht ganz billiges Unterfangen.

Die Grafschafter Reichsbanner-Organisation befand sich nun im Aufwind. In Nordhorn traten im Oktober 1925 bei der Monatsversammlung beispielsweise 34 neue Mitglieder in die Ortsgruppe ein. Wegen des starken Wachstums teilte sich die Ortsgruppe in vier „Bezirke".[86] Dies geschah offenbar hauptsächlich aus praktischen Gründen, denn Versammlungsräume in der benötigten Größenordnung waren in Nordhorn knapp. Wenn nun die vier „Bezirke" getrennt tagten, war zudem der Weg bis zur Versammlungsstätte in Gastwirtschaften für die Mitglieder nicht zu weit. Wegen der hohen Mitgliederzahl beschloss die Generalversammlung im Januar 1929, einen Unterkassierer anzustellen,[87] da es seinerzeit üblich war, den monatlichen Mitgliedsbeitrag bar an der Haustür zu kassieren.

83 Vgl. SZ, Nr. 293 vom 16.12.1925. Im Februar 1928 kam das Reichsbanner Niedergrafschaft erneut nach Veldhausen zu einer Versammlung. Vgl. ZuA, Nr. 40 vom 17.2.1928. Zur Ortsgruppe Niedergrafschaft vgl. kurz: Lensing, Neuenhaus, S. 276.

84 Vgl. BZ, Nr. 126 vom 22.10.1925; BZ, Nr. 129 vom 29.10.1925. Kurze Informationen zum Gildehauser Reichsbanner finden sich in: Herbert Wagner, Die Gestapo war nicht allein ... Politische Sozialkontrolle und Staatsterror im deutsch-niederländischen Grenzgebiet 1929–1945, Münster 2004 (Anpassung – Selbstbehauptung – Widerstand, Bd. 22, zugleich Diss. FernUniversität Hagen 2002) [künftig Wagner, Gestapo], S. 464–465.

85 Vgl. BZ, Nr. 89 vom 29.7.1926.

86 Vgl. „Grafschafter Wochen-Rundschau", Nordhorn [künftig: GWR], Nr. 41 vom 11.10.1925.

87 Vgl. NN, Nr. 9 vom 11.1.1929. Zugleich fasste man den Beschluss, eine Sterbekasse einzurichten, die gegen Tod und Unfall im Rahmen der Vereinstätigkeit absichern sollte.

Republikaner!

Am Sonnabend, den 24 Oktober, abends 8 Uhr, find im Lokale D. Voort, Gildehaus eine

Gründungsversammlung

des Reichsbanners Schwarz-Rot-Gold

statt. Alle Republikaner von Gildehaus und Umgegend sind hierzu eingeladen.

Die Einberufer.

Die Zeitungsanzeige zur Gründungsversammlung des Reichsbanners in Gildehaus.
Quelle: „Bentheimer Zeitung", Nr. 126 vom 22. Oktober 1925

Bundesbanner des Reichsbanners Schwarz-Rot-Gold, 1927.

Quelle: GDW, Schaudepot
Reichsbanner Schwarz-Rot-Gold, RB 442

Reichsbanner Schwarz-Rot-Gold
Ortsgruppe Lingen-Ems.

Am Mittwoch, den 24. September 1924, findet im großen Saale des Bahnhofshotel Nave eine große

Werbe-Versammlung

des Reichsbanners Schwarz-Rot-Gold statt.

Anfang pünktlich 8 Uhr. — Anfang pünktlich 8 Uhr.

Die Herren Diestenthal-Osnabrück und Tempel-Leer
— werden sprechen über —

Ursache, Zweck u. Ziel des Reichsbanners Schwarz-Rot-Gold.

Alle Republikaner sind dazu eingeladen. Der Vorstand.

Anzeige mit der Einladung zur Gründungs-versammlung des Reichsbanners Lingen.
Quelle: „Lingener Volksbote", Nr. 95 vom 23. September 1924

Im Kreis Lingen war das Reichsbanner deutlich weniger erfolgreich, da es hier außerhalb von Lingen eben keine Ortschaften mit einer größeren Industriearbeiterschaft gab. Personen aus dem agrarischen Bereich bildeten hier nicht die Zielgruppe des Bundes, der in seiner Propaganda ganz auf urbane Arbeiter abzielte. Im Kreis Lingen warb die katholische „Lingener Tageszeitung" im Juni 1924 für das Reichsbanner, in der jeder, der nicht Monarchist oder Kommunist sei, für die demokratische Republik kämpfen könne.[88] Ende September 1924 fand sodann die Konstituierung einer Ortsgruppe statt, worüber das Blatt als einzige der drei Zeitungen der Stadt ausführlich berichtete.[89]

Wie die linkskatholische Zeitung zur Neugründung stand, machte die Einführung gleich deutlich. Hier hieß es:

88 Vgl. LT vom 20.6.1924.
89 Vgl. LT vom 26.9.1924.
90 Ebenda.

„Es ist freudig zu begrüßen, daß auch in unserer Stadt endlich die Werbetrommel des Reichsbanners Schwarz-Weiß-Gold geschlagen wurde, jene Werbetrommel, die alle republikanisch gesinnten Männer vereinigen soll zum Schutze der Republik.“[90]

Initiator der Konstituierung war der Bezirk Osnabrück des Reichsbanners, der durch einen provisorischen Vorstand eingeladen hatte. Ungefähr 150 Personen waren der Einladung an einem Mittwochabend gefolgt. Leiter der Versammlung war ein Ihno Meyer, offenbar ein Ostfriese, der dem SPD-Reichstagsabgeordneten Hermann Tempel aus Leer das Wort erteilte. Tempel kritisierte scharf die Hetze rechter Presseorgane gegen die Republik, die zu Morden etwa an den Reichsaußenminister Walther Rathenau (1867–1922) geführt habe, ebenso zum Hitler-Putsch. Nach einer Abrechnung mit dem Stahlhelm und den Hakenkreuzträgern warb er für eine Sammlung aller Republikaner „unter dem Banner Schwarz-Rot-Gold".

Als zweiter Redner ergriff der DDP-Parteisekretär Diefenthal aus Osnabrück das Wort. Er führte in die Organisation des Reichsbanners ein und widersprach gegnerischen Vorwürfen, der Verband sei eine Organisation der Sozialdemokratie. Sodann warb der Lingener DDP-Vorsitzende, Baurat Ludwig Weinmann (1880–1953),[91] für einen Beitritt. Es schlossen sich über 100 Männer der Ortsgruppe an und wählten einen provisorischen Vorstand.[92] Er bestand aus dem parteipolitisch nicht weiter hervorgetretenen Ihno Meyer, dem Gewerkschaftssekretär August Kahle,[93] der zugleich seinerzeitiger Vorsitzender des sozialistischen Deutschen Eisenbahner-Verbandes war, der mitgliederstärksten Gewerkschaft beim größten Arbeitgeber in Lingen und Umgebung, dem RAW, und dem Lithographen Paul Reinhardt, der bei der Kommunalwahl vom Mai 1924 für die SPD kandidiert hatte.[94] Weitere Vorstandsmitglieder waren der Lingener DDP-Vorsitzende Baurat Ludwig Weinmann, als Leiter des Hochbauamtes einer der örtlichen Honoratioren, der Schweißer Fritz Termühlen, führender Gewerkschafter im Hirsch-Dunckerschen Allgemeinen Eisenbahner-Verband, Kassierer der Lingener Ortsgruppe der CSVG und Kommunalpolitiker,[95] der Schlosser Anton Fölling, der im Mai 1924 auf Platz 1

91 Zu Weinmann vgl. Helmut Lensing, Art. Weinmann, Ludwig, in: Studiengesellschaft für Emsländische Regionalgeschichte (Hrsg.), Emsländische Geschichte 11 (2004) [künftig: Lensing, Weinmann], S. 323–329. Hier finden sich auch die späteren Informationen zu ihm.
92 Vgl. LT vom 26.9.1924.
93 Kahle ist allerdings nur 1924/25 in Lingen nachweisbar. Vgl. „Lingen'sches Wochenblatt" [künftig: LWB], Nr. 56 vom 13.5.1924; „Lingener Volksbote" [künftig: LVB] Nr. 31 vom 14.3.1925.
94 Zu Details vgl. LVB, Nr. 34 vom 26.4.1924.
95 Termühlen war 1920 Bezirksvorsitzender eines christlichen Verbands für Kriegsopfer und trat in diesem Jahr für die Christlich-Soziale Volkspartei ein. 1924 wurde der Zweite Schriftführer der linkskatholischen Christlich-Sozialen Volksgemeinschaft im Wahlkreis Weser-Ems in Ausschüsse des Lingener Bürgervorsteher-Kollegiums gewählt. 1925 fungierte Termühlen als Kassierer der Lingener CSVG-Ortsgruppe sowie der ältesten Gewerkschaft des Emslandes, des Allgemeinen Eisenbahner-Verbandes Ortsgruppe Lingen. 1929 war Termühlen Vorsitzender der linkskatholischen Christlich-Sozialen Reichspartei in Lingen. Gleichzeitig leitete er den Hirsch-Dunckerschen Allgemeinen Deutschen Eisenbahner-Verband. Mit seinen Parteifreunden schloss er sich aufgrund des Aufkommens der Nationalsozialisten wieder dem Zentrum an, für das er 1933 in das Lingener Bürgervorsteherkollegium gewählt wurde. Vgl. dazu Lensing, Betriebsratswahlen Lingen, S. 92.

des CSVG-Wahlvorschlags in das Lingener Bürgervorsteherkollegium gewählt worden war und als Schriftführer in der Lingener Ortsgruppe seiner Partei fungierte,[96] sowie ein gewisser Korte. Bei letzterem handelt es sich vermutlich um den Bürogehilfen Hans Korte, der 1922 Vorsitzender der Lingener Ortsgruppe des Reichsbundes für Kriegsbeschädigte, Kriegshinterbliebene und Kriegsteilnehmer war und 1925 bei der Kreistagswahl für die SPD antrat.[97]

So zeigt sich der erste Lingener Reichsbanner-Vorstand dominiert von SPD-Leuten und Linkskatholiken, die wohl mehrheitlich beim Lingener RAW beschäftigt waren, während sich von den Lingener Zentrumsführern niemand an der Konstituierung beteiligte. Daneben war durch Ludwig Weinmann die DDP als Partei des protestantischen Bürgertums vertreten. Allerdings waren die Linksliberalen in Lingen eine Kleinpartei, die 1925 nur auf die seinerzeit geringe Anzahl von 50 Mitgliedern verweisen konnte und im gesamten Landkreis nur diese eine Ortsgruppe besaß.[98]

Während der Aufbauphase des Reichsbanners fand im Frühjahr 1925 die Reichspräsidentenwahl statt. Von den drei Parteien der Weimarer Koalition, die mehr oder weniger geschlossen hinter dem Reichsbanner standen, hatten die Grafschafter Gründungsinitiatoren den linken Flügel des Zentrums vollkommen außer Acht gelassen. Die große Masse der Zentrumsmitglieder in Nordhorn und Schüttorf waren Textilarbeiter. In beiden Orten existierte eine Ortsgruppe des CTV, ebenso in Bentheim und Gildehaus. In Nordhorn waren für den CTV zwei hauptamtliche Gewerkschaftssekretäre tätig: der Katholik, Zentrumsaktivist und Kommunalpolitiker Franz Lütkenhues (1881–1941),[99] dem seit 1930 Friedrich, genannt Fritz, Switzer/Zwitzers (1898–1978) zur Seite stand. Der Protestant Switzer war zunächst SPD-Funktionär und Aktivist in der sozialistischen Textilarbeitergewerkschaft gewesen,

96 1929 kandidierte der mehrjährige Schriftführer der Lingener CSVG-Ortsgruppe für die Christlich-Soziale Reichspartei, in der die CSVG aufgegangen war, für das Bürgervorsteherkollegium, doch gewann diese Liste kein Mandat. Vgl. LVB, Nr. 37 vom 6.5.1924; Adreßbuch der Stadt Lingen an der Ems und des Kreises Lingen 1925, bearbeitet von Verwaltungssekretär Riekhoff, Lingen 1925 [künftig: Adressbuch Lingen 1925], S. 38.III; 1929: LVB, Nr. 259 vom 7.11.1929.

97 Vgl. LWB, Nr. 123 vom 21.10.1922; LWB, Nr. 134 vom 17.11.1925.

98 Vgl. Organisationshandbuch DDP, S. 210.

99 Zu ihm vgl. Helmut Lensing, Art. Lütkenhues, Franz, in: EG 11 (2004), S. 276–287.

trat aber – wohl infolge der antikirchlichen Ausrichtung Nordhorner SPD-Funktionäre – 1928 aus Partei, Reichsbanner und Gewerkschaft aus und schloss sich der christlichen Gewerkschaftsbewegung und dem wieder gegründeten Evangelischen Arbeiterverein an. 1929 wurde er Kreisvorsitzender des neu gegründeten und im Landkreis besonders starken CSVD, einer entschieden protestantischen Partei.[100]

Weil die örtliche Textilindustrie gewaltig expandierte und deshalb viele Arbeitskräfte nach dem Ende der Inflation in die Vechtestadt strömten, stieg Nordhorn zur zweitgrößten Stadt im Regierungsbezirk Osnabrück auf. Die vielen Neubürger, vor allem aus dem Ruhrgebiet, ließen die Nordhorner SPD nach links rücken, atheistischer werden[101] und bald zunehmend unter Druck eines aktionistischen Ortsvereins der Kommunistischen Partei Deutschlands geraten, die 1926 eine Ortsgruppe des Roten Frontkämpferbundes (RFB) schuf.[102] Allerdings erlangte der linke Kampfbund in Nordhorn in seiner kurzen Lebensphase keine große Bedeutung. Im Zuge des RFB-Verbots 1929 wurde bekannt, dass die Nordhorner Ortsgruppe unter Leitung des KPD-Funktionärs

100 Zu Zwitzers/Switzer vgl. Helmut Lensing/Gerhard Plasger, Art. Switzer, Friederikus, in: EG 7 (1998), S. 275–278. In der Presse wird er bis 1933 als Zwitzers bezeichnet. Zur Partei, die besonders von den Altreformierten getragen wurde, im Bentheimer Land und Lingen vgl. Helmut Lensing, Der Christlich-Soziale Volksdienst in der Grafschaft Bentheim und im Emsland. Die regionale Geschichte einer streng protestantischen Partei in der Endphase der Weimarer Republik, in: EG 9 (2001) [künftig: Lensing, CSVD], S. 63–133, zu Switzer S. 70–71, 73, 86–87, 93, 97, 117. Nach dem Zweiten Weltkrieg schloss sich Switzer wieder der SPD an.

101 So wirkte hier nicht ohne Erfolg eine Ortsgruppe des kommunistischen Verbands proletarischer Freidenker auf den linken Rand der SPD. Vgl. Werner Rohr, Die Geschichte der Arbeiterbewegung in Nordhorn. Von den Anfängen bis 1945, in: Emsland/Bentheim. Beiträge zur neueren Geschichte, Bd. 4, hrsg. von der Emsländischen Landschaft für die Landkreise Emsland und Grafschaft Bentheim, Sögel 1988 [künftig: Rohr, Arbeiterbewegung], S. 45–202, hier S. 135; NLA OS Rep 450 Bent II L.A. Bent Nr. 407: Bericht Bentheim vom 16.7.1931. Beispielsweise traten führende Nordhorner SPD-Politiker wie Paul Köhler aus der evangelischen Kirche aus.

102 Der Rote Frontkämpferbund war auf Reichsebene ebenfalls 1924 gegründet worden. Vgl. zu ihm: Kurt G. P. Schuster, Der Rote Frontkämpferbund 1924–1929. Beiträge zur Geschichte und Organisationsstruktur eines politischen Kampfbundes, Düsseldorf 1975 (Beiträge zur Geschichte des Parlamentarismus und der politischen Parteien, Bd. 55). Noch im August 1925 meldete die Polizeiverwaltung Nordhorn, es gebe in der Stadt keine Ortsgruppe. Vgl. NLA OS Rep 430 Dez. 201 acc 5/66 Nr. 6 Bd. 3: Polizei-Verwaltung Nordhorn vom 28.8.1925; zur Ortsgruppe Nordhorn vgl. Rohr, Arbeiterbewegung, S. 141–142, zur Expansion der Textilindustrie und der frühen linksextremen Ausrichtung eines Teils der Textilarbeiter S. 126–135, 150–163.

Karl Barfuß (1898–1963)[103] gerade einmal 32 Mitglieder aufwies.[104] Ohnehin kam die große Zeit der Nordhorner KPD erst nach dem Ausbruch der Weltwirtschaftskrise. Allerdings waren die Kommunisten in diesen Jahren ein gewichtiger Feind des Reichsbanners, titelte doch das Mitte der 1920er-Jahre für die Region zuständige KPD-Organ „Arbeiter-Zeitung" aus Bremen etwa im Februar 1925 „Nieder mit Schwarz-Rot-Gold! Es lebe die proletarische Revolution".[105]

Das Grafschafter Reichsbanner konnte sich in den politisch und wirtschaftlich etwas ruhigeren Jahren nach der Gründung dem weiteren Auf- und Ausbau der Organisation widmen, ohne sogleich in größere Kämpfe mit den Gegnern der Demokratie von Links und Rechts verwickelt zu werden. Im Hauptgründungsjahr 1924 wurden allgemein weder die Katholiken und Zentrumsleute noch im Besonderen die Mitglieder der Christlichen Gewerkschaften vom Grafschafter Reichsbanner beachtet, im Gegensatz etwa zum emsländischen Papenburg. Dort engagierte sich der örtliche christliche Gewerkschaftsführer – zum Unmut agrarischer Parteifreunde – bei der Konstituierung der Reichsbanner-Ortsgruppe.[106]

In Nordhorn trugen ausschließlich Mitglieder der SPD und des der Partei nahestehenden sozialistischen Allgemeinen Deutschen Gewerkschaftsbundes (ADGB) die Reichsbanner-Ortsgruppe; in Schüttorf, wo die SPD bodenständiger und stark evangelisch geprägt war,[107] holte man bürgerliche Republikaner von der DDP mit ins Boot. Deren Vorsitzender Dietrich Maschmeyer, bekannt für seine soziale Gesinnung, fungierte aufgrund seines fortgeschrittenen Alters nur kurzzeitig als Leiter der Ortsgruppe.

103 Der Weber Karl Barfuß war Führer des Rotfrontkämpfer-Bundes und um 1929 kurzzeitig Nordhorner KPD-Vorsitzender. In diesem Jahr wurde er für eine kommunistische Liste in den Betriebsrat der Firma „L. van Delden & Söhne" gewählt. 1931 fungierte Barfuß als Schriftführer der KPD-Ortsgruppe, 1932 war er Führer der RGO-Stoßbrigade, die bei wilden Streikaktionen und anderen heiklen Situationen eingesetzt wurde. Der ehemalige Katholik Barfuß war zudem Vorstandsmitglied des Nordhorner Verbands proletarischer Freidenker. 1933 floh er in die Niederlande, dann nach Paris. Nach Nordhorn 1934 zurückgekehrt, wurde er im August sofort festgenommen und bis zum Frühjahr 1935 im Konzentrationslager Esterwegen inhaftiert. Er stand auch danach als Regimegegner unter Überwachung und wurde 1944 erneut inhaftiert. Nach dem Krieg wurde Barfuß Betriebsrat bei „Rawe". 1956 erfolgte sein Ausschluss aus der KPD wegen „parteischädigendem Verhaltens". Vgl. NLA OS Rep 439 Nr. 19; NLA OS Rep 430 Dez. 902 Akz 2003/068 Nr. 298.

104 Vgl. NLA OS Rep 450 Bent II L.A. Bent Nr. 407: Polizei-Verwaltung Nordhorn vom 14.5.1929. Zum RFB in Nordhorn vgl. Rohr, Arbeiterbewegung, S. 141–142.

105 „Arbeiter-Zeitung", Bremen, Nr. 45 vom 23.2.1925.

106 Vgl. Lensing, Republikanische Wehrorganisationen, S. 51–52. Papenburg gehörte zum Reichsbannerkreis Ostfriesland-Süd, da in den emsländischen Kreisen Meppen, Aschendorf und Hümmling keine weiteren Ortsgruppen entstanden. Vgl. RBZ vom 9.1.1929.

107 Vgl. dazu Helmut Lensing, Die SPD in Schüttorf von den Anfängen bis 1933, in: EG 6 (1997), S. 33–88, vor allem S. 59–60.

Der Schüttorfer DDP- und Reichsbanner-Vorsitzende Dietrich Maschmeyer.
Quelle: Stadtarchiv Schüttorf

Der Weber Bernhard Kipker (1882–1962) war Gründungsmitglied der SPD Nordhorn. 1921 bis 1924 amtierte Kipker als Nordhorner Senator, anschließend war er bis 1933 Bürgervorsteher. Mitte der 1920er-Jahre wurde Kipker hauptberuflicher Gewerkschaftskassierer.
Quelle: Dieter Kipker, Nordhorn

Die Schüttorfer Reichsbannerführung unternahm ebenfalls keinerlei Anstrengungen, die katholische Minderheit und die christlichen Gewerkschaften bei der Schaffung der Ortsgruppe einzubinden. Hintergrund war sicherlich neben der starken weltanschaulichen Gegnerschaft der Linksliberalen und der damals tendenziell atheistischen Sozialdemokratie zur religiös verankerten Zentrumspartei der starke Antikatholizismus in der Grafschaft, der schon vor dem „Kulturkampf" das öffentliche Leben bestimmt hatte.[108]

Symptomatisch für die antikatholische Ausrichtung der Grafschafter SPD war ein Wortbeitrag des langjährigen Nordhorner SPD-Kommunalpolitikers und DTV-Funktionärs Bernhard Kipker (1882–1962) 1930 auf einer Zentrumsversammlung mit dem langjährigen Arbeitsminister Dr. Heinrich Brauns (1868–1939), einem katholischen Priester. Als dort das Verhältnis seiner Partei zur Religion angesprochen wurde, bekannte der Nordhorner SPD-Fraktionsvorsitzende Kipker als Diskussionsredner seiner Partei, dass die SPD die katholische Kirche bekämpfe, da sie sich mit Politik befasse.[109]

Offenbar im Zuge der anstehenden Reichspräsidentenwahl 1925 sollte diese Scharte jedoch ausgewetzt werden. Ende Februar/Anfang März 1925 lud das Reichsbanner zu Versammlungen in Nordhorn, Schüttorf und Bentheim mit dem christlichen Gewerkschaftssekretär und Zentrumsmann Daniel Hatzelmann ein.[110]

Offenbar wurde aber im Vorfeld in keiner Gemeinde versucht, die örtlichen christlichen Gewerkschaften für ein Mitmachen zu gewinnen, ebenso wenig die Zentrumspartei. So war laut Bericht der „Bentheimer Zeitung" die Hatzelmann-Versammlung in der Kreisstadt nur mäßig besucht. Die evangelischen Einwohner waren nicht sonderlich für den Besuch einer Versammlung mit einem Zentrumsmann zu begeistern, und die Katholiken vor Ort fühlten sich von einer seitens der SPD initiierten Veranstaltung nicht angesprochen. In Schüttorf brachte die ungewohnte Umwerbung des linken Zentrumsflügels Unruhe in die dortigen christlichen Gewerkschaften, die vor Ort einen starken evangelisch-nationalen Flügel besaßen.[111]

108 Zum Grafschafter Antikatholizismus vgl. Lensing, Protestantismus, S. 99–101, 103–107.
109 Vgl. NA, Nr. 472 vom 9.9.1930.
110 Vgl. die Einladungsanzeigen in: ZuA, Nr. 48 vom 28.2.1925; SZ, Nr. 51 vom 2.3.1925 und BZ, Nr. 26 vom 3.3.1925. Hatzelmann sprach ebenfalls in Papenburg.
111 Vgl. Lensing, Schüttorf, S. 293.

Reichsbanner Schwarz-rot-gold,
Ortsgruppe Nordhorn.

Große
Versammlung
am Dienstag, 3. März, abends 8 Uhr,
in Nordhorn
im Saale des Herrn Gastwirt Kamps.

Kamerad Hatzelmann, Sekretär der christlichen Gewerkschaft (Zentrum) wird über das Thema:

„Die Bedeutung des Reichsbanners Schwarz-rot-gold, seine Zwecke und Ziele"

sprechen. Alle Republikaner werden hierzu freundlichst eingeladen.

Der Vorstand.

Einladung zu einer Reichsbanner-Versammlung zur Gewinnung von Katholiken mit dem Zentrumsmann Daniel Hatzelmann in Nordhorn.

Quelle: „Nordhorner Nachrichten", Nr. 49 vom 28. Februar 1925

Gewerkschaftssekretär Daniel Hatzelmann aus Magdeburg, Mitglied im Bundesvorstand des Reichsbanners, sprach in Bentheim gegen das undemokratische Dreiklassen-Wahlrecht im Kaiserreich und verurteilte strikt die Agitation der rechten Verbände und Parteien gegen die Republik, die Unterzeichner des Versailler Vertrags und gegen die angeblich „vaterlandslosen" linken Parteien.[112]

Damit erschöpfte sich allerdings das Bemühen des Grafschafter Reichsbanners um eine Mitwirkung von christlichen Gewerkschaftern und linken Zentrumsleuten. In den Folgejahren konnte kein Hinweis gefunden werden, dass es dem Reichsbanner gelang, Grafschafter Zentrumsleute und christliche Gewerkschafter als Mitglieder zu gewinnen oder dass dazu überhaupt irgendwelche Anstrengungen unternommen wurden. Diese Gegensätze zwischen SPD und DDP einerseits und dem Zentrum bzw. den Katholiken andererseits, die im Bentheimer Land eine Zusammenarbeit im Reichsbanner verhinderten, hatten deutliche Auswirkungen auf die Reichspräsidentenwahl von 1925.

112 Vgl. BZ, Nr. 28 vom 7.3.1925. Zur Versammlung in Schüttorf vgl. SZ, Nr. 54 vom 5.3.1925. Hier wurde er als Gewerkschaftssekretär aus Paderborn bezeichnet.

Das Reichsbanner beteiligte sich – zumindest der konservativen Lokalpresse nach zu urteilen – weder im Bentheimer Land noch in Lingen am Wahlkampf zur Reichspräsidentenwahl, obwohl dies für die Republik besonders wichtig gewesen wäre. Nachdem im ersten Wahlgang im März 1925 weder der SPD-Bewerber, der preußische Ministerpräsident Otto Braun (1872–1955), noch der Zentrumsmann und ehemalige Reichskanzler Wilhelm Marx (1863–1946) oder Karl Jarres (1874–1951) als Kandidat der Rechtsparteien DVP und DNVP die Mehrheit erhalten hatte, einigten sich die Parteien der Weimarer Koalition auf den Linkskatholiken und Reichsbannermann Wilhelm Marx als ihren gemeinsamen Kandidaten für den zweiten Wahlgang. Demgegenüber nominierten die Rechtsparteien den Monarchisten und Antidemokraten Paul von Hindenburg (1847–1934). Der Weltkriegsgeneral genoss als „Retter Ostpreußens" große Popularität. Das Reichsbanner engagierte sich in der Untersuchungsregion selbst im zweiten Wahlgang nicht, als ein Kamerad für das höchste Amt im Staat kandidierte. Ganz im Gegenteil! In vielen evangelisch geprägten Gemeinden der Grafschaft überwogen die traditionellen antikatholischen Affekte.

Beispielsweise erhielten in der weit mehrheitlich reformierten Grafschafter Kreisstadt Bentheim, wo bekanntlich eine Reichsbanner-Ortsgruppe bestand, die mit Hatzelmann kurz zuvor um katholische Anhänger geworben hatte, die Kandidaten von SPD, DDP und Zentrum im ersten Wahlgang zusammen 784 Stimmen. Im zweiten Wahlgang – die Wahlbeteiligung kletterte um 16 Prozentpunkte – bekam Marx lediglich 701 Stimmen, sodass eine größere Zahl von SPD- und DDP-Wählern zum protestantischen Monarchisten Hindenburg gewechselt war, einige wenige SPD-Wähler offensichtlich auch zum KPD-Kandidaten Ernst Thälmann (1886–1944), der von einem Wähler auf 27 Stimmen anstieg.[113]

113 Auch die folgenden Wahlergebnisse berechnet nach Angaben in: NLA OS Rep 450 Bent I L.A. Bentheim Nr. 43.

Im Niedergrafschafter Hauptort Neuenhaus zog Marx im ersten Wahlgang mit 20,9 Prozent und 133 Voten erwartungsgemäß lediglich die Stimmen der katholischen Minderheit auf sich. Im zweiten Wahlgang kam er auf 212 Wähler und 27,9 Prozent, erhielt also 79 Stimmen mehr als zuvor. Da allerdings die Kandidaten der SPD und DDP im ersten Durchgang zusammen 152 Stimmen erhalten hatten, verweigerte nahezu die Hälfte der evangelischen SPD- und DDP-Wähler dem demokratischen Katholiken die Unterstützung und wechselte – bei einer zudem um 136 Stimmen gestiegenen Wahlbeteiligung – zum antidemokratisch-monarchistischen ehemaligen General, der allerdings ein bekennender Protestant war.[114] Auch auf Reichsebene machten sich sowohl in der SPD als auch in der DDP starke konfessionelle Ressentiments gegen den Katholiken Marx bemerkbar, die dazu führten, dass Teile dieser Parteien dem demokratischen Kandidaten ihre Unterstützung entzogen.[115] So führten nach Ansicht des Historikers Karl Holl neben den Entscheidungen der KPD und der Bayerischen Volkspartei (BVP), mit eigenen Kandidaten anzutreten bzw. dann im Fall der BVP im zweiten Wahlgang für Hindenburg zu votieren, vornehmlich „die konfessionelle Motivation" bei der zweiten Reichspräsidentenwahl zur Niederlage der Demokraten.[116]

Dieses Beispiel zeigt gleichzeitig, wie stark die konfessionellen Prägungen und Abneigungen – zum Teil auch antireligiöse Affekte gegen den Katholizismus – unter den SPD- und DDP-Anhängern wirkten und im Bentheimer Land eine Zusammenarbeit aller Demokraten der Weimarer Republik im Reichsbanner nahezu unmöglich machten, registrierten die Grafschafter Katholiken – seit jeher Benachteiligungen ausgesetzt – doch genau, dass viele einheimische SPD- und DDP-Anhänger ihrem Mann die Stimme verwehrten und lieber im Bund mit dem Stahlhelm einen protestantischen Gegner der Republik als einen Katholiken und Reichsbannermann wählten.

114 Vgl. Lensing, Neuenhaus, S. 265.
115 Vgl. dazu Karl Holl, Konfessionalität, Konfessionalismus und demokratische Revolution. Zu einigen Aspekten der Reichspräsidentenwahl von 1925, in: Vierteljahrshefte für Zeitgeschichte 17 (1969) [künftig: Holl, Konfessionalität], S. 254–275, hier S. 262–266; Stefan Ummenhofer, Wie Feuer und Wasser? Katholizismus und Sozialdemokratie in der Weimarer Republik, Berlin 2003, S. 121–122.
116 Vgl. Holl, Konfessionalität, S. 275.

Das Reichsbanner Schwarz-Rot-Gold in der Konsolidierungsphase (1926–1929)

In der Kreisstadt Lingen wurde 1925 der Stahlhelm sehr aktiv,[117] sodass sich in einigen Dörfern des Landkreises ebenfalls Interessenten für den rechten Wehrverband an die Öffentlichkeit wandten. Beispielsweise spielten Mitglieder des Kriegervereins Schapen im Januar 1926 mit dem Gedanken einer Ortsgruppengründung. Doch regte sich im Dorf umgehend Widerstand dagegen, wie eine Zuschrift an das Zentrumsorgan „Frerener Volksblatt" deutlich machte. Der Einsender, der nach eigener Angabe im Auftrag mehrerer Bewohner schrieb, betonte,

„daß die Mehrzahl der Schapener Bevölkerung nach wie vor eine solche Gründung strikt ablehnt, dies sollten die wenigen, welche anscheinend glauben, Schapen könne ohne Stahlhelmortsgruppe nicht auskommen, wohl beherzigen. Wird doch schon verschiedenerseits geäußert, wenn wirklich eine Stahlhelmgruppe gebildet würde, auch eine Ortgruppe des Reichsbanners schwarz, rot, gold, folgen würde. Und was dann? [...] Wir lehnen beides ab, das eine sowohl wie das andere. Wir wünschen nichts anderes, als friedliches Zusammenleben der gesamten örtlichen Bevölkerung!"[118]

Im Interesse einer Dorfgemeinschaft und zur Vermeidung politischer Polarisierung und Auseinandersetzungen im Ort wurde also Meinungsdruck auf die Sympathisanten der jeweiligen Wehrverbände ausgeübt, sodass schließlich weder Stahlhelm noch Reichsbanner in den Dörfern des Lingener Lands in Erscheinung traten.

117 Zum Stahlhelm in Lingen vgl. Helmut Lensing, Antidemokratische Wehrverbände im Emsland während der Weimarer Republik. Der „Rote Frontkämpferbund" (RFB), der „Stahlhelm" und die nationalsozialistische „Sturm-Abteilung" (SA), in: Emsland-Jahrbuch. Jahrbuch des Emsländischen Heimatbundes, Bd. 57 (2011) [künftig: Lensing, Antidemokratische Wehrverbände], S. 49–84, hier S. 57–64. Die Lingener Stahlhelmgruppe verfügte Ende 1925 über rund 200 Mitglieder.

118 „Frerener Volksblatt" [künftig: FVB], Nr. 12 vom 28.1.1926.

1926/27 kühlte sich das Verhältnis zwischen Zentrum und Reichsbanner im Westen der Provinz Hannover merklich ab, nachdem der Reichskanzler und Exponent des linken Zentrumsflügels, Wilhelm Marx, den Reichsausschuss des Reichsbanners aus Protest gegen das Vorgehen des Vorsitzenden verlassen hatte. Darüber hinaus hatte die SPD in ihrem Osnabrücker Parteiorgan Ende Juli 1927 deutlich gemacht, dass Zentrumsleute „im Reichsbanner nichts mehr zu suchen haben",[119] wenn sie dort nur bremsend bei der Verwirklichung der Reichsbannerziele tätig seien. Das agrarisch orientierte Zentrumsblatt „Lingener Volksbote" schrieb daraufhin in einem Leitartikel unter der Überschrift „Zentrumsforderungen an das Reichsbanner", es mehrten sich die Stimmen in der Partei, die nach den Angriffen auf Wilhelm Marx aus der Reichsbannerführung verlangten, Zentrum und DDP müssten im Vorstand entweder paritätisch vertreten sein oder die sogar darauf drängten, das Zentrum solle sich aus dem Reichsbanner zurückziehen.[120]

Die Spannungen im Verhältnis des Reichsbanners zum Zentrum brachten 1927 Unruhe in die Ortsgruppe Lingen. Die dortige Ortsgruppe versuchte in dem katholisch dominierten Umfeld, trotz der Belastungen im Verhältnis von Zentrum und Reichsbanner, sich für Zentrumsmitglieder offen zu halten und dort neue Mitglieder zu gewinnen. So marschierte sie Anfang August 1927 unter starker Beteiligung der Mitglieder ins benachbarte Schepsdorf. Dort wurde die neue Fahne der Ortsgruppe vom Vorsitzenden Ludwig Weinmann geweiht. Weinmann ging auf die Vorgänge um den Austritt des Reichskanzlers Marx aus dem Reichsbanner ein und wandte sich gegen Versuche, diese zur Spaltung der Organisation zu benutzen. Ein Zentrumsmann brachte anschließend folgende, einstimmig angenommene Resolution ein: „Die der Zentrumspartei angehörenden Mitglieder des Reichsbanners der Ortsgruppe Lingen geloben trotz des Austrittes des Reichskanzlers Marx dem Reichsbanner auch fernerhin unverbrüchliche Treue." Der Bericht lobte, es sei der lebendigen Ortsgruppe stets gelungen, den überparteilichen Charakter des Reichsbanners zu wahren, ein besonderes Verdienst des Vorsitzenden,[121] der ja bekanntlich Leiter der DDP-Ortsgruppe war und quasi als Vermittler zwischen Zentrum und SPD fungierte. Er sorgte dafür, dass sich die in der Grafschaft deutlich sozialistische Prägung beim Lingener Reichsbanner in Grenzen hielt und etwa antikatholische Ausfälle unterblieben, ebenso zumeist Versammlungen zur Kirchgangszeit.

119 N. N., Zentrum und Reichsbanner, in: FP, Nr. 2233 vom 28.7.1927. Vgl. Rohe, Reichsbanner, S. 291–300.
120 Vgl. LVB, Nr. 88 vom 30.7.1927.
121 Vgl. FP, Nr. 2241 vom 8.8.1927.

Das Reichsbanner befand sich in der Region zur Reichspräsidentenwahl 1925 noch in der Phase der Konstituierung und beteiligte sich möglicherweise deshalb in der Region nicht am Wahlkampf. Dafür zeigte es aber 1926 seine enge Verbindung zum linken Milieu. SPD und KPD hatten ein Volksbegehren angestrengt, das vorsah, den Besitz der ehemaligen Fürstenhäuser weitgehend entschädigungslos von staatlicher Seite zu beschlagnahmen. Jetzt griff das Reichsbanner aber aktiv im Wahlkampf zugunsten der linken Kräfte ein. Beispielsweise hielt im Februar 1926 der Redakteur Franz Hall vom „Nordhorner Tageblatt" zu diesem Thema einen Werbevortrag vor der Nordhorner Ortsgruppe.[122] Die zentrumsinternen Kritiker des Reichsbanners erhielten durch dieses Engagement Aufwind, weil sich etwa das gerade in Mitteldeutschland quasi komplett unter sozialistischer Führung stehende Reichsbanner sehr intensiv für dieses Begehren engagierte. Die Zentrumspartei hingegen lehnte die Volksabstimmung aus juristischen Bedenken ab, wenngleich es in der Partei durchaus Linkskatholiken gab, die die Reichsbannerhaltung gegen den Willen vieler Bischöfe unterstützten.[123] Wohl aus diesem Grund diskutierte das Nordhorner Zentrum im Dezember 1926 über das Verhältnis der Partei zum Reichsbanner und den „vaterländischen Verbänden". Doch sind Details dazu in der Presse nicht zu finden.[124]

Ebenso entfremdete der Kampf Hörsings gegen die Politik des Reichskanzlers a. D. und mehrmaligen Ministers Joseph Wirth (1879–1956), eines der prominentesten Zentrumsmitglieder des Reichsbanners, 1927 viele Zentrumsmitglieder dem Wehrverband.[125]

Die Frage nach der Rekrutierung junger Mitglieder geriet ebenfalls ins Blickfeld des Verbandes, genoss aber offensichtlich keine große Priorität. Immerhin beschloss die Ortsgruppe Nordhorn im Anschluss an einer Tagung im Februar 1926, eine Jugendgruppe des Reichsbanners zu gründen.[126] Offenbar waren die Bemühungen von 1924 nicht dauerhaft erfolgreich gewesen. Ebenso schuf die Ortsgruppe Niedergrafschaft im Oktober 1926 eine „republikanische Schützengilde" für die Jugend.

122 Vgl. GWR, Nr. 7 vom 14.2.1926.
123 Vgl. Ulrich Schüren, Der Volksentscheid zur Fürstenenteignung 1926. Die Vermögensauseinandersetzung mit den depossedierten Landesherren als Problem der deutschen Innenpolitik unter besonderer Berücksichtigung der Verhältnisse in Preußen, Düsseldorf 1978 (Beiträge zur Geschichte des Parlamentarismus und der politischen Parteien, Bd. 64), etwa S. 129, 131–134, 217–221.
124 Vgl. ZuA, Nr. 198 vom 22.12.1926. Zum Eintreten des Reichsbanners für das Volksbegehren: Rohe, Reichsbanner, S. 296.
125 Vgl. Knapp, Center and Reichsbanner, S. 169–173. Dies schlug sich auch in der Grafschafter Presse nieder. Vgl. etwa NN, Nr. 168 vom 22.7.1926; NN, Nr. 171 vom 26.7.1927; NN, Nr. 172 vom 27.7.1927; NN, Nr. 174 vom 29.7.1927 und NN, Nr. 176 vom 1.8.1927.
126 Vgl. GWR, Nr. 7 vom 14.2.1926.

Darin sollten junge Mitglieder sonntags im Schützenstand das Schießen lernen, um die Republik gegebenenfalls später mit der Waffe in der Hand verteidigen zu können.[127] Von beiden ist aber anschließend in der konservativen Kreispresse keine Rede mehr.

Die Prägung Grafschafter Arbeiter durch das Wirken der Nationalsozialen um die Jahrhundertwende war noch dadurch spürbar, dass etwa das Reichsbanner Niedergrafschaft 1929 zu einem Vortrag des DDP-Aktivisten Hauptlehrer Ludwig Sager (1886–1970) aus Lage über das Thema „Bodenreform" einlud. Dafür hatte rund dreißig Jahre zuvor der nationalsoziale Bodenreformer Adolf Damaschke (1865–1935) die Arbeiter der Region sensibilisiert.[128]

Zur Jahreswende 1927/28 kam es im Emsland und dem Bentheimer Land zu „Landvolk-in-Not"-Kundgebungen. Die agrarische Not vor allem in der ohnehin armen Niedergrafschaft ließ die Missstimmung gegen die Republik steigen und beflügelte politisch die rechten Parteien.[129] Das Reichsbanner Niedergrafschaft versuchte im Vorfeld der Reichstagswahl vom 6. Mai 1928, in Uelsen und Veldhausen Präsenz zu zeigen. Neben dem Vorsitzenden Itterbeck engagierten sich auch zwei Lehrer als Redner für die Republik.[130]

127 Vgl. ZuA, Nr. 244 vom 19.10.1926. Das Kleinkaliberschießen war anschließend im Gau immer ein Programmpunkt bei überregionalen Zusammenkünften. Vgl. etwa RBZ vom 14.6.1930.
128 Vgl. ZuA, Nr. 102 vom 5.5.1929. Vgl. auch: Adolf Damaschke, Zeitenwende. Aus meinem Leben. Bd. 2, Leipzig/Zürich 1925, S. 404–406; SZ, Nr. 31 vom 19.4.1899; SZ, Nr. 33 vom 26.4.1899. 1923 warb er für seine Ideen erneut in Lingen, wo ein neuer Stadtteil nach ihm benannt wurde. Vgl. LWB, Nr. 127 vom 1.11.1923.
129 Zu Details vgl. Helmut Lensing, Die Landvolk-in-Not-Bewegung von 1928 im Emsland, in: Jahrbuch des Emsländischen Heimatbundes, Bd. 40 (1994), S. 44–63.
130 Vgl. ZuA, Nr. 69 vom 22.3.1928 (Uelsen); ZuA, Nr. 40 vom 17.2.1928 (Veldhausen).

Reichsbanner Schwarz-Rot-Gold.

Am Sonnabend, dem 4. Mai, abends 8^{30} Uhr,

Vollversammlung

ei Paust.

Tagesordnung:

1. **Vortrag über Bodenreform.**
2. Vereinsangelegenheiten.

Zu dem Vortrag über Bodenreform, der von Herrn Lehrer Sager in Lage gehalten wird, sind auch Nichtmitglieder herzlich willkommen.

Der Vorstand.

Einladung des Reichsbanners Niedergrafschaft zu einem Vortrag über das Thema „Bodenreform".
Quelle: „Zeitung und Anzeigeblatt", Nr. 102 vom 5. Mai 1929

Mit zunehmender Konsolidierung des Reichsbanners und einem Wachstum der Mitgliederzahlen kam eine neue Sparte der Betätigung hinzu – der Sport.[131] Auf der Generalversammlung der Ortsgruppe Gildehaus im Januar 1928, auf der ein Mitgliederzuwachs um fast ein Drittel verkündet und mit dem Bahnwärter Gerhard Dobben ein neuer Vorsitzender gewählt wurde, schuf man eine Spielschar mit 16 Mitgliedern.[132] Ende der 1920er-Jahre veranstaltete das Reichsbanner gelegentlich große Sportwettkämpfe. Beispielsweise beriet die Ortsgruppe Schüttorf in einer Versammlung im September 1928 über den Gaustaffellauf, an dem der Ortsvorsitzende Hermann Achilles (1898–1972) und Georg de Weerd teilnehmen wollten.[133] So fand etwa in diesem Monat in Delmenhorst der Bannerwettkampf des Gaus Oldenburg-Ostfriesland-Osnabrück mit Handball- und Leichtathletik-Wettkämpfen statt.[134] 1926 war der „Schutzsport" ein Schwerpunkt der Betätigung des Gaus gewesen, wobei der Gaujugendführer Arthur Grunewald jun. (1902–1985) dabei führend organisatorisch tätig war.[135] Offensichtlich diente die Aufnahme des Sports in das Betätigungsangebot des Reichsbanners wesentlich dazu, sportbegeisterte Jugendliche an das Reichsbanner heranzuführen.

Zwar war der Stahlhelm recht aktiv im Bentheimer Land, doch bis zur Weltwirtschaftskrise kam es nicht zu handfesten Auseinandersetzungen zwischen dem Reichsbanner und dem hier betont bürgerlichen Stahlhelm oder dem mitgliederschwachen Roten Frontkämpferbund. Die NSDAP mit ihrer Sturm-Abteilung (SA)[136] zählte nur wenige Mitglieder und war daher lange kein ernsthafter Gegner für das Grafschafter Reichsbanner. Erst Anfang 1929 setzte im Landkreis ein starkes Wachstum der Nationalsozialisten und ihrer besonders aggressiven Wehrorganisation ein.[137] Ab 1930 löste dann die SA den Stahlhelm als gefährlichsten Gegner des Reichsbanners ab.[138] Das rechtsgerichtete politische Klima gerade in der ländlichen Niedergrafschaft, wo die Nationalsozialisten besonders großen Zulauf erhielten, machte sich aber schon früher bemerkbar.

131 Über die seit 1925 einsetzende Sportarbeit im Reichsbanner vgl. den Rückblick: N. N., Der Schutzsport im Reichsbanner, in: RBZ, Nr. 23 vom 7.6.1930. So waren dann auch die Bundestreffen in Magdeburg zunehmend mit Sportwettkämpfen verbunden. Vgl. RBZ, Nr. 24 vom 14.6.1930.

132 Vgl. BZ, Nr. 39 vom 15.2.1928.

133 Vgl. SZ, Nr. 219 vom 17.9.1928. Achilles war seit 1918 SPD-Mitglied. Vgl. „Grafschafter Nachrichten", Nordhorn [künftig: GN], Nr. 273 vom 24.11.1969.

134 Vgl. RBZ, Nr. 31 vom 16.9.1928.

135 Vgl. dazu seinen entsprechenden Artikel von A. Grunewald jun., Schutzsport im Gau Oldenburg-Ostfriesland-Osnabrück. Ein Bericht über das Sommerhalbjahr, in: RBZ vom 18.11.1928.

136 Zur SA vgl. Kurt Pätzold/Peter Rüssig, Sturm-Abteilung der Nationalsozialistischen Deutschen Arbeiterpartei (SA) 1920/21–1945, in: Fricke, Lexikon zur Parteiengeschichte, Bd. 4, Leipzig 1986, S. 159–179; Daniel Siemens, Sturmabteilung. Die Geschichte der SA, München 2019; Peter Longerich, Geschichte der SA, München 2003.

137 Vgl. zur Grafschafter NSDAP und ihrem Aufstieg zur stärksten Partei im Landkreis: Lensing, Aufstieg NSDAP Grafschaft, zur SA besonders S. 269.

138 Vgl. Albertin, Stahlhelm und Reichsbanner, S. 463.

Die kommunistische „Arbeiter-Zeitung" aus Bremen berichtete im Februar 1925, das Reichsbanner Nordhorn sei beim Rückmarsch bei Uelsen von der Bevölkerung mit Sand und Dreck beworfen worden.[139]

Doch dem Auftrag, die Republik vor antidemokratischen Feinden zu schützen, suchte das Reichsbanner auch in dieser politisch weitgehend ruhigen Phase nachzukommen. Das zeigt ein Vorfall aus Schüttorf. Dort hatte die NSDAP, die im benachbarten Bentheim eine Ortsgruppe besaß, im Februar 1926 zu einer Werbe-Versammlung mit einem Bielefelder Redner eingeladen. Der antisemitische Zusatz „Juden haben keinen Zutritt" auf den Plakaten rief in der Stadt Ärger hervor. Die empörten jüdischen Familien der Stadt wollten sich gewaltsam Zutritt verschaffen, wie der Magistrat an die Bezirksregierung meldete. Da das Reichsbanner Juden in ähnlichen Fällen geholfen hatte, trat die Stadtverwaltung in Verhandlungen mit den Einberufern der Versammlung. Diese erklärten daraufhin, alle hätten Zutritt, worauf die Schüttorfer Juden einen Besuch der Versammlung unterließen. Die geplante Konstituierung einer NSDAP-Ortsgruppe kam nicht zustande.[140]

Vor dem Hintergrund der Not in der Landwirtschaft, die 1928 zu einer Protestwelle in der Region und dem Ansteigen republikfeindlicher Parolen und Parteien geführt hatte, und dem danach einsetzenden Wachstum der NSDAP im Bentheimer Land organisierte das Grafschafter Reichsbanner 1929 unter Führung der mitgliederstarken Nordhorner Gruppe Bildungsveranstaltungen für alle Ortsgruppen im Kreis,[141] um die Mitglieder argumentativ zu schulen. Das Reichsbanner Gildehaus beschloss, die Fahrt zu dieser Bildungskonferenz am 10. März in Nordhorn zu bezuschussen,[142] ein deutliches Indiz für die schlechte wirtschaftliche Lage der dortigen Textilarbeiter.

In der Generalversammlung des Reichsbanners Lingen vom April 1929 zog Vorsitzender Ludwig Weinmann ein positives Resümee der Arbeit des vergangenen Jahres:

139 Vgl. „Arbeiter-Zeitung", Bremen, Nr. 37 vom 13.2.1925.

140 Vgl. NLA OS Rep 430 Dez. 201 acc 5/55 Nr. 5 Bd. 1: Magistrat Schüttorf vom 4.2.1926. Zum Einsatz des Reichsbanners für die gerade von den rechten Verbänden bedrohten jüdischen Deutschen: Robert Becker, Der Wahrheit die Ehre. Das Reichsbanner Schwarz-Rot-Gold. Die vergessene „Judenschutztruppe" der Weimarer Republik, Wiesbaden 2000 [künftig: Becker, Wahrheit]. Die Mitglieder des kompletten Schüttorfer Reichsbanner-Vorstands werden nicht genannt. In Nordhorn war der jüdischer Kaufmann Hopfeld und in Gildehaus der jüdische Handlungsgehilfe Dietrich Zilversmidt als Erster Kassierer Vorstandsmitglied. Zu letzterem vgl. BZ, Nr. 39 vom 15.2.1928 (Vorstandswahlen beim Reichsbanner Gildehaus); NLA OS Rep 439 Nr. 19.

141 Vgl. SZ, Nr. 48 vom 26.2.1929.

142 Vgl. BZ, Nr. 43 vom 20.2.1929.

„Neben den üblichen Versammlungen und Ausmärschen beteiligte sich die Ortsgruppe offiziell an der Verfassungsfeier und an der Gaustafettenfahrt."[143]

Weiterhin hob er das gelungene Winterfest im Januar hervor. Das Lingener Reichsbanner war seit seiner Gründung nicht mit handfesten politischen Auseinandersetzungen befasst gewesen. Die Gegnerschaft zum hier betont bürgerlichen Stahlhelm und zum sich eher elitär gebenden Jungdeutschen Orden machte eine schlagkräftige, gar militärisch geschulte Organisation nicht erforderlich. Mit den örtlichen Kommunisten führte die SPD zwar eine polemische Kontroverse durch Einsendungen an die „Freie Presse", doch deren Roter Frontkämpferbund war in Lingen viel zu schwach,[144] um sich dem mitgliederstarken Reichsbanner entgegenzustellen. Und die Nationalsozialisten waren bis zu diesem Zeitpunkt im Emsland – im Gegensatz zum Bentheimer Land – nicht existent.

Die Vorstandswahl ergab eine Bestätigung Weinmanns. Sein Stellvertreter war der sozialistische Gewerkschaftssekretär Heinrich Melcher (1887–1959). Der Angestellte der sozialistischen Eisenbahnergewerkschaft war seit mindestens 1928 Vorsitzender der Lingener SPD und Leiter des Deutschen Eisenbahner-Verbandes.[145] Über die beiden Kassierer, ein Hermann Liestink und Kriminalsekretär Heinrich Niggemann vom Zentrum,[146] sowie die Beisitzer Gerhard Hardegen und Gerhard Leuftink ist nichts bekannt. Der Beisitzer Schlosser Heinrich Lüßlink/Lüßling (geb. 1893) gehörte der sozialistischen Eisenbahnergewerkschaft an und wurde 1924 für sie in den Betriebsrat des RAW gewählt, wo er Betriebsratsvorsitzender wurde. 1924 kandidierte der Gewerkschafter auf einem hinteren Listenplatz für die SPD, für die er dann 1929 und 1933 in das Bürgervorsteherkollegium gewählt wurde.[147]

143 FP, Nr. 181 vom 6.8.1929.

144 Kurz vor seiner Auflösung besaß der RFB in Lingen rund 60 Mitglieder. Vgl. Stadtarchiv Lingen Dep 29 b I Nr. 5401: Schreiben vom 25.4.1929). In seiner Hochzeit waren es rund 80 gewesen. Vgl. Lensing, Antidemokratische Wehrverbände, S. 51–53.

145 Zu Melcher vgl. NLA OS Rep 439 Nr. 19; Lensing, Betriebsratswahlen Lingen, vor allem S. 93 und Anm. 32. 1933 wurde Melcher zweimal verhaftet. Nach 1945 war er für die SPD Stadtratsmitglied.

146 Zu Niggemann: Remling, Lingen, S. 88.

147 Zu ihm vgl. NLA OS Rep 439 Nr. 19 (hier Lüssling); LVB, Nr. 34 vom 26.4.1924; LVB, Nr. 43 vom 26.4.1924; Adreßbuch Lingen 1925, S. III.17; LWB, Nr. 134 vom 17.11.1925; „Lingener Kreisblatt" [künftig: LKB], Nr. 112 vom 15.5.1929; LKB, Nr. 272 vom 19.11.1929; LVB, Nr. 60 vom 13.3.1933; LKB, Nr. 78 vom 1.4.1933 (tritt von seinem Bürgervorsteher-Mandat zurück). Er kandidierte auch nach der NS-Zeit für die SPD. Vgl. N. N., Kleine Geschichte der Lingener SPD, in: https://www.spd-lingen.de/spd-in-lingen/ (zuletzt eingesehen am 5.4.2022.

Wie schon 1924 war das SPD-Mitglied Hermann Hantelmann Erster Schriftführer. Der Zweite Schriftführer, der Werkmeister Franz Wichtrup (gest. 1934), saß in überregionalen Gremien der Zentrumspartei und wurde im November 1929 in das Bürgervorsteherkollegium gewählt. 1933 verzichtete der Zentrumsmann für einen Parteikollegen auf den Einzug in das Bürgervorsteherkollegium. Wichtrup war Ehrenmitglied des Kolpingwerks und Mitglied des katholischen Arbeitervereins.[148] Als „Technischer Führer" fungierte ein Johann Leuftink, sein Stellvertreter war der Stellmacher Bernhard Niehoegen (geb. 1895), ein Mitglied im SPD-Vorstand.[149] Jungbannerführer, also Leiter der Jugendabteilung, wurde Fritz Niehoegen, sein Stellvertreter Heinrich Schnieders, wobei es sich wohl um den Schlosser und SPD-Anhänger Heinrich Schnieders handelte.[150] Zu den einstimmig wiedergewählten Beisitzern zählten ferner Rudolf Kröger von der linkskatholischen CSRP, in die die CSVG inzwischen aufgegangen war, der Kaufmann und Mittelstandskommunalpolitiker Fritz Hackmann (1881–1952) von der DDP,[151] der Dreher und SPD-Mann August Rädeker,[152] der jüdische Kaufmannssohn Max Hanauer (1894–1944),[153] der Eisenbahner und SPD-Kommunalpolitiker Richard Uhle (1876–1934),[154] der Werkführer Gerhard Peters[155] und der Lokalredakteur des Zentrumsblatts „Lingener Tageszeitung", August Bönisch (1897–1952).[156]

148 Vgl. LVB, Nr. 112 vom 24. 9.1925; LKB, Nr. 272 vom 19.11.1929; LVB, Nr. 147 vom 18.6.1934 (Nachruf).

149 Vgl. NLA OS Rep 439 Nr. 19 (hier überdies unter Nienhogen, Bernhard erfasst). Vor allem die Namen der nicht ermittelten Personen werden mit mehreren, teilweise sehr unterschiedlichen Schreibweisen in der Presse erwähnt.

150 Vgl. zur Kandidatur für die SPD: LVB, Nr. 53 vom 4.3.1933.

151 Der Kaufmann Fritz Hackmann war 1924 bis 1929 für eine Wirtschaftsliste und 1929 bis 1933 für die Evangelische Liste Bürgervorsteher. 1933 wurde Hackmann für eine Wirtschaftsliste erneut Bürgervorsteher. Seit 1930 Vorsitzender des Lingener Heimat- und Verkehrsvereins, widersetzte sich Hackmann dort dem Machtanspruch des NSDAP-Kreisleiters Plesse, der später sein Schwiegersohn wurde. Vgl. LVB, Nr. 16 vom 22.2.1919; LVB, Nr. 37 vom 6.5.1924; LKB, Nr. 272 vom 19.11.1929; LVB, Nr. 60 vom 13.3.1933.

152 Rädeker kandidierte vielfach für die SPD auf hinteren Plätzen. Vgl. z. B. LVB, Nr. 16 vom 22.2.1919; LVB, Nr. 13 vom 12.2.1921; FVB, Nr. 131 vom 6.11.1929 und LVB, Nr. 53 vom 4.3.1933.

153 Als weiterer jüdischer Lingener Bürger engagierte sich Hugo Hanauer im Reichsbanner, so im Festkomitee zur Vorbereitung des Winterfests 1928/29. Vgl. FP, Nr. 2650 vom 6.12.1928.

154 Der Schlosser Richard Uhle arbeitete seit 1901 mit Unterbrechungen in Lingen, seit 1912 als Schleifer im RAW. Im Dezember 1918 wurde er zum Vorsitzenden der neu gegründeten Lingener SPD gewählt, im März 1919 zum Bürgervorsteher und zum Vorsitzenden des Lingener Arbeiter- und Soldaten-Rats. 1924 bis 1933 war er als SPD-Vertreter Senator im Lingener Magistrat. 1932 erlitt er einen Schlaganfall und ging in Rente. 1933 in den Kreistag gewählt, legte Uhle nach massiven Angriffen der NSDAP auf die „Marxisten" sein Amt nieder. Vgl. Wahlpflichtkurs „Geschichte" der Klasse 10 der Marienschule Lingen (Hrsg.), 140 Straßennamen in Lingen. Personen in Text und Bild, Lingen 1985, S. 117–118, jedoch ohne Kenntnis seiner Reichsbannertätigkeit.

155 Er hatte wie Hackmann 1924 für die Mittelstandsliste „Wirtschaftliche Vereinigung" zum Bürgervorsteherkollegium kandidiert.

156 Zu Bönisch vgl. NLA OS Rep 439 Nr. 19.

Der erste Lingener SPD-Vorsitzende und Reichsbanner-Vorstandsmitglied Richard Uhle (1876–1934).

Quelle: Stadtarchiv Lingen

Der Schmied und christliche Gewerkschaftsführer Bernhard Müscher (1882–1961) aus Lingen.

Quelle: Stadtarchiv Lingen

Ebenfalls betätigte sich als Beisitzer der DTV-Gewerkschaftssekretär Hermann Heinze (1877–1934), der sich 1919 als SPD-Bürgervorsteher der USPD angeschlossen hatte, später aber mit der Mehrheit der Parteimitglieder wieder zur SPD zurückkehrte und 1929 in den Kreistag gewählt wurde.[157] Das letzte Mitglied des Lingener Reichsbannervorstands war ein politisches Schwergewicht in der Stadt. Der Schmied Bernhard Müscher (1882–1961) gründete 1908 die Lingener Ortsgruppe der hier christlich orientierten Gewerkschaft Deutscher Eisenbahner und wurde schnell Bezirksleiter aller christlich organisierten Staats- und Wasserbauarbeiter im Raum Lingen und Meppen. Das Zentrumsmitglied kam 1918 in den Lingener Arbeiter- und Soldatenrat und wurde 1919 in das Bürgervorsteherkollegium und in den Kreistag gewählt. Seit September 1919 war der Gewerkschafter Senator der Stadt Lingen. Müscher wurde 1930 zum Vorsitzenden des Bezirkskartells der christlichen Gewerkschaften im Emsland gewählt.[158]

In der Aussprache, mit der die Generalversammlung endete, wurde bemängelt, dass sich vergleichsweise wenige Zentrumsanhänger dem Reichsbanner angeschlossen hätten. Deshalb erging die Aufforderung an die anwesenden Reichsbannermitglieder des Zentrums, verstärkt in ihrer Partei für einen Beitritt zu werben. Geschlossen wurde die Versammlung wie üblich mit dem Reichsbannergruß „Frei Heil!".[159] Im Herbst 1929 bekämpfte Vorsitzender Weinmann auf einer Versammlung der Ortsgruppe das von Rechtsverbänden initiierte Volksbegehren gegen den Young-Plan, dem er attestierte, „gefährlicher Unsinn" zu sein.[160]

Das Bundesorgan des Reichsbanners berichtete über die Generalversammlung der Ortsgruppe Niedergrafschaft Anfang 1929 unter Leitung des Vorsitzenden Itterbeck. 1928 hatte die Ortsgruppe jeweils zwei Ausflüge nach Lage und Veldhausen unternommen und einen nach

157 Der Schlosser Hermann Heinze wurde 1919 bei einer Neuwahl als SPD-Mitglied in den Lingener Arbeiterrat sowie in das Bürgervorsteherkollegium gewählt. Er war der zweite Mann in der Lingener SPD-Ortsgruppe und wurde 1919 zum hauptamtlichen Sekretär des sozialistischen Deutschen Eisenbahner-Verbandes bestimmt. 1921 zur USPD gewechselt, kehrte er spätestens 1924 wieder zur SPD zurück. Von 1929 bis 1933 gehörte Heinze dem Kreistag an. 1933 kam der Erste Schriftführer der Lingener SPD als Nachrücker in den Kreistag, wo der einzige SPD-Abgeordnete unter dem Druck der Nationalsozialisten gegen die SPD und die Gewerkschaften seit Juni 1933 die Nationalsozialisten zeitweilig unterstützte, jedoch trotzdem beim RAW entlassen wurde. Vgl. NLA OS Rep 439 Nr. 19; LVB, Nr. 19 vom 5.3.1919; LWB, Nr. 111 vom 20.9.1919; LWB, Nr. 142 vom 2.12.1919; LVB, Nr. 34 vom 26.4.1924; LKB, Nr. 272 vom 19.11.1929; FP, Nr. 64 vom 16.3.1932; LKB, Nr. 137 vom 15.6.1933.

158 Müscher kandidierte 1933 nicht auf der Liste des Zentrums zur Bürgervorsteherwahl, sondern auf einer Sonderliste der Christlichen Gewerkschaften, deren Büros Anfang April 1933 in Lingen von der SA besetzt wurden. Nach dem Krieg trat er für die CDU bei den Kommunalwahlen an. Vgl. Lensing, Betriebsratswahlen Lingen, vor allem S. 86, 91.

159 FP, Nr. 88 vom 16.4.1929, vgl. auch: LKB, Nr. 90 vom 18.4.1929 und LVB, Nr. 89 vom 17.4.1929.

160 FP, Nr. 233 vom 5.10.1929.

Uelsen. Dort beteiligte sie sich zudem an einer Feier. Darüber hinaus nahm eine Delegation an der Einweihung eines Ebert-Erzberger-Rathenau-Denkmals am 29. Juli 1928 in Osnabrück teil. Die neu gegründete Sportabteilung hatte bereits 20 Rasenspiele absolviert. Der neue Vorstand bestand nun aus dem Ersten Vorsitzenden Berend Itterbeck, dem Zweiten Vorsitzenden Arthur Ahrens, dem Ersten Schriftführer Karl Hager und dem Zweiten Schriftführer Karl Hemme,[161] die mit Ausnahme von Hemme nachweislich alle SPD-Mitglieder waren.

Zu einem inhaltlich-politischen Austausch dienten ab der zweiten Hälfte der 1920er-Jahre Kreiskonferenzen, die immer eine andere Ortsgruppe ausrichtete. Dazu kamen natürlich die Lingener Reichsbannerleute auch ins Bentheimer Land, so etwa am 10. März 1929 zur Kreiskonferenz nach Nordhorn.[162] Leider berichtete die lokale Presse fast gar nicht von den dortigen Gesprächen, sodass über die Interna der Ortsgruppen und über politische Diskussionen innerhalb dieses Reichsbannerkreises nichts nach außen drang.

Die Reichsbanneraktivisten des Kreises Osnabrück-West nahmen an Vorstandssitzungen überregionaler Gremien teil, worüber aber nur wenig bekannt ist. So wählte beispielsweise das Reichsbanner Nordhorn im Juni 1927 zwei Delegierte, den Vorsitzenden Georg Haselroth (1884–1968) und den „Technischen Leiter" Karl Strübbe, als Vertreter zur Gautagung in Oldenburg.[163] Vorsitzender Haselroth berichtete darüber dem Nordhorner Ortsverein, ebenso über das mit der Konferenz verbundene Gautreffen, an dem Tausende Reichsbannerleute teilgenommen hatten.[164] Die regionalen Presseveröffentlichungen offenbaren über diese Rechenschafts- oder Erfahrungsberichte ebenfalls keine inhaltlichen Details, was eventuell auch daran lag, dass die entsprechenden Debatten nicht öffentlich stattfanden.

161 Vgl. RBZ vom 9.1.1929. Kreisrat Arthur Ahrens war an der landrätlichen Außenstelle in Neuenhaus beschäftigt und kandidierte mehrfach für die SPD. Anfang 1931 wurde er versetzt (ZuA, Nr. 273 vom 23.11.1925; FP, Nr. 236 vom 9.10.1929; SZ, Nr. 298 vom 13.12.1929 und ZuA, Nr. 239 vom 10.1.1931). Zu Hager aus Veldhausen vgl. Anm. 82. Der Zollassistent Karl Hemme aus Neuenhaus war bereits bei der Gründungsversammlung 1925 zum Zweiten Vorsitzenden gewählt worden (ZuA, Nr. 238 vom 13.10.1925).

162 Vgl. die Einladungsanzeige von Paul Neue und Arthur Grunewald sen. in: RBZ vom 23.2.1929.

163 Vgl. SZ, Nr. 135 vom 13.6.1927. Wie Strübbe waren andere Leiter des Grafschafter Reichsbanners zugleich Funktionäre oder häufig zumindest Mitglied des Deutschen Textilarbeiter-Verbandes. Vgl. Lensing, Betriebsratswahlen Nordhorn, S. 65; GN, Nr. 223 vom 25.9.1965 (Haselroth).

164 NN, Nr. 182 vom 8.8.1927.

Die Grafschafter Ortsgruppen entfalteten in dieser politisch und wirtschaftlich relativ stabilen Phase ein ausgeprägtes Vereinsleben. Zahlenmäßiger Schwerpunkt der Vereinsaktivitäten waren die Monatsversammlungen. Dort hörte man sich Bildungsvorträge an und plante besondere Aktionen oder Übungen für Propagandamärsche und Kundgebungen.[165]

165 Vgl. etwa SZ, Nr. 78 vom 2.4.1925 (Ortsgruppe Nordhorn); BZ, Nr. 16 vom 16.2.1925 (Bentheim); FP, Nr. 2373 vom 11.1.1928 (Schüttorf).

Reichsbanner
„Schwarz-Rot-Gold“
Bentheim.
Monatsversammlung
am Sonntag, 8. Februar,
nachm. 5 Uhr,
in der Gastwirtschaft von
H. Funke.
Tagesordnung wird in der Versammlg. bekanntgegeben.
Um zahlreiches Erscheinen bittet Der Vorstand.

Einladung zu einer Monatsversammlung des Reichsbanners Bentheim.
Quelle: „Bentheimer Zeitung“, Nr. 16 vom 7. Februar 1925

Immer wieder Thema der monatlichen Versammlungen war die Frage der Gefallenenehrung durch Errichtung eines Kriegerdenkmals.[166] Gelegentlich waren diese Monatsversammlungen auch mit Werbemärschen verbunden. So marschierte etwa das Reichsbanner Niedergrafschaft mit dem neuen Vorsitzenden Berend Itterbeck im August 1926 nach Grasdorf, um dort seine Monatsversammlung abzuhalten.[167] Eine Monatsversammlung zu Jahresbeginn diente als Generalversammlung. Der Vorstand gab einen Rechenschaftsbericht und wurde neu gewählt. Allerdings berichtete die konservative Lokalpresse nur selten ausführlich darüber.[168]

Um die Attraktivität des Reichsbanners zu steigern und den inneren Zusammenhalt zu fördern, wurden regelmäßig Ausflüge und Feste veranstaltet. Gleichzeitig sollten die Ausflüge die Präsenz des Reichsbanners in einem politisch rechtsgerichteten Umfeld demonstrieren.[169]

166 Vgl. für Nordhorn: GWR, Nr. 32 vom 8.8.1926. Kriegerdenkmäler konnten jedoch aus finanziellen Gründen nur in Zusammenarbeit aller daran interessierter Verbände verwirklicht werden. Kurz dazu, wobei der Anteil des Reichsbanners lediglich erwähnt wird: Eugen Kotte, Denkmäler für Gefallene des Ersten Weltkriegs in der Grafschaft Bentheim, in: Eugen Kotte/ Helmut Lensing, Die Grafschaft Bentheim im Ersten Weltkrieg. „Heimatfront" an der deutsch-niederländischen Grenze, hrsg. vom Heimatverein der Grafschaft Bentheim in Zusammenarbeit mit dem Landkreis Grafschaft Bentheim, Nordhorn 2018 (Das Bentheimer Land, 222) [das Buch künftig: Kotte/ Lensing, Erster Weltkrieg], S. 434–455, hier S. 446.
167 Vgl. ZuA, Nr. 178 vom 3.8.1926. Hier standen die Ausrichtung des Bezirksfests sowie die Schaffung eines eigenen Musikkorps im Mittelpunkt der Aussprache.
168 Vgl. als Beispiel den Bericht in: GWR, Nr. 3 vom 16.1.1927 (Wiederwahl des Nordhorner Vorstands mit geringen Änderungen). Häufig gab es nur eine Anzeige, die dazu einlud, ohne dass die Presse davon berichtete. Vgl. etwa ZuA, Nr. 5 vom 6.1.1928 (Ortsgruppe Niedergrafschaft).
169 Im Kaiserreich verstand sich die streng protestantisch geprägte Grafschaft Bentheim als Bollwerk der nationalen staatstreuen rechten Kräfte gegen den Ansturm der „reichsfeindlichen" Welfen, Katholiken und Sozialdemokraten. Vgl. dazu Helmut Lensing, Die Wahlen zum Reichstag und zum Preußischen Abgeordnetenhaus im Emsland und in der Grafschaft Bentheim 1867 bis 1918. Parteiensystem und politische Auseinandersetzung im Wahlkreis Ludwig Windthorsts während des Kaiserreichs, Sögel 1999 (Emsland/Bentheim. Beiträge zur Geschichte, Bd. 15).

5

Die Ausbildung einer Reichsbanner-Festkultur in der zweiten Hälfte der 1920er-Jahre

Im Verlauf der zweiten Hälfte der 1920er-Jahre entwickelte das regionale Reichsbanner eine ausgeprägte Festkultur, die den gesamten Jahresablauf strukturierte. Das Jahr begann mit dem Winterfest oder einen Unterhaltungsabend, in die häufig ein Festvortrag zur Stärkung der Republik integriert war.[170] Statt eines Festes im Vereinslokal, einer örtlichen Gaststätte, konnte es alternativ auch eine Theateraufführung von Mitgliedern der Ortsgruppe geben, so etwa im Januar 1926 in Schüttorf, wo der dortige sozialistische Arbeitergesangsverein mit seinen Darbietungen die Feier umrahmte, ebenso die Ortsgruppe Lingen 1929.[171] Manchmal wurde dies auch als eine Veranstaltung für die ganze Familie konzipiert, mit Theateraufführung am Nachmittag und abendlichem Ball.[172]

170 Vgl. etwa das Winterfest der Ortsgruppe Bentheim mit Festredner Diefenthal: BZ, Nr. 22 vom 21.2.1925; in Neuenhaus: NN, Nr. 257 vom 3.11.1927; in Schüttorf: SZ, Nr. 9 vom 11.1.1928; in Lingen: LVB, Nr. 17 vom 10.2.1927, LKB, Nr. 31 vom 6.2.1927. 1926 lud die Ortsgruppe Bentheim zum Unterhaltungsabend ein: BZ, Nr. 14 vom 4.2.1926, ebenso im Winter (BZ, Nr. 143 vom 2.12.1926). Zum Winterfest der Ortsgruppe Niedergrafschaft, das davon abweichend im Herbst gefeiert wurde: NN, Nr. 264 vom 11.11.1927. Das Winterfest 1926 der Ortsgruppe Nordhorn wurde als Familienabend mit Theateraufführung gestaltet (RBZ, Nr. 2 vom 15.1.1926).

171 SZ, Nr. 20 vom 25.1.1926; LKB, Nr. 31 vom 6.2.1929.

172 Vgl. etwa SZ, Nr. 19 vom 23.1.1926. Für Lingen: LWB, Nr. 120 vom 19.10.1926.

Reichsbanner Schwarz-Rot-Gold
Ortsgruppe Schüttorf.

Achtung! Republikaner, Achtung!

Am Sonntag, den 15. Jan., ab 4 Uhr,

Winterfest

im Saale des Herrn Johann Lenzing,
verbunden mit Theater u. Ball.

Programm:

Nachmittags ab 4 Uhr, **Theater.**

1. „Der tolle Max", Lustspiel in 3 Aufzügen.
2. „Um einen Bubikopf", Lustspiel in einem Aufzuge.

Abends ab 8 Uhr: Ball.

Eintrittspreise: Nachm. Mk. 0.60, abends Mk. 1.00.

Es ladet freundl. ein: **Der Vorstand.**

Einladung zum Winterfest des Reichsbanners Schüttorf 1928.
Quelle: „Schüttorfer Zeitung", Nr. 9 vom 11. Januar 1928

Reichsbanner Schwarz-Rot-Gold
Ortsgruppe Bentheim.

Zu unserem am Sonntag, den 7. Febr., bei Schulze-Berndt stattfindenden

Unterhaltungsabend

bestehend in

Theater und Ball,

laden wir Freunde und Gönner herzlich ein.

Anfang 8 Uhr.

Der Vorstand.

Einladung des Reichsbanners Bentheim zu einem Theaterabend.
Quelle: „Bentheimer Zeitung", Nr. 14 vom 4. Februar 1926

Reichsbanner Schwarz-Rot-Gold
Bentheim.

Zu dem am Sonntag, den 22. d. Mts., im Saale Schulze-Berndt stattfindenden

Unterhaltungsabend

wird unser Kamerad Diefenthal, Dem., die Festrede halten.

Freunde und Gönner sind herzlichst willkommen.

Der Festausschuß.

Anzeige zum Unterhaltungsabend des Reichsbanners Bentheim.
Quelle: „Bentheimer Zeitung", Nr. 21 vom 19. Februar 1925

Reichsbanner Schwarz-Rot-Gold
(Ortsgruppe Schüttorf.)

Am Sonntag, den 24. Januar,
nachm. 3.30 Uhr, im Lenzingschen Saale:

Familienfest

unter Mitwirkung des Arbeiter-Gesangvereins
„Gemischter Chor".

Programm:
Theateraufführung:
„Kiekebusch, der Unschuldsengel"
in 1 Aufzuge.
„Amerikasimmel!"
in 3 Aufzügen.
Nach dem Theater

BALL

Eintritt nachm. 0.50 Mk. Eintrit abends 0.75 Mk.
Es ladet freundlichst ein
der Vorstand.

Anzeige für ein Familienfest des Reichsbanners Schüttorf.
Quelle: „Schüttorfer Zeitung", Nr. 19 vom 23. Januar 1926

Als Pendant zum Winterfest fungierte ein Sommerfest, das wegen des Geldmangels vieler Arbeitermitglieder – und damit zugleich der Ortsgruppen – häufig gemeinsam mit anderen Ortsgruppen abgehalten wurde. 1927 feierte die Ortsgruppe Gildehaus ihr erstes Sommerfest. Über den – durchaus typischen – Ablauf war in der Presse zu lesen:

„Es wurde morgens um 6½ Uhr durch das Wecken des Trommler-Pfeiferchors eingeleitet. Mittags 1½ Uhr trafen die auswärtigen Vereine von Neuenhaus, Nordhorn, Schüttorf und Bentheim sowie die Arbeiter-Turn- und Sportvereine Nordhorn und Schüttorf ein. Um 2½ Uhr traten die Vereine beim Vereinslokale D. Voort zum Umzug durch das Dorf an. Leider waren infolge des anhaltenden Regens über die Hälfte der eingeladenen Kameraden ausgeblieben, es war jedoch immerhin ein imposanter Festzug, wie ihn mancher nicht erwartet hätte. Bevor man zum eigentlichen Feste überging, sah die hiesige Ortsgruppe es als ihre erste und höchste Pflicht an, in Stille einige Minuten derer zu gedenken, welche ihr Leben für das Vaterland und den heimischen Herd geopfert haben. Deshalb wurde am Kriegerehrenmal vom Bezirksleiter Strübbe-Nordhorn sowie vom Vorsitzenden der hiesigen Ortsgruppe je ein Kranz niedergelegt. Sodann ergriff Kamerad Niemeier-Münster das Wort zu einer kurzen Ansprache. Dann wurde das Lied ‚Ich hatt' einen Kameraden' gesungen. Hierauf setzte sich der Zug in Bewegung zum Durchzug durch das Dorf und zum Festplatz Cölljan unter der Musik der vier Spielerchöre. Ueberall sah man die Reichsflagge wehen, selbst die Dorflinde hatte ihre höchste Spitze für das schwarzrotgoldene Banner hergegeben. Auf dem Festplatze angekommen, ergriff zuerst Kamerad Stegemerten das Wort. In dankenswerten Worten begrüßte derselbe im Namen der hiesigen Ortsgruppe des Reichsbanners sowie des Arbeiter-Turn- und Sportvereins „Jahn" die Festteilnehmer und hieß alle herzlich willkommen. […] Hierauf wurde den Kameraden Niemeier und Wunderlich-Osnabrück das Wort erteilt. Sie schilderten die Entstehung und Entwicklung des Reichsbanners und deren Aufgaben. Sie führten dabei aus, daß weit über drei Millionen Kameraden zum Reichsbanner gehörten. Die mit großem Beifall aufgenommenen Reden klangen aus in ein Hoch auf die deutsche Republik. Alle Kameraden waren sich einig, daß es selbstverständlich Pflicht eines jeden Deutschen sei, die Reichsfarben zu ehren und zu respektieren. Die Arbeiter-Turn- und Sportvereine der Grafschaft, die sich für die Veranstaltung zur Verfügung gestellt hatten, führten ein reiches Programm turnerischer Vorführungen durch. Auch ein Radfahrverein beteiligte sich daran."[173]

173 BZ, Nr. 114 vom 24.9.1927. Der Vereinswirt Diedrich Voort war ebenfalls Reichsbannermitglied. Vgl. NLA OS Rep 439 Nr. 19.

Die Feste zeigten erneut die enge Verzahnung des Grafschafter Reichsbanners mit der SPD, waren die Redner aus dem Landkreis doch allesamt SPD-Mitglieder und/oder Funktionäre der SPD-nahen sozialistischen Gewerkschaften.[174] Ebenso stammten die teilnehmenden Verbände, so die Arbeiter-Sportvereine, ausschließlich aus dem sozialistischen Milieu.

Ein Pflichttermin für die Reichsbanner-Mitglieder waren die Feiern zum Verfassungstag der Weimarer Republik am 11. August. Zunächst waren dies noch kleinere Veranstaltungen. Beispielsweise luden das Reichsbanner Nordhorn und Gildehaus 1927 zu einem Fackelzug am Verfassungstag ein,[175] oder die Ortsgruppe Schüttorf begleitete 1926 die offizielle Verfassungsfeier der Stadt mit einem Umzug und einer Festrede.[176] In Lingen nahm die Ortsgruppe 1927 an der offiziellen Feier der Stadt teil, bei der ein SPD-Politiker der Festredner war. Sie veranstaltete vorher einen Umzug, wobei indes kaum ein Haus beflaggt war,[177] ein offensichtliches Zeichen dafür, dass dieser Feiertag in der Bevölkerung der Stadt wenig verankert war.

Anschließend bemühten sich die mitgliederstarken Ortsgruppen, eigene Verfassungsfeiern im größeren Stil zu organisieren. Das Schüttorfer Reichsbanner stellte 1927 und 1928 unter Leitung des neuen Vorsitzenden Hermann Achilles eine eigene Verfassungsfeier auf die Beine.

Der SPD-Reichstagsabgeordnete Hermann Tempel aus Leer, einer der populärsten SPD-Politiker im Wahlkreis Weser-Ems, hielt dort 1927 nach einem Fackelzug auf dem anschließenden Ball die Festrede.[178] Die Ortsgruppe Nordhorn rief anlässlich des zehnten Verfassungstags 1929 zu

174 Zu Strübbe: Der Nordhorner Weber Karl Strübbe war Betriebsratsmitglied des sozialistischen Deutschen Textilarbeiter-Verbandes, Kreisvorsitzender des Reichsbanners in der Grafschaft Bentheim und Beisitzer im Gauvorstand Oldenburg-Ostfriesland(-Osnabrück). Er war spätestens 1929 stellvertretender Vorsitzender der mitgliederstarken Ortsgruppe des DTV. Strübbe gehörte für die SPD von 1924 bis 1933 dem Nordhorner Bürgervorsteherkollegium an und 1929 bis 1933 dem Kreistag. Von Januar bis Mai 1933 war er kurzfristig Nordhorner Senator (NLA OS Rep 439 Nr. 19; ZuA, Nr. 60 vom 7.5.1924; NN, Nr. 192 vom 19.8.1929; ZuA, Nr. 26 vom 31.1.1933; ZuA, Nr. 60 vom 13.3.1933). Zu Stegemerten vgl. Anm. 303.

175 Vgl. NN, Nr. 183 vom 9.8.1927; FP, Nr. 2241 vom 8.8.1927; SZ, Nr. 187 vom 12.8.1927 (Nordhorn, wo ein Reichsbannerführer aus dem Münsterland sprach); BZ, Nr. 94 vom 9.8.1927 (Gildehaus); ebenso 1928: BZ, Nr. 183 vom 8.8.1928 (Gildehaus).

176 Vgl. SZ, Nr. 187 vom 12. 8.1926. Die Verfassungsfeiern waren vom Reichsbanner auf Reichsebene durchaus als großangelegte Volksfeste vorgesehen (Elsbach, Reichsbanner, S. 143).

177 Vgl. FP, Nr. 2248 vom 15.8.1927. 1929 entsandte die Ortsgruppe acht Mitglieder zur zentralen Verfassungsfeier des Reichsbanners in Berlin (FP, Nr. 181 vom 6.8.1929).

178 Vgl. SZ, Nr. 184 vom 9.8.1927 (Einladung). Zu Tempel vgl. Dietmar von Reeken, Art. Tempel, Hermann Bernhard Christoph, in: Martin Tielke (Hrsg.), Biographisches Lexikon für Ostfriesland, Aurich 1993, S. 347–348. Er war zumindest 1931 Mitglied im erweiterten Gauvorstand des Reichsbanners (FP, Nr. 93 vom 22.4.1931), was von Reeken nicht erwähnt. Tempel emigrierte 1933 in die Niederlande, wurde nach dem deutschen Überfall verhaftet und lange inhaftiert. Er starb 1944 an den Folgen der Haft.

Achtung! Republikaner! Achtung!

Reichsbanner Schwarz-Rot-Gold
Ortsgruppe Schüttorf.

Sonnabend, 13. August,
abends 8 Uhr,

Verfassungs-Feier

bestehend in Fackelzug, Festrede und anschließendem Ball.

Festredner: Reichstags-Abg. Lehrer Tempel, Leer.

Hierzu ladet freundlichst ein:
Der Vorstand.

Achtung! Republikaner! Achtung!

Einladung zur Verfassungsfeier des Schüttorfer Reichsbanners 1927.
Quelle: „Schüttorfer Zeitung", Nr. 184 vom 9. August 1927

Achtung! **Achtung!**
Republikaner, erscheint in Massen
am Sonnabend, 11.8.28, abends 8,30 Uhr,
zur

Verfassungsfeier

des Reichsbanners Schwarz-Rot-Gold,
Ortsgruppe Schüttorf,
bestehend aus Fackelzug, Rede auf dem Marktplatz mit anschließendem Ball im Saale Lenzing.
(Polizeistunde bis 2 Uhr.)
Eintrittspreis zum Ball 1,— Mark, Mitglieder mit Begleitperson zus. 1,50 Mark.
Die Fackeln können eine halbe Stunde vor Beginn beim Gastwirt Steggewentze zum Preise von 15 und 20 Pfennig in Empfang genommen werden.
Antreten zum Fackelzug beim Vereinslokal H. Steggewentze.
Es ladet freundl. ein:
Der Vorstand.

Einladung zur Verfassungsfeier des Reichsbanners Schüttorf 1928.
Quelle: „Schüttorfer Zeitung", Nr. 187 vom 10. August 1928

einer großen eigenen republikanischen Kundgebung auf. Dort trat der DDP-Politiker Rektor Adolf Adamcyk, Vorsitzender der DDP im Bezirk Osnabrück und ehemaliges Provinziallandtagsmitglied, zudem Vorsitzender des Reichsbanners im Osnabrücker Umland,[179] als Festredner auf.[180] Auch in den folgenden Jahren organisierte das Nordhorner Reichsbanner eigene Verfassungsfeiern.[181] Hier war die Ortsgruppe inzwischen auf eine beachtliche Größe angewachsen. 1928 wies sie unter Leitung von Georg Haselroth[182] 433 Mitglieder auf.[183] Im Textilarbeiterdorf Gildehaus war ein kleines sozialistisches Milieu entstanden, sodass hier etwa zum Verfassungstag 1929 ein gemeinsamer Republikanischer Abend von Reichsbanner, Deutschem Textilarbeiter-Verband und dem Arbeiter-Turn- und Sportverein „Jahn" stattfand.[184] Dabei kam es in dem stark religiös geprägten Ort Gildehaus wie in Schüttorf durchaus zu Überschneidungen mit dem protestantischen Milieu.[185] In Lingen hatte 1926 der örtliche Vorsitzende seinen Parteifreund Friedrich Wachhorst de Wente (1863–1939), einen DDP-Landtagsabgeordneten aus dem benachbarten Kreis Bersenbrück, als Festredner für die Verfassungsfeier der Ortsgruppe gewonnen.[186]

Ein weiterer Pflichttermin war seit 1925 der neue Volkstrauertag mit dem Gedenken an die toten Soldaten des Ersten Weltkriegs, der am zweiten Sonntag der Passionszeit (Reminiscere) begangen wurde. Hier organisierte das Reichsbanner allerdings keine eigenen Kundgebungen, sondern schloss sich dem großen Zug der gesamten Gemeinde an. Im Februar 1926 marschierte beispielsweise in Nordhorn das Reichsbanner zusammen mit dem Krieger- und Landwehrverein, dem Evangelischen Arbeiterverein, dem Turnverein, dem Jungdeutschen Orden, dem Stahlhelm oder dem katholischen Gesellenverein und dem katholischen

179 Vgl. ZuA, Nr. 208 vom 7.9.1926.
180 Vgl. FP, Nr. 164 vom 17.7.1929; ZuA, Nr. 182 vom 7.8.1929. Obwohl die DDP im Regierungsbezirk Osnabrück weitaus weniger Bedeutung besaß als das Zentrum, war es in den Reichsbannergremien der Region relativ gut vertreten, während über Zentrumsleute in ihnen bislang nichts bekannt ist.
181 Vgl. NN, Nr. 186 vom 11.8.1930 (mit Rede Wunderlichs gegen die NSDAP); RBZ vom 6.9.1930. Für 1931: FP, Nr. 16 vom 20.1.1932 (Generalversammlung mit Rückblick auf die Verfassungsfeier).
182 Der protestantische Arbeiter Georg Haselroth, der von Zwitzers zwischen Frühjahr 1926 und Anfang 1927 den Ortsgruppenvorsitz übernahm, gehörte seit 1904 dem sozialistischen Textilarbeiter-Verband an und war seit 1914 SPD-Mitglied. Er kandidierte für sie 1929 und 1933 zum Bürgervorsteherkollegium. 1933 gehörte er diesem kurzzeitig als Nachrücker an (NN, Nr. 185 vom 10.8.1929; NN, Nr. 56 vom 8.3.1933; Kreis- und Kommunalarchiv der Grafschaft Bentheim in Nordhorn [künftig: KKA Nordhorn]: Stadtarchiv Nordhorn C I q Nr. 36: Magistratssitzung vom 3.2.1933; GN, Nr. 83 vom 18.4.1958, GN, Nr. 119 vom 25.5.1964; GN, Nr. 223 vom 25.9.1964; GN, Nr. 12 vom 15.1.1968).
183 Vgl. NLA OS Rep 450 Bent I L.A. Bent Nr. 99 b: Bericht der Stadt Nordhorn 1928, hrsg. vom Magistrat und Bürgermeister Henn, Nordhorn o. J., S. 31. Dies als Korrektur zu Rohr, Arbeiterbewegung, S. 141, der in seinen wenigen Zeilen zum Reichsbanner nur von etwa 100 Mitgliedern in Nordhorn ausgeht.
184 Vgl. BZ, Nr. 185 vom 9.8.1929.
185 Für Gildehaus ist dies etwa am Beispiel Heinrich Kloppers erforscht (Wagner, Gestapo, S. 442–583, hier besonders S. 460–467, 494–495, 497–499).
186 Vgl. LVB, Nr. 93 vom 12.8.1926.
187 Vgl. GWR, Nr. 9 vom 28.2.1926.

Arbeiterverein zum gemeinsamen Totengedenken im Rahmen einer schlichten Feier.[187] An der Vorbesprechung hatte die Ortsgruppe allerdings – wie die katholischen Verbände – nicht teilgenommen, weil der einladende Krieger- und Landwehrverein seine Einladung an „die Vorstände aller vaterländischen Vereine" gerichtet hatte. Dies bezeichneten einige Personen, vor allem der Großmeister des Jungdeutschen Ordens, auf der Versammlung als „nicht sehr glücklich" und forderten, das Reichsbanner noch einmal eigens einzuladen. Dem widersprachen allerdings andere Verbandsvertreter. Da man vereinbarte, zur Schaffung eines Nordhorner Kriegerdenkmals zusammenzuarbeiten, beteiligten sich schließlich das Reichsbanner und die sich nicht als rechtsgerichtete „vaterländische Verbände" verstehenden katholischen Vereine am Totengedenken der Kommune.[188]

Ebenso engagierte sich das Reichsbanner im Herbst an Trauerfeiern zum Totensonntag oder organisierte sie gelegentlich sogar selbst.[189] Feiern dieser Art gehörten konstitutiv zum Selbstverständnis des Reichsbanners als Veteranenverband. Das Gedenken an die Kriegstoten wurde häufig zugleich dazu genutzt, die Ungerechtigkeiten des kaiserlichen Systems gerade im soldatischen Bereich anzuprangern, denen die jetzigen Freiheiten in der Demokratie gegenübergestellt wurden.[190] Die Ortsgruppe Niedergrafschaft führte derartige Feiern auch außerhalb von Neuenhaus, 1928 etwa in Veldhausen, unter Leitung des Lehrers H. Meyer durch, wohl der damalige Vorsitzende der Ortsgruppe nach dem Wegzug Itterbecks nach Nordhorn.[191]

Im Spätsommer oder im Frühherbst fand zudem ein überregionales Fest statt, das Kreis- oder Bezirksfest. Jedes Jahr richtete eine andere Ortsgruppe aus dem westlichen Teil des Regierungsbezirks Osnabrück die Veranstaltung aus. Am 19. und 20. September 1925 übernahm dies die Ortsgruppe Nordhorn. Die konservative Ortspresse, die nur gelegentlich vom Reichsbanner berichtete, schrieb dazu:

„Am Sonnabend und Sonntag fand hier das Kreisfest des Reichsbanners Schwarz-Rot-Gold für den Kreis Osnabrück statt. Die Veranstaltung umfaßte am Sonnabend einen Fackelzug mit anschließendem Festkommers und am Sonntag Kranzniederlegung am Kriegerdenkmal, Kundgebung auf dem Marktplatz und Durchzug durch die Stadt. Aus Osnabrück,

188 Vgl. ZuA, Nr. 41 vom 19.2.1926.
189 Für die Ortsgruppe Niedergrafschaft: NN, Nr. 172 vom 22.11.1927; für Schüttorf: FP, Nr. 2644 vom 29.11.1928; für Nordhorn: NN, Nr. 272 vom 23.11.1925.
190 Vgl. dazu Ziemann, Zukunft, S. 37–38.
191 Vgl. ZuA, Nr. 278 vom 27.11.1928. Lehrer Meyer wurde 1929 in den Kreis Melle bei Osnabrück versetzt.

Bramsche, Quakenbrück, Rheine, Lingen, Schüttorf und Bentheim waren zahlreiche Gäste eingetroffen, die von den Nordhorner Kameraden des Reichsbanners herzlich begrüßt wurden. Die Stadt war mit Fleiß ausgeschmückt; am Bahnhof und an den Stadteingängen waren schöne Ehrenbogen errichtet, während sich die Straßen entlang grünes Buschwerk zog. Dazu viele Girlanden und sonstiger Schmuck. Bei der Kundgebung auf dem Marktplatz nahm zuerst Kamerad Wunderlich-Osnabrück die Einweihung der Schüttorfer Kameradschafts-Fahne vor. Der Festzug bewegte sich in tadelloser Ordnung durch die Stadt. Volksbelustigungen auf dem Markt (Karussell, Schießbuden und dergl.) sowie ein Festball im Zelt auf dem Markt bildeten den Abschluß der Feier."[192]

Nicht erwähnt wurde hier, dass ebenso der Ortsgruppenvorsitzende Zwitzers, der Reichstagsabgeordnete Hermann Tempel (SPD) und Korvettenkapitän a. D. Gustav Urbahn aus Berlin-Charlottenburg Festreden hielten.[193]

Da es im benachbarten Emsland lediglich in Lingen und Papenburg Ortsgruppen gab, fuhren folglich zu überregionalen Feiern vornehmlich Reichsbannerkameraden aus Osnabrück und dem Osnabrücker Land – wie hier zu sehen ist –, wo die SPD stärker verankert war, in die Grafschaft. Im September 1926 durfte die Ortsgruppe Neuenhaus das Bezirksfest ausrichten, wobei die neue Fahne der Ortsgruppe Gildehaus feierlich geweiht wurde.[194] Umgekehrt nahmen Abordnungen von Grafschafter Ortsgruppen an Reichsbannerfesten vor allem im Osnabrücker Land teil. Beispielsweise beschloss die Nordhorner Ortsgruppe im Herbst 1925, nach Osnabrück zu einer Großkundgebung mit dem Bundesvorsitzenden Otto Hörsing zu fahren.[195]

Neben den Feiern waren Ausflüge und Aufmärsche öffentlich wahrnehmbare Tätigkeiten des Grafschafter Reichsbanners, die zumeist in den Zeiten zwischen den Festen terminiert wurden. Diese stärkten die Kameradschaft und das Gemeinschaftsgefühl. Zugleich demonstrierten sie, dass man die Straße nicht den republikfeindlichen rechten oder kommunistischen Verbänden überlassen wollte.

192 ZuA, Nr. 226 vom 23.9.1925.
193 Vgl. SZ, Nr. 221 vom 21.9.1925; GWR, Nr. 37 vom 13.9.1925; GWR, Nr. 39 vom 27.9.1925.
194 Zur Vorbereitung vgl. ZuA, Nr. 166 vom 20.7.1926; ZuA, Nr. 208 vom 7.9.1926.
195 Vgl. GWR, Nr. 43 vom 25.10.1925.

Anzeige zum Bezirksfest des Reichsbanners in Neuenhaus 1926.
Quelle: „Zeitung und Anzeigeblatt", Nr. 203 vom 1. September 1926

Reichsbanner „Schwarz-Rot-Gold"
Osnabrück-West.

Bezirksfest

verbunden mit

Fahnenweihe der Ortsgruppe Gildehaus
am Sonnabend, 4. u. Sonntag, 5. September
in Neuenhaus.

Festfolge:

Sonnabend, 4. Septbr., abends 8 Uhr, Fackelzug, anschl. gemütl. Beisammensein im Festzelt (Wagenhorst).

Sonntag, 5. September,
6 Uhr morgens Wecken.
8 Uhr: Abholen der auswärtigen Vereine.
9 Uhr: Kranzniederlegung am Kriegerdenkmal.
1 Uhr: Festessen.
3 Uhr: Durchzug durch die Stadt, anschl. Festrede und Fahnenweihe der Ortsgruppe Gildehaus. Festredner Rektor Adamzik-Osnabrück. Weiheredn. Wunderlich-Osnabrück.
Bis 7 Uhr: Konzert.
Ab 8½ Uhr Ball im Festzelt.

Zu der Veranstaltung werden sämtliche Republikaner hierdurch freundlichst eingeladen.

Der Festausschuß. Der Vorstand.

Dauernder Autobusverkehr zwischen Nordhorn und Neuenhaus.

Auf dem Festplatz wird ein Karussell, Kuchen- und sonstige Buden Aufstellung finden.

Reichsbanner Schwarz-Rot-Gold
(Ortsgruppe Nordhorn)
Sonntag, den 1. Februar, nachm. 2,15 Uhr,
Antreten
beim Gastwirt Westenberg zum Ausflug.
Der Vorstand.

Anzeige zu einem Ausflug des Reichsbanners Nordhorn.
Quelle: „Schüttorfer Zeitung", Nr. 24 vom 29. Januar 1925

Ebenso sollten sie für die Organisation werben. Über einen derartigen Ausflug ist im Februar 1926 in den „Nordhorner Nachrichten" zu lesen:

„Die Ortsgruppen Nordhorn und Niedergrafschaft des Reichsbanner ‚Schwarz-Rot-Gold' machten am Sonntag einen gemeinsamen Ausflug nach Lage. Nachdem man sich in der Nachbargemeinde Teich gesammelt hatte, wurden die Ortsgruppen in Marschkolonnen gruppiert und unter Vorantritt des Trommler- und Pfeiferchors marschierte der Zug durch die Stadt nach Lage. Dort hielt Kamerad Zwitzer, Nordhorn einen Vortrag. Anschließend wurde der Rückmarsch nach Teich vorgenommen, wo der Zug sich auflöste und die Auswärtigen in Lastautos zurückfuhren. – Von Nordhorn war auch eine Abordnung des Reichsbanners nach Hamburg gefahren, um dort an einer großen Kundgebung des Reichsbanners teilzunehmen, zu der allein 20.000 Kameraden von auswärts kamen."[196]

Durch Massenkundgebungen in den Großstädten, zu denen die Grafschafter Reichsbannerkameraden offensichtlich gelegentlich Abordnungen entsandten, versuchte das Reichsbanner seine Mobilisierungsstärke nach außen zu demonstrieren und den Gegnern der Republik zu zeigen, dass der neue Staat nicht ohne kampfeswillige Verteidiger war.

196 NN, Nr. 44 vom 23.2.1926. Zu weiteren Ausflügen oder Ausflugplänen vgl. SZ, Nr. 24 vom 29.1.1925 (Reichsbanner Nordhorn), ZuA, Nr. 265 vom 12.11.1926 (Reichsbanner Niedergrafschaft nach Lage) und BZ Nr. 96 vom 25.4.1929 (Reichsbanner Bentheim).

Totenmal in Berlin. Das Reichsbanner demonstrierte mit einer Kundgebung zum Verfassungstag am 11. August 1929 vor dem Brandenburger Tor seinen Willen zur Verteidigung der Demokratie.
Quelle: GDW, Schaudepot Reichsbanner, RB 391

Um die Feiern und Märsche musikalisch zu begleiten, schufen die Ortsgruppen bald eigene Kapellen. In Gildehaus bildete sich beispielsweise auf der Mitgliederversammlung im März 1927 ein Spielmannszug unter Leitung von R. Janssen.[197] In Neuenhaus nahm man bei der Vorbereitung des Bezirksfests 1926 die Gründung eines Musikkorps in Angriff.[198] Die musikalische Abteilung des Reichsbanners, so das Trommler- und Pfeiferkorps der Ortsgruppe Nordhorn, beteiligte sich ebenso an Festen und Kundgebungen anderer Verbände aus dem Umfeld der SPD oder an der sozialistischen Maifeier.[199]

197 Vgl. BZ, Nr. 31 vom 17.3.1927. Laut Wagner, Gestapo, S. 464, kam das Geld für die Musikinstrumente durch Umlagen und Spenden zusammen. An den Spenden beteiligten sich auch zwei bekannte jüdische Familien des Dorfes.

198 Vgl. ZuA, Nr. 166 vom 20.7.1926; vgl. auch: ZuA, Nr. 244 vom 19.10.1926 (Anschaffung einer großen Trommel).

199 So etwa in Nordhorn am Umzug zum 25jährigen Bestehen der Ortsgruppe des Deutschen Textilarbeiter-Verbands (NN, Nr. 207 vom 6.9.1927) oder zur Maifeier des ADGB Schüttorf (SZ, Nr. 102 vom 3.5.1926).

Diese Festkultur konnte aber nicht lange derart ausgeprägt aufrechterhalten werden. Bereits im November 1928 unterließ etwa die Ortsgruppe Schüttorf wegen der schlechten Wirtschaftslage infolge der Agrarkrise eine eigentlich fällige Beitragserhöhung. Deshalb musste sie auf einige übliche Feste im nächsten Jahr verzichten. Dafür wolle man, so der Vorsitzende Achilles, die kommende Verfassungsfeier großzügiger begehen.[200]

Durch ihr ausgedehntes Jahresprogramm zielte das Reichsbanner in der Region vor allem darauf ab, bei Kriegsteilnehmern aus der Arbeiterschaft ein Kameradschaftsgefühl zu wecken. Es wollte denen eine emotionale Heimat bieten, die ansonsten vielleicht zu den in beiden Landkreisen sehr mitgliederstarken Kriegervereinen aus dem politisch rechten Lager gewechselt wären.[201] Diesen Aspekt betonte 1924 der SPD-Reichstagsabgeordnete und Reichsbanner-Aktivist Hermann Tempel in seiner Rede zur Gründung einer Ortsgruppe des Reichsbanners in Lingen an der Ems:

„Als ich aus meiner Heimat zu Ihnen ging, da habe ich mir im Zuge wieder einmal die Frage überlegt, ob es notwendig ist, daß wir Republikaner eine neue Organisation bilden neben den großen politischen Parteien, ob es notwendig ist, daß wir gegen die großen Organisationen der Rechten aufziehen. [...] Sollen wir abwarten, bis sich die Vernunft durchgesetzt hat? Als ich mir diese Fragen überlegte, da stand vor meinen geistigen Augen ein Bild und zwar ein Bild eines jener Züge, der hinauswandert zu einem Krieger-Vereins-Jubiläum. Ich habe mir die Leute einmal genau angesehen und mußte feststellen, daß es zumeist kleine Leute waren, die Fleisch von unserem Fleisch und Bein von unserem Bein sind. Jene Leute, die da unter Schwarz-Weiß-Rot gegen die Republik demonstrieren, sind zumeist kleine Handwerker, Arbeiter und kleine Bauern. Nach dieser Feststellung habe ich mich gefragt, was ist es, daß die Leute gegen die Republik demonstrieren läßt und bin dann zu dem Schluß gekommen, daß die Leute einen vergnügten Tag verleben wollten, daß sie sich darauf freuen, mal wieder mit Kameraden aus der Kriegszeit zusammen zu kommen. Aber neben diesen Dingen hat auch eine andere Sache mitgespielt. Es war die Not, es war die Verzweiflung, die seelische und moralische Not der Gegenwart, die keinen Ausweg mehr zeigt. Jene Demonstranten glauben, wir könnten die gute alte Zeit zurückrufen, wenn wir die alten Machthaber zurückriefen."[202]

200 Vgl. FP, Nr. 2644 vom 29.11.1928.
201 Vgl. dazu Heinz Kleene, Über Mannsbilder und Kameraden. Zum Kriegervereinswesen im Emsland zur Zeit der Weimarer Republik, Haselünne 2020 (Studien und Quellen zur Geschichte des Emslandes und der Grafschaft Bentheim, 4).
202 LT vom 26.9.1924.

Der SPD-Reichstagsabgeordnete und Reichsbanner-Aktivist Hermann Tempel (1889–1944).
Quelle: SPD-Geschäftsstelle Leer

Die Weltwirtschaftskrise traf die Textilindustrie besonders hart, sodass etwa in Nordhorn in der zweiten Jahreshälfte 1930 lange Lohnkämpfe, Arbeitslosigkeit und Kurzarbeit das Wirtschaftsleben beherrschten.[203] Dies hatte unmittelbar Auswirkungen auf die sich ausgebildete Festkultur des Reichsbanners. In einem Bericht über eine Versammlung der Ortsgruppe Anfang 1931 hieß es dazu:

„Wegen der Wirtschaftslage soll in diesem Jahre keine Weihnachtsfeier stattfinden, weil die Sammlungen kaum die Unkosten einbringen dürften und die Kameraden nach dem langen Lohnkampf und bei der großen Erwerbslosigkeit auch kaum in der Lage sein dürften, zu den Weihnachtsfeiern noch beizusteuern. Weiter wurde über die Bildungsarbeit gesprochen, die man in diesem Winter weiter ausbauen will. Dann entstand noch eine lebhafte Aussprache über die gegenwärtige Wirtschaftslage, die Verelendung der arbeitnehmenden Schichten und die Angriffe auf den sozialen Gedanken."[204]

So brachte die bedrückende Wirtschaftslage eine deutliche Reduzierung der Festkultur des Reichsbanners mit sich.

203 Vgl. Rohr, Arbeiterbewegung, S. 151–157.
204 RBZ vom 10.1.1931.

6

Die politischen Auseinandersetzungen verschärfen sich (1930/31)

1930 wurde der politische Wind wesentlich rauer. Die Ende 1929 einsetzende Weltwirtschaftskrise machte sich in Deutschland immer stärker bemerkbar. Nach der Agrarkrise von 1927/28 mit ihrer Radikalisierung weiter Teile der ländlichen Bevölkerung wuchsen nunmehr die politischen Gegensätze und die Feindschaft zur Republik auch in den urbaneren Regionen. Politisch profitierten besonders NSDAP und KPD von der steigenden ökonomischen Notlage. So berichtete der inzwischen als Redakteur des „Reichsbanners" fungierende ehemalige Osnabrücker DDP-Parteisekretär Diefenthal auf der Gaukonferenz des Reichsbanners Oldenburg-Ostfriesland-Osnabrück Mitte Februar 1930 über wachsende Schwierigkeiten bei der Reichsbannerarbeit.[205] Der Reichsbanner-Gauvorstand Oldenburg-Ostfriesland-Osnabrück reagierte auf die neue politische Entwicklung. In einer „Reichsbanner"-Ausgabe von Anfang April 1930 teilte er den Ortsgruppen mit, wegen des Anwachsens der Nationalsozialisten sei den Ortsgruppen eine Broschüre mit dem Titel „Die Partei der Phrase" zugegangen. Weiter hieß es dort:

205 Vgl. FP, Nr. 47 vom 25.2.1930. Auch 1931 war Strübbe als Reichsbanner-Kreisvorsitzender Mitglied im Gauvorstand. Vgl. FP, Nr. 93 vom 22.4.1931.

„Da die nationalsozialistische Bewegung sich mehr und mehr ausdehnt und immer wüstere Formen annimmt, muß dieser Bewegung mit aller Schärfe entgegengetreten werden. Die Broschüre ist hierzu ein wertvolles Kampfmittel.

Jeder Republikaner muß die nationalsozialistische Bewegung genau kennen. Wir bitten daher unsre Ortsgruppen, dafür zu sorgen, daß die Broschüre die weiteste Verbreitung findet. Immer wieder muß in den Versammlungen darauf hingewiesen werden. Die Ortsgruppen sollten mit den Parteien und Gewerkschaften zusammen versuchen, Versammlungen gegen den Nationalsozialismus abzuhalten."[206]

Bislang war das Vereinsleben in den Grafschafter Ortsgruppen ruhig und friedlich gewesen. Neben den üblichen Feiern gab es, wie auf der Generalversammlung des Reichsbanners Nordhorn Anfang 1930 im Tätigkeitsbericht mitgeteilt wurde, 1929 eine Generalversammlung, sieben Mitgliederversammlungen und neun Vorstandsversammlungen.[207] Soziologisch betrachtet war das Bentheimer Land kein besonders günstiges Pflaster für das Reichsbanner, das weithin als ein unter SPD-Leitung stehendes Projekt galt. Die Grafschaft besaß mit Nordhorn, Bentheim und Schüttorf nur drei Gemeinden, die Ende der 1920er-Jahre juristisch als Stadt firmierten. Der größte Teil der Bevölkerung arbeitete in der Landwirtschaft oder in den mit dem Agrarsektor verbundenen Branchen. Die Bevölkerung war protestantisch-rechtsgerichtet sozialisiert worden, was mit einer anti-kommunistischen und anti-sozialistischen Einstellung einherging. Die parteipolitische Bindung der großen Masse der Bevölkerung war infolge des Wahlrechts des Kaiserreichs und der Zusammenlegung des protestantisch-regierungstreu gesinnten Bentheimer Landes mit den vier katholischen Landkreisen des Emslandes – reichsweit als Hochburg des oppositionellen Zentrums bekannt – nur gering. Daher wechselten während der Weimarer Republik die parteipolitischen Präferenzen im Landkreis schnell. Insgesamt ist aber in der Grafschaft Bentheim seit 1920 bei den Wahlen ein deutlicher Trend nach rechts zu erkennen (Tab. 3).

Mit dem Wahljahr 1930 und den sich nun zuspitzenden politischen Gegensätzen änderte sich das bislang eher geruhsame politische Leben im Landkreis. Mit dem fulminanten Wahlsieg der NSDAP im September 1930 entwickelte sich die Grafschaft Bentheim zu einer regionalen Hochburg der Nationalsozialisten.[208]

206 RBZ vom 5.4.1930.
207 Vgl. FP, Nr. 11 vom 14.1.1930.
208 Vgl. dazu Lensing, Partizipation, S. 166–171.

Tab. 3: Die Reichstagswahlergebnisse im Bentheimer Land (1919–1933)[209]

	1919	1920	1924 I	1924 II	1928	1930	1932 I	1932 II	1933
Wahlber.	22 661	22 784	25 155	25 878	30 020	32 244	34 216	34 402	34 992
Wähler		18 562	19 270	19 114	20 588	26 497	29 223	28 288	31 669
ungültig		47	318	260	443	82	127	128	187
gültig	19 424	18 515	18 952	18 854	20 145	26 415	29 096	28 160	31 482
Wahlbet.	85,7 %	81,5 %	76,6 %	73,9 %	68,6 %	82,2 %	85,4 %	82,2 %	90,5 %
SPD	3 012	3 612	2 850	3 431	3 794	3 453	3 249	3 174	2 730
	15,5 %	19,5 %	15 %	18,2 %	18,8 %	13,1 %	11,2 %	11,3 %	8,7 %
Zentrum	3 074	2 852	3 009	3 304	3 505	4 840	5 117	4 978	5 359
	15,8 %	15,4 %	15,9 %	17,5 %	17,4 %	18,3 %	17,6 %	17,7 %	17 %
DDP/	8 749	3 410	1 067	1 370	810	706	112	86	67
DStP	45 %	18,4 %	5,6 %	7,3 %	4 %	2,7 %	0,4 %	0,3 %	0,2 %
DVP	4 221	4 062	2 393	3 346	2 380	856	183	409	223
	21,7 %	21,9 %	12,6 %	17,7 %	11,8 %	3,2 %	0,6 %	1,5 %	0,7 %
DNVP/	169	2 334	6 074	5 493	1 497	1 008	1 893	2 438	2 442
KFSWR	0,9 %	12,6 %	32 %	29,1 %	7,3 %	3,8 %	6,5 %	8,7 %	7,8 %
DHP	193	1 869	970	586	576	392	62	171	54
	1 %	10,1 %	5,1 %	3,1 %	2,9 %	1,5 %	0,2 %	0,6 %	0,2 %
USPD	3	309	21			12			
	0 %	1,7 %	0,1 %			0 %			
KPD		56	354	330	505	1 155	1 703	1 867	1 490
		0,3 %	1,9 %	1,8 %	2,5 %	4,4 %	5,6 %	6,6 %	4,7 %
VSB/			888	762	445	6 060	14 185	12 443	16 820
NSDAP			4,7 %	4 %	2,2 %	22,9 %	48,8 %	44,2 %	53,4 %
CSVG/*		11	1 041	167	62				
CSRP		0 %	5,5 %	0,9 %	0,3 %				
CSVD						6 399	2 478	2 438	2 292
						24,2 %	8,5 %	8,7 %	7,3 %
CNBLP/					5 403	870	40		
DL					26,8 %	3,3 %	0,1 %		
WP					725	490	28	11	
					3,8 %	1,9 %	0,1 %	0 %	
Volks-					75	17	17	4	
recht					0,4 %	0,1 %	0 %	0 %	
Deutsch-			210	52	25				
soz.			1,1 %	0,3 %	0,1 %				
DBP					196	20			5
					1 %	0,1 %			0 %
Sonstige			75	13	147	137	29	141	
			0,4 %	0 %	0,7 %	0,5 %	0,1 %	0,5 %	

***1920: Christlich-Soziale Volkspartei. Soweit Angaben fehlen, konnten diese nicht rekonstruiert werden.**

Wie hier zu sehen ist, sank die SPD nach ihrem Wahlsieg von 1928 anschließend bis 1933 um gut 10 Prozentpunkte von 3794 Wählern (18,8 Prozent) auf 2730 Wähler (8,7 Prozent). Demgegenüber gewann die KPD zwar rund 1000 Stimmen hinzu, nahm dabei aber lediglich in Nordhorn einen Teil der SPD-Verluste auf. Das Verhältnis zwischen Kommunisten und Sozialdemokraten war in der Region sehr angespannt. Beispielsweise hatte 1929 der Nordhorner KPD-Führer mit dem dortigen NSDAP-Ortsgruppenleiter gemeinsame Sache gemacht, um den DTV-Sekretär und wichtigsten Grafschafter SPD-Politiker Paul Köhler (1885–1957) vergeblich vor Gericht anzuschwärzen.[210] Ab 1930 erschienen im KPD-Organ „Ruhr-Echo" aus Essen, das in dieser Zeit für das Bentheimer Land und Lingen zuständig war, ständig Artikel gegen die als „Sozialfaschisten" verunglimpften Sozialdemokraten.[211] Die Nordhorner KPD versuchte mit Unterstützung ihrer Parteipresse, entgegen der Beschlusslage der sozialistischen und christlichen Gewerkschaften der Textilindustrie die darbenden Textilarbeiter zu Streiks zu motivieren. Aufgrund der Zusammenarbeit der beiden demokratischen Gewerkschaften in der Stadt forderte beispielsweise ein Beitrag über die Bemühungen der KPD, vor allem in Nordhorn eine „Einheitsfront" der Textiler unter KPD-Führung zu schaffen, im Oktober 1931 im „Ruhr-Echo": „Den Einfluß der christlichen und sozialdemokratischen Gewerkschaftsbürokratie gilt es zu liquidieren."[212]

Die Erfolge der aktivistischen Kommunisten in Nordhorn führten dazu, dass die dortige Ortsgruppe zu einem Vorzeigeobjekt der Essener KPD-Zeitung wurde. 1932 finden sich dort ständig heftige Angriffe gegen die Kompromissbereitschaft der „reformistischen und christlichen Gewerkschaftsbürokratie" Nordhorns.[213] Die Konflikte zwischen Sozialdemokraten und Kommunisten spitzten sich in Nordhorn so weit zu, dass im Frühjahr 1932 Kommunisten einen SPD-Betriebsratsvorsitzenden überfielen und niederschlugen, der daraufhin mehrere Tage im Koma lag.[214]

209 Die Wahlresultate stammen aus: Lensing, Handreichung I, S. 560. Hier finden sich ebenfalls Quellen zum Reichsbanner in der Region (S. 367–386).
210 Vgl. N. N., Hakenkreuz und Kommunismus im Bunde, in: FP, Nr. 79 vom 5.4.1929. Der CTV-Gewerkschaftssekretär Lütkenhues unterstützte hingegen Köhler.
211 Vgl. etwa „Ruhr-Echo", Essen, Nr. 60 vom 12.3.1930; „Ruhr-Echo", Nr. 76 vom 31.3.1930 oder „Ruhr-Echo", Nr. 176 vom 31.7.1931.
212 N. N., Münsterlands Textiler wieder in Kampffront, in: „Ruhr-Echo", Nr. 214 vom 20.10.1931.
213 Vgl. etwa N. N., Textiler, streikfertig gemacht!, in: „Ruhr-Echo", Nr. 147 vom 11.6.1932; N. N., Einheitssturm gegen Textil-Lohnraub, in: „Ruhr-Echo", Nr. 148 vom 12.7.1932; N. N., Textilarbeiter greifen zur Waffe des Streiks. Zwei Abteilungen des Powel-Werkes in Nordhorn im Streik gegen den Lohnraub. Antifaschistischer Kampfwille der Textiler, in: „Ruhr-Echo", Nr. 152 vom 16.7.1932; N. N., Sturm in den Textilhöllen, in: „Ruhr-Echo", Nr. 153 vom 18.7.1932; N. N., Textilarbeiterstreik verbreitert, in: „Ruhr-Echo", Nr. 154 vom 19.7.1932. Vgl. auch: Rohr, Arbeiterbewegung, S. 166.
214 Vgl. NA, Nr. 195 vom 15.4.1932.

Ernst Thälmann, der Führer der Antifaschistischen Aktion, spricht am 27. Juli im Stadion Niederrhein, Oberhausen

Einzelpreis 10 Pf.

Ruhr-Echo

Organ der Kommunistischen Partei Deutschlands, [...] • Sektion der Kommunistischen Internationale

Mitteilungsblatt der revolutionären Gewerkschaftsverbände, des KJVD, der Arbeitersportvereine, des [...] bandes prolet. Freidenker, der „Roten Hilfe", der „Internationalen Arbeiter-Hilfe", des Kampfbundes [...] Faschismus, des Bundes der Freunde der Sowjetunion, des Betriebsräte-Ausschuß des Ruhrgebiet, der [...] ilungsblatt des „Intern. Bundes" des Reichsbundes Deutscher Mieter, der Siedlungs- und Neubaumieter, [...] Reichsbauernbundes, der Kampfgemeinsch. für prolet. Schulpolitik, des Bundes prolet. Schriftsteller, [...] Bezirks-Ausschuß der Erwerbslosen, der Arbeitsgemeinschaft sozialpolitischer Organisationen „Arso"

Redaktion und Hauptgeschäftsstelle: Essen, Rottstraße 18, Fernsprecher 204 04 und 311 [...] Geschäftsstellen: Gelsenkirchen, Steinmetzstraße 36, Fernsprecher: 277 69. — Buer, Fernsprecher Neuenstein [...] Horst: 302 30. — Bochum, Roonstraße 81, Fernsprecher 637 91. [...] „Ruhr-Echo" erscheint täglich (außer Sonntag). — Redaktion und Expedition: Essen, Rottstraße 18. — Telegramm-Adresse: Ruhr-Echo. Postscheckkonto: Essen Nummer 22 970 Verbreitungsgebiet: Essen, Gelsenkirchen, Buer Bochum und Umgebung.

Nr. 152 — Samstag, den 16. Juli 1932 — 14. Jahrgang

Goebbels gibt Mordinstruktion in Essen (Siehe im Blatt)

Textilarbeiter greifen zur Waffe des Streiks

Zwei Abteilungen des Powel-Werkes in Nordhorn im Streik gegen den Lohnraub — Antifaschistischer Kampfwille der Textiler

Nordhorn, 15. Juli. (Eig. Drahtber.) Gestern beschloß eine vieltausendköpfige Kundgebung der Betriebsräte der Textilarbeiter, der Betriebsleitung des Powel-Werkes die Forderung zu überreichen: „Keinen Pfennig Lohnraub, Auszahlung der alten Löhne!"

Als die Firma heute diese Forderungen ablehnte, traten die Abteilungen Vorwerk und Fleyersaal im Powel-Werk, die wichtigsten Abteilungen, sofort in den Streik. Es ist damit zu rechnen, daß sich im Laufe des heutigen und morgigen Tages die anderen Abteilungen der Spinnerei dem Streik anschließen.

Die gestrige Kundgebung unter der Führung des Einheitskomitees zeigte den starken Kampfwillen der Nordhorner Arbeiterschaft. Die aufmarschierten Textilarbeiter holten eine Hakenkreuzfahne, die auf einem Turm gehißt war, herunter und verbrannten sie.

Der Streikbeginn in Nordhorn ist ein Signal für alle Textilarbeiter des Münsterlandes.

Die reformistische und christliche Gewerkschaftsbürokratie hat in einer freiwilligen Vereinbarung einem Lohnabbau von 5½ Prozent unter Streichung aller sozialen Zulagen zugestimmt. Die Nordhorner Textilarbeiter zeigen, daß sie auf diesen Verrat mit dem Streik antworten.

Textilarbeiter des ganzen Münsterlandes, folgt dem Nordhorner Beispiel! Schafft die kämpfende Einheitsfront unter selbstgewählter Führung! Streik gegen jeden Pfennig Lohnabbau!

Antifaschistischer Straßenbahner-Aufmarsch

Einheitskomitee organisiert Betriebs-Kampfdemonstration gegen Lohnraub und Faschismus!

Essen, 15. Juli. Das sechsköpfige Einheitskomitee der Straßenbahner Essens, das sich aus 2 EVGV., 2 DMV., 1 christlichen und 1 Fachverbands-Kollegen zusammensetzt, hatte heute zu einer Straßenbahnerdemonstration gegen Lohnabbau, Entlassungen, Maßregelungen und Faschismus aufgerufen. Trotz SPD-Sabotage waren etwa 250 Straßenbahner dem Rufe ihres Einheitskomitees gefolgt, die unter Vorantritt ihrer Schalmeienkapelle für die gemeinsamen Kampfforderungen aller Straßenbahner aufmarschierten. Nachdem ein gemaßregelter Straßenbahner das Wort ergriffen hatte, begrüßte Gen. Piontek im Namen der kommunistischen Landtagsfraktion die Kundgebung und forderte die Anwesenden auf, in breiter Einheitsfront in der Antifaschistischen Aktion dem kapitalistischen Hungersystem und seinen Landsknechten entgegenzutreten.

Im roten Segeroth wurden die demonstrierenden Straßenbahner von den Arbeitern stürmisch begrüßt; zahlreiche Arbeiter schlossen sich dem Zuge an, der unterwegs auf über 1000 Teilnehmer anwuchs.

Reichsbannergruppen und christl. Arbeiter in antifaschistischer Kampfdemonstration

Auftakt zur Thälmann-Kundgebung am 27. Juli

Oberhausen, 15. Juli. (Eig. Drahtber.) Auf dem Südmarkt in Oberhausen fand heute eine wuchtige Massenkundgebung der Antifaschistischen Aktion statt. Trotz rücksichtsloser polizeilicher Absperrungsmaßnahmen formierte sich ein Demonstrationszug von 3500 Teilnehmern. Ganze geschlossene Reichsbannerformationen marschierten im Zuge, ebenso auch christliche Arbeiter. Auf dem Uhlandplatz ging die Polizei gegen Frauen mit dem Gummiknüppel vor.

Trotz der offensichtlichen Versuche, Verbotshandhaben für den Thälmann-Aufmarsch am 27. Juli zu schaffen, verlief die Kundgebung in eiserner Disziplin. Sie war ein prächtiger Auftakt zum 27. Juli, wo der Führer der Antifaschistischen Aktion, Genosse Ernst Thälmann zum Ruhrproletariat sprechen wird.

Alle KPD-Demonstrationen verboten!

Bremen, 15. Juli. Der sozialdemokratische Polizeisenator Kleemann hat durch ein Schreiben an die Kommunistische Partei, Bezirk Nordwest verfügt, daß alle von der KPD und vom Jugend-Kampfkomitee gegen Arbeitsdienstpflicht und Faschismus angemeldeten sechs Demonstrationszüge am 14., 15., 16., 21., 22. und 30. Juli verboten werden. Der Kommunistischen Partei und dem Bremer Proletariat wird damit bis zum Wahltage die Straße genommen, während die Nazi-Faschisten ununterbrochene legale und illegale Demonstrationen und Terrorakte gegen die Arbeiterschaft durchführen.

Das ist der „Kampf der Sozialdemokratie gegen den Faschismus" . . .

Jugend unter der roten Freiheitsfahne!

Zur heutigen Bezirks-Jugendkundgebung

(R.) Heute abend marschiert die Jugend der Antifaschistischen Aktion in den Straßen Essens. Es ist nur ein Teil der roten Jugend des Ruhrgebiets, der sich heute zur kühnen Kampferklärung gegen die Mörder und Würger der werktätigen Jugend, zur Verbündung des revolutionären Freiheitsweges zusammenfindet. Diese Bezirkskundgebung im Essener Zirkus ist der Ausgangspunkt für eine Alarmierung der gesamten proletarischen Jugend an Ruhr und Rhein.

Der Ruf dieser Kundgebung soll erklingen hinab bis in den letzten dunklen Querschlag der Schächte und bis an die letzte Maschine der Fabriken. Ihr Ruf soll aufrütteln an alle Stempelstellen. Es ist der Ruf an die Jugend, die schon in ihren frühen Jahren das Joch der kapitalistischen Ausbeutung und der Erwerbslosigkeit tragen muß. Sie soll erwachen und mit ihrer jungen, unverbrauchten Kraft in der ersten Reihe der großen antifaschistischen Freiheitsarmee marschieren.

★

Durch Deutschland geht eine chauvinistische Welle. Es ist von der Kapitalistenklasse eine nationalistisch-kriegshetzerische Massenstimmung geschaffen worden. Die Schuldigen an der kapitalistischen Mißwirtschaft, die Verantwortlichen für das namenlose Elend der werktätigen Millionen, wollen die Jugend ablenken von der Schuld des kapitalistischen Systems. Sie erzählen, daß allein das „Ausland" an dem Elend in Deutschland schuld sei. Sie verbreiten die Lüge, daß die bisherige Herrschaft in Deutschland eine „marxistische" gewesen sei. Sie benützen die schmachvolle Koalitions- und Notverordnungspolitik der deutschen Sozialdemokratie, durch die das Proletariat gespalten, geknebelt und verraten wurde, um den ganzen Freiheitskampf der deutschen Arbeiterklasse zu verleumden.

Die Jugend soll nationalistisch betrogen und ein willfähriges Kanonenfutter für die Papen-Hitler werden.

Seht euch um, Jungarbeiter: Die Filme, die Theater, die Presse, der Rundfunk und die Kirche haben alle sich vereint, euch im Sinne der nationalistischen Reaktion die Köpfe zu vernebeln!

Fordert ihr aber Brot, dann macht die Polizei Severings gegen euch mobil.

Fordert ihr Obdach, dann steckt man euch in die berüchtigten Fürsorgehöllen.

Fordert ihr Arbeit, dann präsentieren euch die Nazibonzen gemeinsam mit der Papen-Regierung die faschistische Arbeitsdienstpflicht!

★

Millionen Jungarbeiter werden täglich von den faschistischen Werkmeistern, Steigern, Pinkertons und sonstigen Unternehmerspitzeln bis aufs Blut angetrieben. Mindestens eine Million deutscher Jungerwerbsloser haben noch niemals einen Betrieb von innen gesehen. Sie sind seit ihrer Schulentlassung arbeitslos. Sie haben keine Aussicht, jemals unter dem Kapitalismus wieder Arbeit und einen auskömmlichen Lohn zu erhalten.

Da kommen die Nazibonzen mit ihrer Propaganda der „Arbeitsdienstpflicht". Ohne Tariflohn, ein billiges Arbeitskanonenfutter, wie Zuchthäusler bewacht, so soll die arbeitende Jugend ausgebeutet und militarisiert werden. Das ist das „Heil", das die vom Großkapital ausgehaltenen faschistischen Bandenführer den darbenden Jungarbeitern bringen wollen. Der Chemnitzer Gauleiter der NSDAP hat offen verraten, wohin der Kurs in der faschistischen Arbeitsdienstpflicht gehen soll. Er erklärte:

„Heute mit dem Spaten — morgen, wenn wir an der Macht sind, mit der Knarre!"

Das Arbeitskanonenfutter von heute soll das Kriegskanonenfutter von morgen werden. Die Jungproleten sollen ihre Knochen für die kapitalistischen Ausbeuter und Schieber

Unser Vorstoß in die Betriebe!

Sondernummern für die Antifaschistische Aktion und die Wahl der Liste 3

Die kommunistische Ruhrpresse bringt in der nächsten Zeit eine Anzahl Sondernummern heraus. Es erscheinen:

18. Juli: Extraseite über die Lage der Münsterländer Textilarbeiter.
20. Juli: Sondernummer für Klöckner-Werke sowie für christliche Arbeiter.
22. Juli: Sondernummer für Thyssen-Werke sowie gegen die NSDAP.
23. Juli: Sondernummer für die Krupp-Arbeiter.
27. Juli: Sondernummer zum Thälmann-Aufmarsch in Oberhausen.
28. Juli: Extraausgabe zum Preis von 5 Pfg. in Riesenauflage mit Bericht über den Oberhausener Aufmarsch und die Rede des Genossen Ernst Thälmann.

Weitere Betriebs-Sondernummern sind in Vorbereitung. — Termine werden bekanntgegeben.

Antifaschisten des Ruhrgebietes! Eure starke Waffe ist die kommunistische Ruhrpresse! Organisiert eine Massenverbreitung dieser Sondernummern und werbt neue Leser für eure einzige Zeitung! Verwirklicht die Losung: Die kommunistische Ruhrpresse in jeden Betrieb, an jede Stempelstelle, in jede Arbeiterkolonie!

Ebenso sahen sich das Zentrum und der Katholizismus wie von den Nationalsozialisten gleichfalls ständigen Angriffen der Kommunisten ausgesetzt.[215] So attackierte das „Ruhr-Echo" zur Gewinnung der katholischen Arbeiter die katholische Partei und die Politik des Reichskanzlers Brüning immer wieder heftig als „Zentrumsfaschismus".[216] Dies ließ SPD und Zentrum in Nordhorn, vor allem deren gewerkschaftliche Flügel, näher zusammenrücken.

Die DDP, die ebenfalls hinter dem Reichsbanner stand, gehörte bereits 1928 mit lediglich 4,0 Prozent zu den Kleinparteien im Bentheimer Land. Die ehemaligen Linksliberalen waren schließlich 1932 mit 0,4 Prozent zu vernachlässigen. Das katholische Zentrum bildete im Bentheimer Land politisch zwar die stabilste Partei und verlor von 1928 bis 1933 prozentual minimal und gewann in absoluten Zahlen in diesem überwiegend evangelisch-reformiert geprägten Landkreis sogar hinzu. Es zählte allerdings in der Grafschaft nicht zu den Trägern des Reichsbanners. Demgegenüber wuchs die NSDAP von 1928 auf 1930 von 2,2 Prozent auf 22,9 Prozent, womit die Nationalsozialisten nur noch vom dezidiert protestantisch-rechtsgerichteten CSVD überflügelt wurden. Der CSVD verlor indes in den Folgejahren stark an die NSDAP, die bereits im Juli 1932 nahezu die Hälfte aller Grafschafter Wähler hinter sich versammelte.

Als Folge des großen Wahlsiegs der NSDAP von 1930, die im Bentheimer Land sogar noch deutlich besser als auf Reichsebene abgeschnitten hatte, trafen sich die Reichsbannergruppen des Kreises Osnabrück-West im November 1930 in Gildehaus zu einer Kreiskonferenz, um über ihre Reaktion auf das rasante Vordringen der NSDAP und ihrer Parteiarmee, der SA, zu beraten. Die Parteizeitung der SPD für den Regierungsbezirk, die „Freie Presse" aus Osnabrück, berichtete darüber:

215 Vgl. etwa Wilhelm Florin, Das Zentrum, die führende Partei des deutschen Faschismus, in: „Ruhr-Echo", Nr. 233 vom 21.11.1931; N. N., Der Rattenpater hetzt wieder. Muckermann verbreitet wieder Lügen über die Sowjetunion, in: „Ruhr-Echo", Nr. 13 vom 20.1.1931; N. N., Zentrum gleich Nazis, in: „Ruhr-Echo", Nr. 34 vom 11.2.1932. Der Jesuitenpater Friedrich Muckermann (1883–1946) war ein bekannter Publizist und Volksredner, der seinerzeit in Münster lebte und als bekannter Gegner des Nationalsozialismus auch in der Untersuchungsregion auftrat. In der NS-Zeit lebte er zeitweilig im niederländischen Oortmarsum unweit der Grafschafter Grenze und wirkte von dort publizistisch gegen die Hitler-Diktatur.

216 Vgl. etwa „Ruhr-Echo", Nr. 73 vom 15.4.1932.

Schlagzeile der für die Region zuständigen KPD-Presse zur Unterstützung der Nordhorner Kommunisten in ihrem Kurs gegen die Freien und Christlichen Gewerkschaften.
Quelle: „Ruhr-Echo", Nr. 152 vom 16. Juli 1932

„Es war außerordentlich wesentlich, die diesjährige Kreiskonferenz in den direkten Grenzbezirk, nach Gildehaus, zu verlegen. Hier tut intensive Arbeit not. Besonders notwendig ist es, daß die Aufmerksamkeit aller republikanischen Kreise gerade auf diese Gebiete gelenkt werden. Denn hier ist die Arbeit doppelt schwer, auch schon deswegen, weil hier das Bürgertum zum größten Teile reaktionär eingestellt ist. Die Kreiskonferenz am Sonntag morgen [sic!] war aus allen Ortsgruppen besucht, am stärksten aus Nordhorn. Aber auch alle übrigen Gruppen wie Schüttorf, Niedergrafschaft, Lingen und nicht zuletzt Gildehaus waren durch Delegierte vertreten. Das Tagungslokal war mit Girlanden und Fahnen in den republikanischen Farben geschmückt. Zunächst entbot der Ortsgruppenvorsitzende, Kamerad Stegemerten aus Gildehaus, den Willkommensgruß und wies auf die schwere Arbeit hier im Grenzbezirk hin. […]

Dann referierte Kamerad Neue vom Gauvorstand über die allgemeine Lage. Er ging von der Bedeutung der letzten Reichstagswahlen aus, die der klare Ausdruck für den Zusammenbruch des gegenwärtigen Wirtschaftssystems gewesen seien. Darin allein liege auch die Erklärung für das Fortschreiten des Faschismus. Dieser sei das Sammelbecken für die Unzufriedenen aus dem Bürgertum, die mit aller Gewalt den unerbittlichen Gang der Wirtschaft aufhalten wollten und jetzt die Schuldigen in der Sammelparole fanden: ‚Wer hat uns verraten, die Sozialdemokraten.' Womit sie natürlich nicht nur diese meinen, sondern alle, die den Gedanken der republikanischen, demokratischen Staatsform vertreten. […]

Man müsse sich nun von seiten der Republikaner […] zunächst gegen den Terror wehren, der von diesen Kreisen entfacht würde, um sich dann mit geistigen Waffen in Ruhe auseinandersetzen zu können. […] Darum sei es notwendig, im Reichsbanner durch die Bildung der ‚Schufo' (Schutzformation) eine einheitliche Leitung herzustellen. Zersplitterungen müßten abgelehnt werden. […] Es folgten dann die Berichte der Ortsgruppen, aus denen hervorging, daß man bereits betr. Bildung der Gruppen zur Schutzformation eifrige Arbeit geleistet hat. […]

Auch der Nationalsozialismus werde eines Tages einsehen müssen, wenn er mit dem Terror und Straßenschlachten nichts mehr erreichen könne – Mittel, die er gegenwärtig anwende und anwenden müsse, um über die Unmöglichkeit seiner Versprechungen hinwegzutäuschen –, daß Sozialismus garnicht [sic!] allein national sein könne, sondern daß er der internationalen Einstellung bedürfe, um überhaupt das Ziel wirtschaftspolitischer Vernunft zu erreichen. [...] Die Versammlung brachte dann ein dreifaches ‚Frei Heil' auf das Reichsbanner und den republikanischen Gedanken aus."[217]

Eine wesentliche Antwort des Reichsbanners auf das Vordringen der Nationalsozialisten war die Bildung der Schutzformation, abgekürzt „Schufo", eine militärisch organisierte Unterabteilung des Reichsbanners, deren Formierung vor allem Karl Höltermann vorantrieb.

Der Reichsbanner-Bundesvorstand hatte dessen Gründung umgehend nach dem großen Wahlsieg der Nationalsozialisten vom 14. September 1930 beschlossen. Ein wichtiger Grund war, dass das Reichsbanner für Straßenschlachten mit der militärisch geschulten SA nicht gerüstet war.[218] Da die Nationalsozialisten verstärkt dazu übergingen, mit ihrer stetig wachsenden SA die Versammlungen insbesondere der linken Parteien gewaltsam zu stören, übernahm diese Reichsbannerformation immer häufiger den Saalschutz für die SPD-Versammlungen im Landkreis. Von einem Saalschutz für die DDP, die sich 1930 in Deutsche Staatspartei unbenannt hatte, oder gar dem Zentrum ist für das Bentheimer Land nichts bekannt.

217 FP, Nr. 276 vom 26.11.1930. Der Bericht findet sich auch in: „Das Reichbanner" vom 13.12.1930; vgl. ferner BZ, Nr. 280 vom 29.11.1930. Zur Vorbereitung der Ortsgruppe Nordhorn: RBZ vom 15.11.1930. Erstaunlicherweise ist in keinem Zeitungsbericht die Rede von der Anwesenheit der Ortsgruppe Bentheim, die vermutlich schon nicht mehr existierte. Die Zeitungen des Verlages Kip rückten mit dem Wahlsieg der Nationalsozialisten weiter nach rechts und berichteten seitdem kaum noch über lokale Aktivitäten des Reichsbanners.
218 Zur „Schufo" vgl. Rohe, Reichsbanner, S. 365–379.

Karl Höltermann, 1932.
Der Journalist Karl Höltermann (1894–1955), zunächst stellvertretender Bundesvorsitzender, später Bundesvorsitzender des Reichsbanners und 1932/33 SPD-Reichstagsabgeordneter.
Quelle: GDW, Schaudepot Reichsbanner Schwarz-Rot-Gold, RB 493/Foto: Gustav Antoni

Bislang war es üblich gewesen, dass bei Reichsbanner-Aufmärschen neben den Reichsbannerleuten auch Frauen, Kinder und Kriegsversehrte mitmarschierten. Mit dem Einschwenken auf eine deutlich militärischere Linie ergingen nun, so Karl Rohe –

„strikte Anweisungen, Frauen, Kinder und Körperbeschädigte, die manchen Aufmärschen des Verbandes oft eine vergleichsweise unmilitärische Note verliehen hatten, aus den Demonstrationszügen zu verbannen."

Weiterhin wurden die „Schufo"-Angehörigen zunehmend mit einer eigenen grünen Uniform ausgestattet. So fielen sie neben den „Braunhemden" der SA und den „Feldgrauen" des Stahlhelms im Straßenbild optisch mehr auf.[219] Allerdings ist nirgendwo die Rede davon, dass die „Schufo" in der Grafschaft tatsächlich über Waffen verfügte und damit bei einer Gefahr für den demokratischen Staat gegen Republik- und Demokratiegegner militärisch hätte aktiv vorgehen können.[220]

Der Gauvorstand hatte folgendes Fazit aus der Reichstagswahl von 1930 mit dem rasanten Aufstieg der Nationalsozialisten gezogen:

„Am 14. September hat der Faschismus die bürgerlichen Parteien fast ganz vernichtet. Sozialdemokratie und Zentrum allein sind dem Ansturm der primitivsten politischen Instinkte gewachsen geblieben. Sozialismus und Katholizismus haben sich stärker erwiesen als lediglich wirtschaftliche Interessen. An Parteien gebundene Ideen sind für den Faschismus ein uneinnehmbares Bollwerk: nicht ‚reine' Ideen, sondern solche, die sich als Staat oder Partei verwirklicht haben."[221]

Bürgerliche linksliberale Republikaner waren als Bundesgenossen des Reichsbanners durch die Wahlentwicklung inzwischen quasi Generale ohne Fußvolk geworden, unter den einfachen Mitgliedern dürften sich nur noch wenige Anhänger der DDP respektive DStP befunden haben.

219 Vgl. ebenda, S. 374 (Zitat)–275. Zur „Schufo" und den Grünhemden: Elsbach, Reichsbanner, S. 349–363; zur Ausrichtung der „Schufo" gegen die Nationalsozialisten: N. N., Kundgebung der „eisernen Front". Das dritte Reich kommt nicht, in: ZuA, Nr. 13 vom 18.1.1932.

220 Nach dem Verbot von SA und SS im Frühjahr 1932 wies der Gauvorstand noch einmal eindringlich darauf hin, dass Waffen von Mitgliedern des Bundes weder auf Demonstrationen mitgeführt noch illegal beschafft und gelagert werden dürften. Dazu verwies man auf die entsprechenden gesetzlichen Bestimmungen (RBZ vom 14.5.1932).

221 Arthur Grunewald, Demokratie oder Faschismus, in: RBZ vom 24.1.1931.

JLLUSTRIERTE REPUBLIKANISCHE ZEITUNG

JRZ

Nr. 10 — 8. JAHRG

Berlin, 7. März 1

Preis 20 P

„Das Reichsbanner steht marschfertig!"

Um 22. Februar fand im ganzen Reiche der Appell der vom Reichsbanner in einer Stärke von 160000 Mann neu aufgestellten Schutzformationen statt. — Der Bundesführer Otto Hörsing schreitet die Front der im Berliner Lustgarten aufmarschierten „Schufos" ab.

Phot. P. & A.

Titelblatt der „Illustrierten Republikanischen Zeitung": „Schufo"-Aufmarsch in Berlin.

Quelle: „Illustrierte Republikanische Zeitung", Nr. 10 vom 7. März 1931

Die Grafschafter SPD bemühte sich nach dem nationalsozialistischen Wahlsieg, ihre Versammlungen zu intensivieren, vor allem in der Niedergrafschaft, wo die NSDAP besonders an Boden gewonnen hatte. Auf einer Parteikundgebung gegen die Nationalsozialisten in Uelsen hatte sie im Dezember 1930 die Gründung einer dortigen Reichsbanner-Ortsgruppe als Sammelbecken aller Republikaner angekündigt. Doch das ließ sich nicht mehr umsetzen.[222] In dieser NS-Hochburg agierten die Nationalsozialisten bereits sehr aggressiv. Der Vorsitzende der SPD-Ortsgruppe Niedergrafschaft, der Reichsbannermann Karl Hager aus Veldhausen, beschwerte sich darüber im Sommer 1930 erfolgreich beim Osnabrücker Regierungspräsidenten Dr. Adolf Sonnenschein (1886–1965) vom Zentrum:

„Die wüste Hetze, die sich seit anderthalb Jahren in der Gemeinde Uelsen (Kreis Bentheim) breitgemacht hat, steigerte sich in letzter Zeit anläßlich der Disziplinierung eines Lehrers zu Gewaltandrohung gegen Andersdenkende und nimmt Formen an, die allmählich zu einer öffentlichen Gefahr werden. Die Führer der randalierenden Elemente, Unternehmer und Handwerker, sind hier allgemein bekannt."[223]

So avancierte die NSDAP Uelsen sogar zur größten Ortsgruppe der Nationalsozialisten im Bentheimer Land.[224] In einer Versammlung der Reichsbanner-Ortsgruppe Nordhorn forderte der stellvertretende Vorsitzende Itterbeck, man müsse unbedingt gegen die faschistische Wühlarbeit vorgehen, und kündigte an, das Reichsbanner werde bei der Rede von Hermann Tempel in der kommenden Woche den Saalschutz stellen.[225]

Die Ortsgruppe Lingen war gegen die Nationalsozialisten Anfang 1930 weniger aktiv, da in dem katholischen geprägten Landkreis die Partei im Gegensatz zur protestantischen Grafschaft eine zu vernachlässigende Größe darstellte. So beschäftigte sich eine Versammlung der Ortsgruppe am 29. März 1930 nicht mit der NSDAP, sondern in seinem Referat stellte Vorsitzender Weinmann die Frage, ob das Reichsbanner noch eine Existenzberechtigung habe. Dies bejahrte er eindeutig, da die Feinde der Republik zunähmen. Ansonsten prägten Interna, etwa die nicht erhaltene

222 Vgl. ZuA, Nr. 290 vom 12.12.1930.
223 NLA OS Rep 430 Dez 201 Acc. 5/66 Nr. 12 Bd. 1: SPD Ortsgruppe Niedergrafschaft vom 12.8.1930. Mit dem Lehrer war der Uelser NSDAP-Vorsitzende Jan Albert Blekker (1884–1942) gemeint.
224 Vgl. Helmut Lensing, Der Aufstieg des Nationalsozialismus in der Grafschaft Bentheim mit besonderem Blick auf das Kirchspiel Uelsen 1923–1933 I, in: Bentheimer Jahrbuch 2007, Bad Bentheim 2006 (Das Bentheimer Land, Bd. 180), S. 251–268.
225 Vgl. FP, Nr. 293 vom 16.12.1930.
226 Vgl. RBZ vom 19.4.1930.

Einladung zur letzten Gaukonferenz, die Versammlung.[226] Auch nach dem Wahlsieg der NSDAP vom September 1930 widmete sich die Ortsgruppe Lingen im November 1930 zunächst weiter reichsbannerinternen Vorgängen, wobei ausnahmslos lokale SPD-Vertreter wie die Gewerkschaftsfunktionäre Melcher und Heinze in der Presse zitiert wurden.[227] Doch dann nahm die Ortsgruppe gleichfalls den Kampf gegen den wachsenden Radikalismus von rechts auf. Hermann Tempel sprach auf einer Großkundgebung des Lingener Reichsbanners Anfang Dezember 1930, zu der unter der reißerischen Überschrift „Sollen Köpfe rollen?" eingeladen wurde. Damit nahm die Ortsgruppe Forderungen der örtlichen, von jungen Männern geführten NSDAP aufs Korn. Doch griff Tempel in der gut besuchten Versammlung ebenfalls die rührige Lingener KPD-Ortsgruppe an, die mit Unterstützung von Aktivisten aus dem Ruhrgebiet unter den Eisenbahnarbeitern agitierte.[228]

Die Gefahr für die Republik ließ das Grafschafter Reichsbanner entschlossener werden. Die Ortsgruppe Nordhorn forderte ihre Mitglieder etwa im Januar 1931 auf, „zur Abwehr der gegenwärtigen faschistischen Wühlereien und Angriffe" mehr Aktivität zu entfalten und mehr Menschen für die Reichsbannerarbeit zu gewinnen.

„Auch wurde in der Versammlung betont, daß es notwendig sei, von Arbeiterkreisen aus die Naziversammlungen zu besuchen und sich dort in der Debatte gegen die unerhörten Angriffe auf die Arbeiter und den republikanischen Gedanken zur Wehr zu setzen und die lügenhaften Behauptungen, mit denen dort operiert würde, zu entlarven."[229]

In der Generalversammlung einige Wochen später betonten Anwesende in der Diskussion, die republikanischen Parteien müssten in Nordhorn stärker zusammenarbeiten und das Volk gemeinsam über die gegenwärtigen Gefahren für die Demokratie aufklären.[230]

Vor diesem Hintergrund fand im Februar 1931 in Nordhorn ein gemeinsamer großer Appell der Ortsgruppen statt,[231] wollte man doch die Straße nicht der SA und – in Nordhorn – den Kommunisten überlassen. Das „Reichsbanner" berichtete darüber:

227 Vgl. RBZ vom 29.11.1930.
228 Vgl. FP, Nr. 285 vom 5.12.1930.
229 RBZ vom 10.1.1931.
230 Vgl. RBZ vom 7.2.1931.
231 Vgl. ZuA, Nr. 43 vom 23.2.1931.

„Am 22. Februar trafen sich die fünf Ortsgruppen des Kreises Nordhorn zu einer Kundgebung in Nordhorn. Wie überall im Reiche marschierten die Kameraden der zerstreuten Orte des Grenzbezirks auf, um den Abwehrwillen gegen den nationalsozialistischen Terror kundzutun. Eine Saalfeier, die ungefähr 500 Personen vereinigte, leitete den Appell ein. Der Kreisführer, Kamerad Strübbe, begrüßte die Kameraden und wies darauf hin, daß das Reichsbanner an seinem 7. Geburtstag den gleichen Willen bekunde, der zu seiner Gründung führte, Schützer und Hort der Republik zu sein. Die Nordhorner Arbeitersänger leiteten dann die eigentliche Kundgebung ein. Kamerad Wunderlich (Osnabrück) führte dann in seiner Ansprache aus, daß die Massen der Republikaner Deutschlands, an deren Spitze sich das Reichsbanner gestellt hat, nicht gewillt sind, die Republik kampflos ihren Gegnern preiszugeben. Der entschlossene Wille, den Massenansturm der Nationalsozialisten zu brechen, zeige sich in den Demonstrationen im ganzen Reich. Das Reichsbanner wolle den Bürgerkrieg nicht, wie seine Gegner behaupten, aber es stelle sich den Angreifern entgegen, bereit, die Rechte des Volkes zu wahren und den Weg freizuhalten für die friedlichen Auseinandersetzungen auf dem Boden der Verfassung. [...] Ein Durchmarsch durch die Stadt, mit dem Nordhorner Trommlerkorps und den Fahnen an der Spitze, schloß sich an."[232]

Auch die übrigen Reichsbannergruppen im Bentheimer Land bemühten sich, den Nationalsozialismus zu bekämpfen. Die Ortsgruppe Gildehaus etwa lud im März 1931 zu ihrer Generalversammlung mit der Aufforderung ein: „Keiner darf fehlen im Kampf gegen Faschismus und Bolschewismus!"[233] In Gildehaus wohnte Dr. Joseph Ständer (1894–1976), der fanatische Kreisleiter der NSDAP. Hier tobte der Kampf des linken Lagers – DDP-Anhänger und Katholiken gab es in der Ortschaft so gut wie nicht – gegen die übermächtige NSDAP besonders intensiv. Bislang war es üblich gewesen, dass Parteien in Versammlungen gegnerischer Gruppen Abgesandte schickten, die in der freien Diskussion ihre Auffassungen darlegen durften. Allerdings beschnitt die NSDAP diese Möglichkeiten durch Wortentzug oder das Niederbrüllen von Gegnern. Deshalb forderte das Reichsbanner Gildehaus zusammen mit den örtlichen Gruppen des DTV und des sozialistischen EdED ihre Mitglieder und Anhänger im Januar 1931 in einer Anzeige auf, die Einladung der NSDAP zur Diskussion in ihrer Versammlung nicht zu befolgen.
Als Grund nannten sie:

232 RBZ vom 21.3.1931. Hier ist nur von fünf Ortsgruppen die Rede, offenbar Schüttorf, Gildehaus, Nordhorn, Niedergrafschaft und Lingen. Bentheim existierte schon nicht mehr.

233 NN, Nr. 14 vom 18.1.1932.

„Infolge des skandalösen Benehmens eines großen Teils der Anhänger der Partei am 18.01. scheint die Garantie für eine sachliche Diskussion nicht gegeben zu sein."[234]

Für den 18. Januar 1931 hatten diese drei Organisationen die Republikaner aus Gildehaus zu einer Versammlung mit dem SPD-Reichstagsabgeordneten Hermann Tempel eingeladen, der zum Thema „Gegen die Volksverhetzung der Hakenkreuzler!" sprechen sollte.[235] Dabei war es offensichtlich zu starken Störungen durch die NSDAP und zu Zusammenstößen gekommen. Die Gildehauser NSDAP-Ortsgruppe setzte daraufhin eine Versammlung mit einem Schlosser aus Bremen an, der über „Der Verrat der SPD an der deutschen Arbeiterschaft" sprechen sollte. Die Partei platzierte in ihrer Zeitungsannonce die Bemerkung:

„Während uns die SPD am 18.01. nur eine Viertelstunde Redezeit gewährte, garantieren wir dem sozialdemokratischen Diskussionsredner eine volle Stunde."[236]

Dieser angesichts des NS-Verhaltens in Diskussionen als Verhöhnung aufgefasste Zusatz löste den Aufruf zum Boykott der Versammlung durch die SPD-nahen Verbände des Textilarbeiterdorfes aus.

Die Kreiskonferenz 1931 fand unter Leitung Strübbes Anfang Juli in Lingen statt, wobei allerdings – wohl aus finanziellen Gründen infolge der hohen Arbeitslosigkeit und der Kurzarbeit in der Textilindustrie – die Ortsgruppen aus Gildehaus und Schüttorf fehlten.[237] Die katholische „Lingener Tageszeitung" berichtete ausführlich darüber, vor allem über die Rede des stellvertretenden Gauvorsitzenden Grunewald gegen die Nationalsozialisten, der als Bollwerk dagegen das Reichsbanner empfahl und forderte:

„Das Reichsbanner müsse als wirkliche Schutzgarde der Republik und Demokratie seine Reihen größer machen und den Wehrgedanken gegen die politische Reaktion stützen."

234 BZ, Nr. 21 vom 26.1.1931.
235 Vgl. BZ, Nr. 12 vom 15.1.1931.
236 BZ, Nr. 16 vom 21.1.1931.
237 Vgl. FP, Nr. 151 vom 2.7.1931.

Damit konnte sich das Zentrumsorgan noch anfreunden, nicht aber mit einer anderen Tendenz dieser Rede:

„Merkwürdig wird der Leser aber mit uns seine eindeutige Sympathie für die Sozialdemokratie finden, die allein den Rettungsanker für die Erhaltung der deutschen Republik am Bug des Schiffes tragen soll.“[238]

Die zunehmende Aktivität des Reichsbanners auf den Straßen veranlasste die konservative Nordhorner Stadtverwaltung im August 1931 zu einem Bericht über die Ortsgruppe. Darin hieß es, Kreisvorsitzender sei der Nordhorner Karl Strübbe. Außerdem wurden einige Vorstandsmitglieder aufgelistet. Auffällig ist, dass ein renommierter Nordhorner Geschäftsmann, der jüdische Kaufmann Friedrich Hopfeld (1890–1974), als Erster Kassierer aufgeführt wurde – allerdings mit dem Zusatz, es sei nicht bekannt, ob er noch Vorstandsmitglied sei. Von der lokalen Presse stehe das „Nordhorner Tageblatt“ unter dem katholischen Redakteur Franz Hall dem Reichsbanner nahe. Die KPD bemühe sich um eine „Einheitsfront“ in der Stadt, die allerdings durch das „Reichsbanner (SPD)“ abgelehnt werde.[239]

Im Oktober 1931 sprach der „Technische Leiter“ und neue Zweite Vorsitzende des Reichsbanners auf Gauebene, der SPD-Politiker Arthur Grunewald sen. aus Rüstringen, vor der Ortsgruppe und warnte dabei vor dem Hintergrund der sich verschärfenden Wirtschaftskrise und der wirtschaftlichen Schwäche der Arbeiterschaft eindringlich vor der drohenden Gefahr einer Diktatur des Militärs oder der Faschisten.[240]

238 LT vom 4.7.1931. Vgl. auch den Bericht mit vollkommen anderen Schwerpunkten und einer SPD-Sichtweise der damaligen politischen Vorgänge, in: RBZ vom 25.7.1931.

239 Vgl. NLA OS Rep 450 Bent II L.A. Bent Nr. 408: Bericht Senator Huizingas vom 27.8.1931; NLA OS Rep 439 Nr. 19. Hopfeld gehörte ebenso dem Zentralverein Deutscher Staatsbürger jüdischen Glaubens an. Er hatte 1924 in einer Versammlung der neuen Nordhorner Ortsgruppe der National-sozialistischen Freiheitsbewegung, einer Ausweichorganisation der seinerzeit verbotenen NSDAP, vergeblich versucht, in der Diskussion dem Parteiredner zu widersprechen. Er durfte nicht reden, was der Zentralverein in einer Zeitungsannonce kritisierte (ZuA, Nr. 238 vom 4.12.1924). Die angegriffene Partei verteidigte sich mit der Behauptung: „Bekanntlich lassen wir in unseren Versammlungen nur Deutsche, d. h. solche germanischer Abstammung, zu Worte kommen. Juden haben noch nie in diesen das Wort erhalten. Wir betrachten die Juden als Gäste in unserem Vaterlande, und als solche sollen sie sich benehmen“ (ZuA, Nr. 240 vom 6.12.1924). Mit dem mitgliederstarken Reichsbanner im Rücken war Hopfeld wesentlich geschützter vor den antisemitisch-völkischen Kräften. So nahm ihn die Gestapo auch in ihrer Kartei als SPD-Anhänger und ehemaliger Kassierer des Nordhorner Reichsbanners auf (NLA OS Rep 439 Nr. 19).

240 Vgl. FP, Nr. 238 vom 12.10.1931. Zu Grunewald: FP, Nr. 93 vom 22.4.1931.

Die Lingener Ortsgruppe feierte Anfang Oktober 1931 in einer Versammlung die große Teilnahme an einem Ausmarsch zur Verfassungsfeier und beschäftigte sich mit der Winterhilfe, die der Bürgermeister zur Linderung der Not in der Stadt ins Leben gerufen hatte. Vorsitzender Weinmann begrüßte die Niederlage des Stahlhelms in dem Volksentscheid vom 9. August 1931 gegen die demokratische Preußen-Regierung. Doch könne sich das Reichsbanner nicht mehr auf den Schutz von Versammlungen beschränken, wenn die Faschisten Vorbereitungen treffen würden, die Macht an sich zu reißen. Es müsse dann aktiv in den Kampf eintreten.[241] Ende Oktober 1931 wandte sich Weinmann auf einer Versammlung gegen die „nationale Opposition", kritisierte aber auch Spaltungstendenzen in der SPD, womit die Anfang Oktober 1931 erfolgte Abspaltung der Sozialistischen Arbeiterpartei Deutschlands (SAP) vom linken Rand der SPD gemeint war.[242] Diese fand jedoch in beiden Landkreisen keinerlei Unterstützer.

In der Generalversammlung der Ortsgruppe Nordhorn wählte man im Januar 1932 für den wieder nach Neuenhaus verzogenen Zweiten Vorsitzenden Itterbeck H. Heils zum neuen stellvertretenden Vorsitzenden. Weiterhin beschäftigte sich die Generalversammlung mit der Planung der ersten öffentlichen Kundgebung der „Eisernen Front" in Nordhorn.[243] Damit begann ein neues Kapitel in der Geschichte des Reichsbanners. Aufgrund der hohen Arbeitslosigkeit und des damit verbundenen Geldmangels der Mitglieder war die ausgeprägte Feierkultur des Reichsbanners in der Weltwirtschaftskrise stark zurückgefahren worden. Neue Priorität erlangte nun die wehrhafte Verteidigung der Republik.

241 Vgl. RBZ vom 17.10.1931.
242 Vgl. FP, Nr. 250 vom 26.10.1931. Die nächste Versammlung beschäftigte sich wieder mit der schlechten Wirtschaftslage (RBZ vom 14.11.1931).
243 Vgl. FP, Nr. 16 vom 20.1.1932; NN, Nr. 14 vom 18.1.1932.

7

Die „Eiserne Front“ in der Grafschaft Bentheim und in Lingen im Jahr 1932

In den vorherigen Jahren hatte das Reichsbanner immer mehr Mitglieder, die nicht der SPD nahestanden, verloren. Die Linksliberalen der DDP konnten ihren Niedergang nicht aufhalten, weder durch eine Fusion mit einem rechten Verband (1930), in dem der Jungdeutsche Orden dominierte, noch durch die damit verbundene Umbenennung in Deutsche Staatspartei. Sie waren im Bentheimer Land wie in Lingen fast zur Bedeutungslosigkeit geschrumpft. Auf Reichsebene traten viele prominente DDP-Mitglieder, vor allen ihre Angehörigen im Reichsbanner, zur SPD über. Politisch waren damit die ehemaligen Linksliberalen als Bündnispartner für das Reichsbanner weitgehend bedeutungslos geworden.

Bei ihren Anhängern in der sehr stabilen Zentrumspartei verschreckten Angriffe Hörsings auf die Politik der Partei und eine zunehmende Dominanz der SPD in den Reichsbanner-Gremien vor allem auf Gauebene die hier aktiven Zentrumsleute, zumal diese vielfach Straßenkämpfe und ein gewaltsames Vorgehen gegen die Republikfeinde prinzipiell ablehnten.[244] Überdies rückte das Zentrum seit 1928 politisch ebenfalls mehr nach rechts.

Als am 11. Oktober 1931 Stahlhelm, NSDAP, DNVP, Reichslandbund und Alldeutscher Verband mit der „Harzburger Front“ ein rechtes Bündnis gegen die Regierung des Zentrums-Reichskanzlers Heinrich Brüning (1885–1970) schlossen, kamen in der SPD und im Reichsbanner Ideen auf, diesem ein republikfreundliches Bündnis entgegenzustellen. Neue Nahrung erhielten diese Bestrebungen, als im November 1931 NSDAP-Papiere zur Planung einer gewaltsamen „Machtergreifung“

244 Die Forderung nach einer Militarisierung des Reichsbanners als Reaktion auf die Ernennung Hitlers zum Reichskanzler führte laut Elsbach (Reichsbanner, S. 543–544) zum Exodus der letzten Zentrumsmänner aus dem Reichsbanner, insbesondere der Zentrumsmitglieder im Reichsvorstand.

bekannt wurden: die „Boxheimer Dokumente". Die Bewegung zu einer Verbreiterung des Reichsbanners kam weitgehend von der Basis und wurde von der Reichsbannerführung politisch nicht vorbereitet.
So stieß die durch die Presse Ende November 1931 verbreitete Vorstellung eines Zusammenschlusses sämtlicher republikanischer Parteien, Bünde, Vereine und Gewerkschaften bei den zuvor überhaupt nicht konsultierten nichtsozialistischen Parteien und Verbänden auf eine geschlossene Ablehnung, auch aus dem Zentrum und den christlichen Gewerkschaften. Trotzdem gründete sich die „Eiserne Front" offiziell am 16. Dezember 1931. Die gesamtpolitische Führung der neuen Organisation lag bei der SPD. Oberster Leiter wurde Otto Wels (1873–1939) als SPD-Parteivorsitzender, während der Reichsbanner-Vorsitzende Karl Höltermann die technische Leitung innehatte. Neben der SPD und dem Reichsbanner waren in der „Eisernen Front" die Freien Gewerkschaften und Organisationen aus dem SPD-nahen Milieu wie die Arbeitersportvereine vertreten. In Sprache wie in Symbolen und Fahnen zeigte sich die „Eiserne Front" als „Rote Front".[245] So bezeichnet nun auch Sebastian Elsbach die „Eiserne Front" als „Dachorganisation aller sozialdemokratisch geprägten Verbände inklusive der SPD."[246]

Als Symbol führte die „Eiserne Front" drei nach unten gerichtete Pfeile auf rotem Grund, gut geeignet, um damit Hakenkreuze zu übermalen. Gedeutet wurden sie unterschiedlich. Offiziell standen die Pfeile für Partei, Gewerkschaft und Reichsbanner,[247] doch brachte man sie auch mit

245 Vgl. zu diesem Abschnitt: Rohe, Reichsbanner, S. 292–402.

246 Elsbach, Reichsbanner, S. 405.

247 Rohe, Reichsbanner, S. 401.

Klebezettel mit dem Symbol der „Eisernen Front", drei Pfeile auf rotem Grund, 1932.
Quelle: BArch, R 9350/723

Fahrradwimpel der „Eisernen Front“ aus dem Besitz eines ehemaligen Mitglieds der Sozialistischen Arbeiterjugend in Lingen.
Quelle: Emslandmuseum Lingen

Anstecker mit den drei Pfeilen der „Eisernen Front“.
Quelle: Emslandmuseum Lingen

den drei Feinden der Demokratie in Verbindung, auf die sie zielten, den Kommunisten, Monarchisten und Nationalsozialisten, oder aber man deutete sie als Zeichen für Einigkeit, Aktivität und Disziplin.[248]

Einer auch von der „Eisernen Front“ zum Teil selbst verbreiteten Interpretation zufolge standen die Pfeile für die physische Macht, repräsentiert durch die Arbeiter-Turn- und Sportbewegung und das Reichsbanner, die wirtschaftliche Macht, vertreten durch die Gewerkschaftsbewegung, und die politisch-geistige Macht, symbolisiert durch „die Massenpartei des arbeitenden Volkes, die SPD.“[249] Diese von Teilen der SPD verbreitete Version schloss natürlich die Nicht-Sozialisten aus der „Eisernen Front“ aus. Die „Eiserne Front“ verbreitete ihre Symbole in zahlreichen Variationen zum Gebrauch durch die Anhänger, etwa als Fahrradwimpel oder auch als Anstecker.

248 Vgl. ebenda, S. 406; de Vries, Demokratie, S. 424–425.
249 So auf einem Plakat der SPD Dresden, abgedruckt in: Für Freiheit und Republik! Das Reichsbanner Schwarz-Rot-Gold im Kampf für die Demokratie 1924 bis 1933. Vgl. Begleitband für die Ausstellung der Gedenkstätte Deutscher Widerstand in Zusammenarbeit mit dem Reichsbanner Schwarz-Rot-Gold, Bund aktiver Demokraten e. V. (2. Aufl.), Berlin 2019, S. 128.

Der Reichsbanner-Vorsitzende Otto Hörsing hatte sich durch seine polternde Art, wegen politisch ausfallender Reden und seinen arbeitsmarktpolitischen Vorstellungen immer mehr der SPD entfremdet.
Er verlor schließlich Ende 1931 sein Amt als Vorsitzender und wurde 1932 aus der SPD ausgeschlossen. Als sein Nachfolger kam einer seiner Stellvertreter an die Spitze der Wehrorganisation, der Journalist Karl Höltermann, ebenfalls ein SPD-Politiker. Hörsing trat daraufhin zur Reichstagswahl vom November 1932 mit seiner eigens geschaffenen Sozial-Republikanischen Partei Deutschlands an, die als Zusatz „Hörsing-Bewegung zur Arbeitsbeschaffung" führte. Allerdings erklärte das Reichsbanner, die Zugehörigkeit zur Hörsing-Partei sei mit der Mitgliedschaft im Reichsbanner unvereinbar.

Der Gauvorstand Ostfriesland-Oldenburg-Osnabrück erinnerte daran vor der Reichstagswahl und verlautbarte im „Reichsbanner":

„Wir nehmen nochmals Veranlassung, auf die Stellung des Reichsbanners zur Sozialrepublikanischen Partei (Hörsing) hinzuweisen. Der Bundesvorstand hat einstimmig den Beschluß gefaßt, daß die Zugehörigkeit zur Sozialrepublikanischen Partei (Hörsing) mit der Mitgliedschaft im Reichsbanner unvereinbar ist. Dieser Beschluß war notwendig, da die vorerwähnte Gruppe in Wort und Schrift systematisch in organisationsschädigender Weise gegen das Reichsbanner vorgegangen ist.
Wo sich also Mitglieder der Sozialrepublikanischen Partei noch im Reichsbanner befinden, dürfen wir dieselben nun nicht mehr als Mitglieder betrachten."[250]

So verharrte die Neugründung in der Bedeutungslosigkeit. Zur Reichstagswahl am 6. November 1932 erhielt sie mit 5885 Wählern lediglich 0,03 Prozent.[251] Im Bentheimer Land war Hörsing ebenfalls völlig erfolglos: Nur drei Wähler votierten für seine Partei, in der Stadt Lingen fand er wie im Rest des Kreises jeweils lediglich einen einzigen Wähler.[252]

250 RBZ vom 29.10.1932.
251 Vgl. Rohe, Reichsbanner, S. 58, 379–387; Elsbach, Reichsbanner, S. 410, 504–513. Das Wahlergebnis stammt aus: Andreas Gonschior, Der Freistaat Preußen. Reichstagswahl November 1932, in http://www.gonschior.de/weimar/Preussen/RT7.html (zuletzt eingesehen am 2.6.2022). Zur Verurteilung der Parteigründung und der Distanzierung des Reichsbanners davon vgl. etwa den Bericht über eine Versammlung der Ortsgruppe Osnabrück in: RBZ vom 25.6.1932.
252 Statistik des Deutschen Reichs, Bd. 434: Die Wahlen zum Reichstag am 31. Juli und 6. November 1932 und am 5. März 1933 (Sechste bis Achte Wahlperiode), Berlin 1935, S. 119; NLA OS Rep 450 Lin L.A. Lingen Nr. 14 a.

In der Grafschaft bildete sich umgehend die „Eiserne Front", die wesentlich ein Werk des neuen Reichsbannervorsitzenden Höltermann war.[253] Zuvor hatten in der Bezirkshauptstadt Osnabrück das Reichsbanner, die Freien Gewerkschaften, Arbeitersportverbände und „andere republikanische Verbände" die „Eiserne Front" Osnabrück gegründet. Sie wolle sich über den gesamten Regierungsbezirk ausdehnen, hieß es im Zeitungsartikel darüber.[254]

So war die anstehende Schaffung der „Eisernen Front" bei der Generalversammlung des Nordhorner Reichsbanners Mitte Januar 1932 nach einem Rückblick auf das verflossene Jahr ein Thema. Die Osnabrücker „Freie Presse" berichtete über die Versammlung mit folgenden Worten:

„Nach Eröffnung erstattete der Vorsitzende Kam. Haselroth den Geschäftsbericht und teilte mit, daß im vergangenen Jahre eine Generalversammlung, 7 Mitgliederversammlungen und 12 Vorstandssitzungen stattgefunden haben. Außerdem wurde im Februar ein Schufoappell mit Ausmarsch veranstaltet, die Gaukonferenz in Delmenhorst war von Nordhorn mit zwei Delegierten beschickt. Auf der Kreiskonferenz in Lingen war Nordhorn zahlreich vertreten, im August wurde die Verfassungsfeier in engerem Rahmen gefeiert. Im Oktober fand eine Werbeveranstaltung statt, auf der Kam. Grunewald vom Gau ein Referat über die Lage hielt. Das Bildungswesen konnte im vergangenen Jahre gefördert werden. Nachdem der Kassierer seinen Bericht erstattet hatte und ihm Entlastung erteilt war, gab Kam. Strübbe einen eingehenden Bericht über die politische Lage. Er streifte kurz die Auswirkungen der Weltwirtschaftskrise auf die politische Situation. [...]

In den nächsten Wochen ständen wir vor schweren Entscheidungen, das Reichsbanner werde hier zum Schutze der Republik und Ordnung wichtige Aufgaben zu erfüllen haben. Notwendig sei, daß die Eiserne Front fest und fester gerade auch in Nordhorn zusammengeschlossen werde. Denn es geht um Sein oder Nichtsein. Es geht um Freiheit und

253 Elsbach (Reichsbanner, S. 406–412) macht sogar den Sturz Hörsings und die Übernahme des Vorsitzes durch Höltermann maßgeblich verantwortlich für die Gründung der „Eisernen Front".

254 Vgl. SZ, Nr. 17 vom 21.1.1932; FP, Nr. 15 vom 19.1.1932. In der Geschichte der Osnabrücker SPD wird das Reichsbanner nur nebenbei erwähnt, Gründung, Struktur oder Vereinsleben wie auch deren Führung und die Verbindung zur SPD werden nicht thematisiert (Herbert Budde, Die Stadt Osnabrück und der Ortsverein der SPD 1924–1933, in: Wilhelm van Kampen/ Tilmann Westphalen, 100 Jahre SPD in Osnabrück 1875–1975. Ausgewählte Kapitel zur Geschichte der Arbeiterbewegung in Osnabrück, Osnabrück 1975, S. 97–105).

Rechte der Arbeiterklasse. Nachdem die Vorstandswahl die Wiederwahl des alten Vorstandes ergeben hatte, […], wurden eine Reihe von Schriftstücken des Gaues über […] die Arbeit und Bedeutung der Eisernen Front bekanntgegeben. In der Diskussion […] wurde betont, daß die nächste Zeit schwere grundsätzliche Auseinandersetzungen zwischen Kapital und Arbeit, zwischen Republik und Faschismus bringen würde, es heiße deshalb, gewappnet zu sein und sämtliche Lauen aufzurütteln. […]

Dann wies man noch auf die am 23. Januar stattfindende Generalversammlung der Sozialdemokratischen Partei hin. […] Am 18. Februar werden Hoffmanns Rote Sänger wieder in Nordhorn ein Gastspiel geben, am 28. Januar wird die erste Veranstaltung der Eisernen Front sein. […] Nach Erledigung verschiedener kleinerer Angelegenheiten wurde die Versammlung mit einem kräftigen ‚Frei Heil' vom Vorsitzenden geschlossen."[255]

Der SPD-Reichstagsabgeordnete Louis Biester (1882–1965) wies auf der hier angekündigten Generalversammlung der Nordhorner SPD eindringlich auf die Notwendigkeit einer Konstituierung der „Eisernen Front" hin.[256] Beim mit Abstand mitgliederstärksten Verband innerhalb des Nordhorner ADGB, dem DTV, warb dessen örtlicher Gewerkschaftssekretär, der SPD-Kommunalpolitiker und einflussreichste SPD-Mann auf Kreisebene, Paul Köhler,[257] auf der Generalversammlung für den neuen Wehrverband.[258] Anschließend trafen sich die Nordhorner Spitzen des ADGB, der SPD sowie des sozialistischen Sportkartells und gründeten einen Aktionsausschuss der „Eisernen Front".

„Die Spitzenleitung wurde paritätisch von allen Organisationen besetzt. Die geschäftliche Abwicklung geht über das Büro des Deutschen Textilarbeiter-Verbandes."[259]

255 FP, Nr. 16 vom 20.1.1932. In der Lokalpresse fand sich demgegenüber nur ein sehr kurzer Artikel, in dem die Rede des „Kameraden" Redakteur Franz Hall vom „Nordhorner Tageblatt" im Mittelpunkt stand (NN, Nr. 74 vom 18.1.1932). Nichtssagend ist demgegenüber der Bericht in: RBZ vom 6.2.1932.

256 Vgl. den ausführlichen Bericht in: FP, Nr. 25 vom 30.1.1932.

257 Zu Köhler vgl. Helmut Lensing, Art. Köhler, Paul, in: EG 7 (1998), S. 187–191.

258 Vgl. NN, Nr. 17 vom 21.1.1932.

259 FP, Nr. 36 vom 12.2.1932. Der Bericht stammte von Paul Köhler.

Schüttorf zog einige Tage später nach. In der Textilstadt gab es ebenfalls keine öffentliche Großversammlung mit einer offiziellen Gründung, sondern die SPD und die parteinahen Verbände hielten dazu wie in Nordhorn eine interne Versammlung ab. Die Osnabrücker „Freie Presse" schrieb darüber:

„Am Sonntagvormittag versammelten sich die Vorstände des Ortsausschusses der Freien Gewerkschaften, der SPD., des Reichsbanners sowie des Arbeiter-Turn- und Sport-Vereins zwecks Bildung der ‚Eisernen Front'. Es wurde ein Aktionsaussschuß gebildet, in dem jede Organisation vertreten ist. Sobald ein Redner genommen ist, soll mit einer größeren Kundgebung an die Oeffentlichkeit getreten werden. Das Eiserne Buch liegt aus im Büro des Deutschen Textilarbeiter-Verbandes und es ist Pflicht aller Gewerkschafter, Parteigenossen, Reichsbannerkameraden sowie Turner und Sportler, sich unverzüglich einzuzeichnen."[260]

Köhler warb zudem auf der Versammlung des Nordhorner Freien Turn- und Schwimmvereins für ein Engagement in der neuen „Eisernen Front" und lud zur ersten Kundgebung ein.[261] Diese fand am 21. Februar in einem großen Saal statt, wobei Gewerkschaftssekretär Paul Köhler und ein Genosse aus Barmen die Reden hielten und der Volkschor „Kampflieder" sang.[262]

Von der Schaffung der „Eisernen Front" in Gildehaus wurde bislang kein Bericht gefunden, doch trat die Ortsgruppe zur Juli- und Novemberwahl 1932 an die Öffentlichkeit.[263] Um der neuen Organisation auch Mitglieder außerhalb der SPD-Verbände zuzuführen, rief sie in Zeitungsanzeigen dazu auf, sich in öffentlich ausliegenden „Eisernen Büchern" einzutragen. Eine entsprechende Anzeige der Niedergrafschafter „Eisernen Front" lautete etwa: „Achtung! Republikaner! Schützt Euch vor dem Faschismus, zeichnet Euch ein in das ‚Eiserne Buch'".[264] Hier hatte zuvor auf einer SPD-Versammlung der Reichstagsabgeordnete Hermann Tempel für die Notwendigkeit eines Zusammenschlusses in der „Eisernen Front" gegen die „Harzburger Front" geworben.[265]

260 FP, Nr. 39 vom 16.2.1932. Bezeichnenderweise fand die Versammlung trotz der strengen reformierten Sonntagsheiligung wiederum zur Kirchgangszeit statt.
261 Vgl. FP, Nr. 39 vom 16.2.1932.
262 Vgl. den Sammelbericht „Die ‚Eiserne Front' marschiert", in: FP, Nr. 45 vom 23.2.1932.
263 Vgl. BZ, Nr. 260 vom 4.11.1932: NLA OS Rep 450 Bent II L.A. Bentheim Nr. 408: Antrag eines Umzugs mit Ansprache von Georg Schümer.
264 Vgl. ZuA, Nr. 41 vom 19. 2.1932. Dies war überall Usus. Vgl. für Lingen: FP, Nr. 41 vom 18.2.1932.
265 Vgl. FP, Nr. 32 vom 8.2.1932.

Achtung! Achtung!

Republikaner!

Schützt Euch vor dem Faschismus, zeichnet Euch ein in das „Eiserne Buch".

Einzeichnungsliste liegt aus im Lokale
Niebusch (Paust), Neuenhaus
am Freitag, dem 19. Februar, nachm. von $5^{1}/_{2}$–$8^{1}/_{2}$ Uhr,
am Sonnabend, dem 20. Februar, nachm. von 3–8 Uhr,
am Sonntag, dem 21. Februar,
vormittags von 10–8 Uhr abends,
am Montag, dem 22. Februar, nachm. von $5^{1}/_{2}$–$8^{1}/_{2}$ Uhr.

Eiserne Front.

Aufruf der „Eisernen Front" der Niedergrafschaft, sich in das „Eiserne Buch" einzutragen.
Quelle: „Zeitung und Anzeigeblatt", Nr. 41 vom 19. Februar 1932

Bis zu ihrem Ende blieb es bei der Grafschafter „Eisernen Front" jedoch bei dem eher lockeren Zusammenschluss mit der Leitung durch einen Aktionsausschuss der beteiligten Verbände. Informationen über die Vorstandsmitglieder oder -versammlungen fehlen in den Grafschafter Presseartikeln ebenso wie Mitgliederzahlen. Die „Eiserne Front" bediente sich, wie Karl Rohe erläuterte, im Gegensatz zur SPD modernster Agitationsmethoden, die wie bei den Nationalsozialisten das Gefühl ansprachen und sich als deutlich attraktiver zeigten als die eher nüchtern-bürokratischen SPD-Veranstaltungen.[266] So waren 1932 laut Presseberichten die Grafschafter Veranstaltungen der „Eisernen Front" in der Regel gut besucht.

Lingen hinkte der Entwicklung ein wenig hinterher. Am 5. Februar 1932 fand die Generalversammlung des Reichsbanners statt, auf der der Vorstand wiedergewählt wurde. Der SPD-Vorsitzende und Gewerkschaftssekretär Heinrich Melcher sprach über die Bildung der „Eisernen Front"

266 Vgl. Rohe, Reichsbanner, S. 404–411.

und schlug deren Gründung vor. Sein entsprechender Vorschlag wurde angenommen. Anschließend stellte er mit Bedauern fest, dass das Zentrum sich bislang nicht der „Eisernen Front" angeschlossen habe.[267] Auf der Generalversammlung des Einheitsverbandes der Eisenbahner Deutschlands kam der Vorsitzende Melcher auch auf die „Eiserne Front" zu sprechen.

„Er gab den Vorschlag des Reichsbanners bekannt und betonte, daß die Beteiligung für den Einheitsverband eine Selbstverständlichkeit wäre. Auch dürfe der größte Saal Lingens die Massen bei der Kundgebung nicht fassen."[268]

Sodann lud das Lingener Reichsbanner die Vorstände der ihr nahestehenden Organisationen, namentlich den ADGB, den Einheitsverband der Eisenbahner und der Textilarbeiter sowie die sozialistischen Gewerkschaften der Bau- und Holzarbeiter, der Lokomotivführer und der Angestellten, darüber hinaus den Reichsbund der Kriegsbeschädigten, die Freien Turner und den Arbeitergesangverein „Hoffnung", für den 12. Februar 1932 in die Gaststätte Thiele ein, um die „Eiserne Front" zu gründen. Die in Lingen dominierenden christlichen Gewerkschaften fehlten hier komplett. Die Osnabrücker „Freie Presse" berichtete:

„In seiner Begrüßungsansprache betonte Regierungsbaurat Weinmann, daß nicht Soldaten- und Kinderspielerei der Zweck sei, sondern es gelte zu verteidigen, was in harten Kämpfen errungen wurde. Eine ungeheure Begeisterung für die ‚Eiserne Front' zeige, daß ein gewaltig großer Teil des deutschen Volkes nicht gewillt ist, sich seine Rechte nehmen zu lassen. – Eine Aussprache zeigte das allgemeine, große Interesse der Anwesenden für Bildung der ‚Eisernen Front' auch in Lingen. Es wurde von mehreren Seiten bedauert, daß dieses nicht längst früher geschehen sei. Alle Anwesenden erklärten im Namen der hinter ihnen stehenden Organisationen freudig ihren Beitritt. Kamerad Melcher machte einige Ausführungen über die technische Durchführung der ‚Eisernen Front'. Vor allem sei es notwendig, mit einer großen Kundgebung an die Oeffentlichkeit zu treten. […] Die örtliche Leitung der ‚Eisernen Front' soll zunächst in den Händen des Reichsbanners bleiben, erst später soll ein besonderer Ortsausschuß gebildet werden. Der technische Leiter des Reichsbanners, Kam. Niehoegen, erbietet sich, zusammen mit den Kameraden der ‚Schufo', dafür zu sorgen, daß die Einladungen zu der Kundgebung in allen Kreisen der Bürgerschaft bekannt werden."[269]

267 Vgl. FP, Nr. 32 vom 8.2.1932.
268 FP, Nr. 34 vom 10.2.1932.
269 FP, Nr. 38 vom 15.2.1932.

Am 16. Februar 1932 trat die „Eiserne Front" Lingen an die Öffentlichkeit, wobei wie schon bei der Konstituierung des Reichsbanners 1924 wieder Hermann Tempel als Redner verpflichtet werden konnte. Die Osnabrücker Zeitung der SPD berichtete darüber:

„Wie überall, so gestaltete sich der Auftakt der ‚Eisernen Front' auch in Lingen zu einem glänzenden Erfolg. [...] Zu Beginn der Versammlung marschierten die Fahnen des Reichsbanners ein, und der Gesangverein ‚Hoffnung' sang den ‚Sturm'.

Kamerad Melcher eröffnete die Versammlung mit einigen Ziel und Zweck der ‚Eisernen Front' kennzeichnenden Worten und erteilte dann dem Redner des Abends das Wort. [...] Er schilderte den niederträchtigen Terror der Nationalsozialisten im Lande, vor dem Andersdenkende ihres Lebens nicht mehr sicher sein könnten. [...] Wie sittenzerstörend die Lehre der Nazis wirke, sei aus den mordlüsternen Aeußerungen von Führern und Anhängern zu ersehen. [...] Tagtäglich würden in den Zeitungen der Nazis die gemeinsten Verleumdungen und Ehrabschneidungen gegen Andersgesinnte verübt, die dagegen fast schutzlos seien, weil in vielen Fällen auch die Justiz versage. Schon der frühere Reichskanzler Marx habe erklärt, er werde keinen Beleidiger mehr vor die Gerichte zitieren, weil es keinen Zweck habe.

[...] Noch habe die Arbeitnehmerschaft Kampfmittel in der Hand, die auch rücksichtslos angewandt werden würden, falls es nottue. Zur Präsidentenwahl sei zu sagen, daß die ‚Eiserne Front' mit dafür einzustehen habe, daß kein Hitler und sonst kein Feind der Republik dieses Amt erhalte. [...] Mit der Ankündigung, daß durch die Plakatsäulen bekannt gegeben würde, wo die Eintragungen in das ‚Eiserne Buch' erfolgen könne, fand die glänzend verlaufene erste Kundgebung der ‚Eisernen Front' in Lingen ihr Ende."[270]

Der Bericht im „Reichsbanner" hob aus der Rede Melchers hervor, dass es in der bevorstehenden Reichspräsidentenwahl darauf ankomme, einen Sieg des Faschismus zu verhindern.[271]

270 FP, Nr. 41 vom 18.2.1932, vgl. auch: LT vom 18.2.1932, ganz kurz: LVB, Nr. 40 vom 18.2.1932.
271 Vgl. RBZ vom 5.3.1932.

Die katholische „Lingener Tageszeitung" betonte zur Rede des SPD-Reichstagsabgeordneten Hermann Tempel, er habe unter starkem Applaus gesprochen über

„die Zwecke und Ziele der Bewegung, die darin gipfelten, mit allen zu Gebote stehenden Mitteln dem Vordringen des Faschismus Einhalt zu gebieten. Den Kampf aufzunehmen gegen den Terror der Faust und gegen den Terror der Lüge forderte der Redner für die Erhaltung der demokratischen Republik, für einen sozialen Volksstaat von der geschlossenen Formation der hinter ihm stehenden ‚Eisernen Front'."[272]

Umgehend veranstaltete die neue Ortsgruppe Lingen in Freren im östlichen Kreisgebiet eine Werbeversammlung. Hier hatte es zuvor noch keine Reichsbanner-Versammlung gegeben. Tempel warb für die neue Organisation, denn die Not der Menschen könne nicht von einem einzigen Menschen, heiße er nun Hitler, Thälmann oder Hugenberg, beseitigt werden. Ebenso warnte er vor einer Diktatur.[273] In einer Zuschrift an die „Freie Presse" forderte der Ortsausschuss der Lingener „Eisernen Front" dazu auf, sich in das „Eiserne Buch" einzutragen, damit der Nachwelt überliefert werde, wer sich zu ihr bekannt habe. Insbesondere ermunterte er die Frauen, „ihre Pflicht als Staatsbürger zu tun und sich einzutragen."[274] In der Lokalpresse hieß es über das Ergebnis lediglich: „Nach den hier gefassten Beschlüssen behält das Reichsbanner vorläufig die Führung in der neuen Bewegung."[275]

Die Osnabrücker „Freie Presse" begleitete über Wochen die Gründungsphase der „Eisernen Front" im Regierungsbezirk Osnabrück mit zahlreichen Aufrufen auf seiner Titelseite. So hieß es dort etwa am 23. Januar 1932: „Reichsbanner, Gewerkschaften und Arbeitersportler im Vormarsch – Ruf der Eisernen Front! Gewaltiger Widerstand gegen den verbrecherischen Faschismus"[276] oder am 13. Februar 1932: „Heraus zur Offensive gegen den Faschismus".

272 LT vom 18.2.1932.
273 Vgl. FP, Nr. 40 vom 17.2.1932.
274 FP, Nr. 42 vom 19.2.1932.
275 LT, vom 18.2.1932.
276 FP, Nr. 19 vom 23.1.1932.

Heraus zur Offensive gegen den Faschismus!

Der Nordwesten kampfbereit!

Einen Siegeszug ohnegleichen hat die Idee der „Eisernen Front" durch das ganze Reich geführt. Ueberall eine Zusammenballung der Menschen, die eintreten wollen mit Gut und Leben **für die Republik, für die Volksrechte, gegen die faschistische Diktatur.**

Wir stoßen vor, wir greifen an!

Das ist die Parole für alle freiheitlich denkenden Menschen. Ueberall formieren sch die Bataillone zum Kampf gegen den gewalttätigen und diktaturlüsternen Faschismus. Auch im

Bezirk Oldenburg-Ostfriesland-Osnabrück

hat der Ruf zur Bildung der „Eisernen Front" Begeisterung und **Kampfbereitschaft ausgelöst.**

Neben den Formationen des Reichsbanners Schwarz-Rot-Gold stehen die Hammerschaften der Gewerkschaften und die Wehrtruppe der Arbeitersportler. Sie bilden zusammen die Einheit für den Kampf.

Ein Wille muß jetzt alle beherrschen: Die Idee der „Eisernen Front", die Bildung der Kampfarmeen immer und überall zu propagieren. Eine gewaltige Armee muß erstehen, **nicht für gewaltsame Angriffe, sondern zur Zerstörung der Bürgerkriegspläne der Reaktion, zur Niederwerfung des Faschismus.**

Niemals dürfen die Hakenkreuzsöldner des Kapitalismus triumphieren, niemals darf der Faschismus zur Macht kommen und Gewalt über die Arbeiterklasse erlangen.

Es gilt, der Zerstörung von Deutschlands letzter Wirtschaftskraft Einhalt zu bieten. Jetzt heißt es, die gewaltigen Energien, die allein die Demokratie zu entfesseln vermag, für die Gesundung Deutschlands einzusetzen. Voraussetzung ist der Sieg der politischen Vernunft über die Propheten des Zusammenbruchs.

Eiserne Front für soziale Gerechtigkeit! Eiserne Front für außenpolitische Freiheit, Frieden und Völkerverständigung! Eiserne Front für wirtschaftliche Gesundung! Eiserne Front über alle Feinde der demokratischen Republik! Eiserne Front für Volksrechte, gegen Diktatur!

Dafür wollen wir kämpfen und werben!

Die Gleichgültigen und Unentschlossenen gilt es aufzurütteln. Zu diesem Zweck muß eine Versammlungswelle in der nächsten Woche durch unseren Bezirk rollen. Die Kraft und Wucht der „Eisernen Front" muß in diesen Kundgebungen zum Ausdruck kommen. **Alle Organisationen, alle Anhänger müssen daher in diesen Veranstaltungen aufmarschieren!**

Genossen, Kameraden, Gewerkschaftler!

Auch an Euren Opfersinn appellieren wir! Eine Voraussetzung für den Sieg ist die finanzielle Rüstung. Es gilt, für die „Eiserne Front" die Munition zu schaffen. Wie in allem, so sind wir auch finanziell auf unsere eigene Kraft angewiesen.

Zeichnet deshalb auf Listen der „Eisernen Front"! Zeichnet Euch ein in die „Eisernen Bücher", die in unserer Rüstwoche vom 14. bis 21. Februar überall ausliegen. Denkt immer daran: Es geht um Großes, es geht um alles, was uns heilig und teuer ist. Bildet die geschlossene Front gegen alle uns feindlich Gesinnten.

Werft nun endlich auch die gegnerischen Zeitungen aus Euren Wohnungen, die unsere Bewegung tagtäglich durch den Schmutz ziehen und die dem Faschismus als Waffe gegen die Arbeiterklasse dienen.

Mit allem Nachdruck muß auf allen Gebieten der Kampf geführt werden. Nichts soll uns beugen und schrecken. Wir sind stark und werden siegen, weil wir wollen.

Unsere Losung sei:

„Eisern die Front, eisern der Wille"

Bezirkskampfleitung der „Eisernen Front".
Bezirksvorstand der SPD.
Bezirksausschuß des ADGB.
Bezirkskartell des Afa-Bundes.
Bezirksausschuß des ADB.
Gauleitung des Reichsbanners Schwarz-Rot-Gold.
Bezirkskartell für Arbeitersport- und Körperpflege.

Aufruf zur Bildung der „Eisernen Front" im Regierungsbezirk Osnabrück durch die entsprechenden Gremien der SPD und ihr nahestehender Verbände.

Quelle: „Freie Presse", Nr. 37 vom 13. Februar 1932

Die um SPD-nahe Organisationen verstärkte „Eiserne Front" intensivierte in der Grafschaft ihren Einsatz auf der Straße gegenüber den Reichsbanner-Aktivitäten der Vorjahre. Inzwischen hatte nicht nur die Not im Land infolge der Weltwirtschaftskrise deutlich zugenommen, sondern zugleich war die politische Radikalisierung gewachsen. Außerdem wurden 1932 der Reichspräsident in zwei Wahlgängen, der preußische

Landtag und zwei Reichstage gewählt. Die fünf Urnengänge in einem Jahr erforderten eine starke Mobilisierung. Erstmals schlugen sich im Bentheimer Land die politischen Gegensätze in Gewalt nieder. Im Landtagswahlkampf vom April 1932 beklagte sich beispielsweise das Osnabrücker SPD-Blatt „Freie Presse", sozialdemokratische Flugblattverteiler seien in Uelsen von den Nazis behindert und angepöbelt worden.[277] In Bentheim waren Mitglieder der Musikkapelle des Katholischen Arbeitervereins Nordhorn auf einen Trupp Nationalsozialisten gestoßen. Sie quittierten deren „Heil Hitler"-Rufe mit „Heil Brüning" und waren anschließend von ihnen unterwegs überfallen und krankenhausreif geprügelt worden.[278]

Die SPD führte, unterstützt durch Versammlungen der „Eisernen Front", ihren Wahlkampf hauptsächlich gegen die Nationalsozialisten. Zweiter Gegner waren die gerade in Nordhorn besonders starken Kommunisten. So berief der Kampfausschuss der „Eisernen Front" in Nordhorn eine Versammlung am 8. April mit dem Osnabrücker SPD-Kommunalpolitiker Hans Wunderlich ein, stellte sie unter das Motto „Hinunter mit der Larve von der Fratze der Pseudo-Sozialisten" und lud die Nazis eigens zur Aussprache ein.[279] Allerdings scheinen diese nicht gekommen zu sein, wohl aber die KPD, die vor der Versammlung unter den Mitgliedern der Nordhorner „Eisernen Front" Flugblätter verteilte und diese zur Teilnahme an ihrer Versammlung aufforderte. So nutzte Wunderlich die Gelegenheit, neben der NSDAP auch die KPD mit ihren diktatorischen Zielen zu bekämpfen. Die „Eiserne Front" denke nicht daran, die leeren Säle der Kommunisten zu füllen, betonte er in seiner Abgrenzung gegen links.[280] Wie die Presse berichtete, kam es am Tag der preußischen Landtagswahl am 24. April 1932 in Nordhorn-Altendorf vor dem Wahllokal zu einer Schlägerei zwischen Reichsbannerleuten bzw. der „Eisernen Front" und Nationalsozialisten. Der Nordhorner SA-Führer Bernhard Horstmann (1912–1968),[281] der sich dabei besonders hervortat, bezog so viel Prügel, dass er sich einige Tage krank meldete.[282]

In Schüttorf sprach Hans Wunderlich Ende Februar 1932 ebenfalls, wobei die anstehende Reichspräsidentenwahl im März in den Blick genommen wurde.

277 Vgl. FP, Nr. 91 vom 19.4.1932.
278 „Haselünner Zeitung", Nr. 69 vom 16.6.1932; NA, Nr. 306 vom 14.6.1932; FP, Nr. 137 vom 14.6.1932.
279 Vgl. NN, Nr. 80 vom 7.4.1932. Larve ist eine alte Bezeichnung für eine Gesichtsmaske.
280 Vgl. FP, Nr. 84 vom 11.4.1932.
281 Der Tischler Bernhard Horstmann trat 1930 in die NSDAP Nordhorn ein und wurde Führer der örtlichen SA. Horstmann fungierte von 1938 bis 1943 als NSDAP-Kreisleiter von Emden, dann von 1943 bis 1945 als Kreisleiter von Wilhelmshaven. Er starb in Nordhorn.
282 Vgl. BZ, Nr. 84 vom 11.4.1932 (Reichsbanner); FP, Nr. 85 vom 12.4.1932 („Eiserne Front").

Eiserne Front!

Sonnabend, 27. Februar, abends 8,30 Uhr,

im großen Lenzingschen Saale

Kundgebung der Eisernen Front

gegen den Faschismus.

Wir demonstrieren für die Erhaltung der Republik!
Alle Mann an die Front!

Republikaner, Parteigenossen, Gewerkschaftler u. Sportler erscheint in Massen.

Es spricht Genosse

Hans Wunderlich

Schriftsteller, Osnabrück.

Eintritt 20 Pfg. Erwerbslose 10 Pfg.

Der Aktionsausschuß.

Hier leitete der Schüttorfer SPD-Vorsitzende und Gewerkschafter Johann Wenning (1894–1976) als Vorsitzender des Aktionsausschusses die erste „Kundgebung der Eisernen Front gegen den Faschismus."[283] Eine Zuschrift an die Ortszeitung berichtete darüber:

„Am Sonnabend veranstaltete die ‚Eiserne Front' im Lenzingschen Saale eine machtvolle Kundgebung. Nach einem exakt gespielten Marsch des Freien Spielerkorps sang der Arbeiter-Gesangverein ein Begrüßungslied. Hierauf ergriff der Redner, Schriftsteller Hans Wunderlich-Osnabrück, das Wort und hielt Abrechnung mit der Demagogie und dem Volksbetrug der Nationalsozialisten. Er entwickelte in großen Zügen ein Bild von der politischen und wirtschaftlichen Situation. Er betonte, daß nicht die Verhetzung der Völker, sondern nur eine Verständigung eine Besserung bringen könne, daß eine Aenderung der Wirtschaftsordnung erfolgen müsse, wenn die Welt nicht zugrunde gehen solle. Die Nationalsozialisten glauben sich schon an der Macht, aber ehe es soweit sei, würden sie in der ‚Eisernen Front' auf Granit stoßen und hieran scheitern. Hindenburg sei nicht Kandidat der Sozialdemokraten, aber um dem Faschismus nicht die Macht in die Hände zu geben, werde die SPD. am 13. März mit aller Kraft für ihn eintreten. – Langanhaltender Beifall dankte dem Redner. Der Vorsitzende forderte die Anwesenden auf, sich in das ‚Eiserne Buch' einzutragen, welcher Aufforderung man zahlreich nachkam. Die Arbeiterschaft Schüttorfs bewies, daß sie bereit ist, gegen Faschismus und Diktatur zu kämpfen."[284]

Zur preußischen Landtagswahl zeigte die „Eiserne Front" Präsenz durch Veranstaltungen in Neuenhaus, Veldhausen, Uelsen, Lage und Nordhorn.[285] Die gestiegene politische Auseinandersetzung sorgte dafür, dass sich an der sozialistischen Maifeier in Nordhorn 1932 mehr Menschen als in den Vorjahren beteiligten, das Reichsbanner und der Arbeitersportverein sogar geschlossen. Die Kommunisten führten eine eigene Veranstaltung durch.[286]

283 Einladungsanzeige in: SZ, Nr. 47 vom 25.2.1932. Zu Wenning vgl. Helmut Lensing, Art. Wenning, Johann, in: EG 6 (1997), S. 343–346.

284 SZ, Nr. 50 vom 19.2.1932. Vgl. auch: FP, Nr. 51 vom 1.3.1932.

285 Vgl. FP, Nr. 93 vom 21.4.1932.

286 Vgl. NN, Nr. 101 vom 2.5.1932.

Plakat mit Einladung zu einer Kundgebung der „Eisernen Front" Schüttorf gegen den Faschismus mit Hans Wunderlich im Februar 1932.
Quelle: Stadtarchiv Schüttorf, Nr. 51

Die christlichen Gewerkschaften und katholischen Verbände beteiligten sich bekanntlich nicht an der „Eisernen Front". Sie gründeten im Frühjahr 1932 vielmehr eine eigene Organisation zur Verteidigung der Republik. Die „Volksfront gegen Radikalismus und soziale Reaktion" entstand – so Karl Rohe – „vermutlich auf Anregung der ‚Eisernen Front' als katholische Parallelorganisation."[287] Das Kampfsymbol der „Volksfront" war ein niederfahrender Blitz, man grüßte sich mit emporgereckter rechter Faust und dem Gruß „Frei-Volk-Frei".

287 Rohe, Reichsbanner, S. 395.

Auf einer Wahlkundgebung des Zentrums mit Heinrich Brüning in Meppen erheben im Sommer 1932 Männer die Hand zum Gruß der Volksfront.
Quelle: Privatbesitz, Familie Altmeppen-Friese, Meppen

Obgleich die „Volksfront" im Sommer auch eigene Hundertschaften aufstellte, kam sie, so Rohe, über Ansätze nicht hinaus. Als befreundete Organisation unterstützte die Reichsbannerpresse die neue Organisation publizistisch.[288] Eine Versammlung aller christlichen Berufsgruppen gründete am 26. Februar 1932, wenige Tage nach der Konstituierung der „Eisernen Front" vor Ort, in Nordhorn die „Volksfront". Als Kern fungierte der mitgliederstarke CTV. Angesichts zahlreicher protestantisch-nationaler Mitglieder in den Grafschafter christlichen Gewerkschaftsgruppen betonten die Redner in der Versammlung, die „Volksfront" bilde vor Ort ein Gegengewicht zur „Harzburger Front" der Rechten und zugleich „zur Eisernen und Roten Front"[289] der SPD und der KPD. Zentrumsmann Franz Lütkenhues, Vorstandsmitglied des Bezirkskartells der christlichen Gewerkschaften Emsland/Bentheim und Nordhorner CTV-Gewerkschaftssekretär, stellte eindringlich die Gefahren für die christlichen Arbeiter dar, wenn die nach der Macht strebenden radikalen Gruppen Erfolg hätten. Er konstatierte:

„Im Kapp-Putsch hätte die christl. Arbeiterschaft allein auf weiter Flur gestanden und nicht gewußt, wohin sie sich wenden sollte. Um das für die Zukunft zu vermeiden, habe man diese Aussprache herbeigeführt, um festzustellen, ob man auch weiterhin mit Gewehr bei Fuß stehen bleiben wolle oder nicht."

Die Vertreter der christlichen Gewerkschaften und der konfessionellen Arbeitervereine stimmten einer Gründung zu, doch behagte ihnen der Ausdruck „Volksfront" nicht so ganz, weil er vielfach von sozialistisch-kommunistischen Organisationen benutzt wurde. Sie beschlossen daher, ihre Organisation vor Ort zur Abgrenzung „christlich-nationale Volksfront" zu nennen, und teilten dafür gleich die Stadt in Bezirke ein.[290]

Auch in der Bezirkshauptstadt Osnabrück existierte diese vornehmlich von Katholiken getragene Organisation. Im Zuge des Wahlkampfs zur Reichspräsidentenwahl trat die „Volksfront Ordnungs-Banner Osnabrück" mit einer Großkundgebung Anfang März an die Öffentlichkeit. Die Volks-

288 Vgl. ebenda, S. 395–396. Über diese Organisation ist offenbar noch nie erschöpfend geforscht worden, sodass der Erkenntnisstand von Rohe quasi unverändert weitergegeben wird. Vgl. Michael Schneider, Die christlichen Gewerkschaften 1894–1933, Bonn 1982 (Forschungsinstitut der Friedrich-Ebert-Stiftung, Reihe: Politik und Gesellschaftsgeschichte, Bd. 10), S. 710.

289 LKB, Nr. 51 vom 1.3.1932. Vgl. den Abdruck eines unterstützenden Aufrufs des Gesamtverbandes der christlichen Gewerkschaften in: NA, Nr. 104 vom 26.2.1932 (mit kurzem Bericht über die Gründungsvorbereitung der „Volksfront"). Vgl. auch: Lensing, CSVD, S. 98.

290 Vgl. NA, Nr. 105 vom 27.2.1932. So engagierten sich hier auch Vertreter des Evangelischen Arbeitervereins Nordhorn. Zur Volksfront in der Region vgl. Lensing, Republikanische Wehrorganisationen, S. 64–68. Quellen dazu in Lensing, Handreichung I, S. 386–389.

front richtete sich, so der Versammlungsbericht, gegen die nazistischen Banden, doch ebenso gegen die Kommunisten. Die Versammlungsredner betonten vor vielen gedienten Männern, die Volksfront sei gegen jede Diktatur, eine Truppe zur Abwehr, nicht des Angriffs. Schützend werden die christlichen Männer stehen vor den verfassungsmäßigen Gewalten, ebenso träten sie ein für die Erhaltung christlicher Kultur und Sitte, die Freiheit der Persönlichkeit und der christlichen Kirchen.[291]

Im katholischen Eichsfeld, eine der wenigen Hochburgen des Zentrums im nördlichen Deutschland, verließen – so Mathias Degenhardt – die letzten Zentrumsangehörigen das Reichsbanner, als sich der Verband auf die Aktivitäten der „Eisernen Front" konzentrierte. Da sich im Eichsfeld zeitnah die „Christliche Volksfront" bildete, dürften sich in ihr nach Ansicht Degenhardts vornehmlich ehemalige Reichsbannerleute aus den Zentrumsreihen gesammelt haben.[292] In Nordhorn machte sich diese Organisation vor allem durch Aufmärsche und Wahlkundgebungen zu den Reichspräsidentenwahlen 1932 bemerkbar.[293] Im Reich trat sie mit Massenkundgebungen insbesondere in westdeutschen Großstädten am 6. März 1932 erstmals an die Öffentlichkeit.

291 Vgl. F. M., „Volksfront" Ordnungs-Banner Osnabrück in Aktion, in: „Osnabrücker Volkszeitung", Nr. 69 vom 9.3.1932.
292 Vgl. Mathias Degenhardt, „... treue und begeisterte Republikaner ..." Das „Reichsbanner Schwarz-Rot-Gold" auf dem Eichsfeld anhand von Pressemitteilungen, in: Verein für Eichsfeldische Heimatkunde/Heimatverein Goldene Mark (Untereichsfeld) e. V. (Hrsg.), Eichsfeld-Jahrbuch. 30. Jahrgang, Duderstadt 2022 [künftig: Degenhardt, Reichsbanner], S. 327–364, hier S. 360 f.
293 Vgl. ZuA, Nr. 83 vom 11.4.1932. Vgl. etwa eine Anzeige zu einer Hindenburg-Wahlversammlung für Arbeiter, unterzeichnet vom Vorstand des Ortskartells des DGB und des Ortskartells der Christlich-nationalen Volksfront (NN, Nr. 76 vom 2.4.1932, den Bericht darüber in: NN, Nr. 78 vom 5.4.1932; NA, Nr. 175 vom 5.4.1932).

An alle Hindenburgwähler!

Am Montag, dem 4. 4. 32, abends 8 Uhr, findet im Lokal Quaint (Räters) eine

öffentliche Kundgebung

statt.

Kollege Fritz Melcher-Düsseldorf spricht über das Thema:

Gegen Reaktion und Umsturz — Für Arbeit und Aufstieg.

Frauen und Männer, Kolleginnen und Kollegen erscheint in Massen.

Der Vorstand des Ortskartells des D. G. B. — Ortskartell der Christl. nat. Volksfront.

Anzeige des Ortskartells der Nordhorner Volksfront und des christlich-nationalen Deutschen Gewerkschaftsbundes (DGB) zu einer Wahlkundgebung für Hindenburg.
Quelle: „Nordhorner Nachrichten", Nr. 76 vom 2. April 1932

Im Emsland warb der christliche Gewerkschaftssekretär und Zentrumsmann Hermann Hölscher (geb. 1893) aus Papenburg für die „Volksfront", so in Lingen am 26. März 1932 mit einem entsprechenden Zeitungsartikel in der reichsbannerfreundlichen „Lingener Tageszeitung".[294] Im Gegensatz zu Meppen und Papenburg wurde hier aber wohl keine Ortsgruppe gegründet.[295]

In Nordhorn arbeiteten Reichsbanner und „Volksfront" offenbar zusammen. So berichtete „Das Reichsbanner" von der örtlichen Verfassungsfeier vom August 1932:

„Der republikanische Verfassungsfeier-Ausschuß hatte zu einer Feier im Quaink-Rakersschen Saal aufgerufen; zahlreich war man aus republikanischen Kreisen diesem Aufruf gefolgt. Der Saal war vollbesetzt. Eingeleitet wurde diese Feier durch einige Musikstücke der Kapelle des katholischen Arbeitervereins, worauf ein Prolog ‚Republikanische Hymne' durch Fräulein Sievert recht wirkungsvoll vorgetragen wurde. Einige Gesangsvorträge des Volkschors, die wie die vorhergehenden Darbietungen mit starkem Beifall ausgenommen wurden, leiteten zu der Eröffnungsansprache des Kameraden Strübbe über. Dann nahm der Redner des Abends, Hauptlehrer Hölscher von der Zentrumspartei, das Wort zu seiner Verfassungsrede."[296]

Rektor Franz Hölscher (1874–1943), Leiter des Zentrums in Schüttorf und Kreisvorsitzender der Partei, wandte sich in seiner Ansprache gegen den Radikalismus und lobte den sozialen Rechtsstaat von Weimar.[297] So gestalteten hier katholische und sozialistische Milieuorganisationen erstmals gemeinsam eine Verfassungsfeier.

Für die „Eiserne Front" spitzte sich die Lage zu, als der Zentrums-Reichskanzler Heinrich Brüning gestürzt wurde. Reichspräsident Paul von Hindenburg ersetzte Brünings Regierung durch das rechte „Kabinett der Barone" unter Reichskanzler Franz von Papen (1879–1969), das am 1. Juni 1932 die Amtsgeschäfte aufnahm. Papen suchte

294 H. Hölscher, Volksfront gegen Radikalismus und soziale Reaktion, in: LT vom 26.3.1932.
295 Zur Gründung in Meppen vgl. LVB, Nr. 101 vom 2.5.1932.
296 RBZ vom 3.9.1932. Änne Sievert war die Leiterin der Frauengruppe des Christlichen Textilarbeiter-Verbands und Beisitzerin im Nordhorner Zentrumsvorstand.
297 Vgl. ebenda. Vgl. KKA Nordhorn: Bestand Stadtarchiv Nordhorn C I q 37: „Nordhorner Tageblatt", Nr. 216 vom 15.9.1930; NA, Nr. 191 vom 24.4.1931.

sogleich die parlamentarische Unterstützung der NSDAP und hob Brünings SA-Verbot vom 13. April 1932 am 14. Juni wieder auf. Umgehend entbrannten bürgerkriegsähnliche Auseinandersetzungen im Wahlkampf zur Reichstagswahl vom 31. Juli 1932.

Die „Eiserne Front" wie die befreundete „Volksfront" gerieten zunehmend in die Defensive. Es fehlte ihnen jetzt jeder Rückhalt aus dem Staatsapparat. Die republikanische Wehrorganisation galt nun sogar als staatliches Beobachtungsobjekt, nachdem Reichskanzler von Papen die von SPD, Zentrum und Deutscher Staatspartei gestellte Preußen-Regierung abgesetzt hatte. Durch den sogenannten „Preußenschlag" vom 20. Juli 1932 war die Macht im größten Land des Reichs faktisch in die Hände der politischen Rechten gelangt. Viele Mitglieder der „Eisernen Front" waren tief enttäuscht, denn sie hatten als Reaktion auf die Entmachtung der republikanisch-demokratischen Preußen-Regierung – wie später auch bei der Machtübertragung auf Hitler – ein machtvolles Signal des Widerstands erwartet, etwa einen Generalstreik wie beim Kapp-Lüttwitz-Putsch.

Beide Male gab es weder einen Aufruf zum Generalstreik noch zum aktiven Kampf. Die SPD-Führung scheute das Wagnis eines offenen Bürgerkriegs. Angesichts der Massenarbeitslosigkeit und des relativ großen Rückhalts der Rechtskräfte in der Bevölkerung sah sie ebenso wie die ADGB-Führung keine Erfolgschance für derartige Aktionen, zumal die „Eiserne Front" aller vorherigen Rhetorik zum Trotz auf eine reichsweite gewaltsame Auseinandersetzung gegen die Rechtsverbände und die mit ihnen häufig kooperierenden staatlichen Organe kaum vorbereitet war. Daran vermochten auch die in einigen Regionen des Reichs aufgestellten militärischen „Hammerschaften" nichts zu ändern.[298] Wie die Ortsgruppen der Region darauf reagierten, ist nicht bekannt, da in den Pressebeiträgen über das Reichsbanner in den Lokalzeitungen keinerlei inhaltliche Diskussionen wiedergegeben werden. Allerdings war die Bedrohung vor Ort auch im katholischen Emsland nicht so massiv wie in anderen Regionen. In Lingen waren der Polizei Mitte bis Ende 1932

298 Vgl. Rohe, Reichsbanner, S. 409–416. Zur Diskussion über das Nichthandeln vgl. auch: Elsbach, Reichsbanner, S. 493–499.

lediglich 26 bis 30 SA-Männer bekannt, die bei Aufmärschen Unterstützung von einem Trupp aus Salzbergen mit 18 Mitgliedern bekam. Ansonsten erschienen SA-Männer aus der Grafschaft, Haselünne und dem Osnabrücker Raum, um in Lingen eine augenfällige Präsenz der SA bei NS-Umzügen zu zeigen.[299]

Die „Eiserne Front" Lingen trat im Juni 1932 unter Leitung des Reichsbannervorsitzenden Weinmann an die Öffentlichkeit, wobei Reichsbanner-Gauleiter Neue und der „Technische Gauleiter" Grunewald sen. die Reden hielten.[300] Im Wahlkampf zur Reichstagswahl vom Juli 1932 holte sie Ende Juni Gauvorstandsmitglied Wilhelm Wübbenhorst aus Oldenburg in die Stadt, der gegen die NSDAP sprach. Anfang Juli folgte sodann ein Umzug mit anschließender Versammlung, wobei wiederum Wübbenhorst und zusätzlich der SPD-Reichstagsabgeordnete Alfred Faust (1883–1961) aus Bremen als Redner gewonnen werden konnten.[301]

Da die unter Zentrumsleitung stehende Lingener Polizei konsequent gegen die Nationalsozialisten vor Ort vorging und der Zentrumsmann und Kriminalsekretär Heinrich Niggemann als Reichsbannervorstandsmitglied aktiv an der Auflösung von NSDAP-Versammlungen teilnahm, geriet dieser im April 1932 ins Visier der Lingener NSDAP-Ortsgruppe. Ihr Kassenwart griff ihn und das Vorgehen der Lingener Polizei in der auf NS-Kurs umgeschwenkten früheren rechtsliberalen „Osnabrücker Zeitung" unter der Schlagzeile „Reichsbanner-Kripo löst Versammlung auf" massiv persönlich an.[302]

Im Bentheimer Land selbst konnten die Rechtsverbände, nicht aber das Reichsbanner, bereits seit seinem Amtsantritt 1931 mit dem Wohlwollen des dezidiert rechten Landrats Dr. Gerhard Scheffler (1894–1977) rechnen. Dieser schrieb in seinen Lebenserinnerungen über sein Verhältnis zur aufstrebenden NSDAP:

299 Vgl. Lensing, Antidemokratische Wehrverbände, S. 74, 76–77.
300 Vgl. FP, Nr. 142 vom 20.6.1932.
301 Zu Faust: Herlemann, Biographisches Lexikon, S. 105. Zur Versammlung: FP, Nr. 142 vom 20.6.1932, zu einer weiteren Kundgebung der „Eisernen Front" mit den SPD-Politikern Wübbenhorst aus Delmenhorst und Faust aus Bremen vgl. FP, Nr. 150 vom 29.6.1932; FP, Nr. 161 vom 12.7.1932; LVB, Nr. 161 vom 15.7.1932.
302 Vgl. Remling, Lingen, S. 89–90.

„Die Partei zu bekämpfen, kam für mich daher nicht in Betracht. Eingriffe und Zwangsmaßnahmen führte ich ihr gegenüber nur insoweit durch, als ich es amtlich nicht vermeiden konnte. Ich ließ auch meinen Landjägeroberleutnant, der mir unterstand und mit den Landjägern die Polizeiexekutive im Kreise ausübte, […], verstehen, daß mir eine zurückhaltende Handhabung der Polizeigewalt gegenüber den Nazis angebracht erschiene und ich dies erwarte: Eingreifen bei öffentlichen Reden seitens des überwachenden Polizeibeamten nur, wenn die zu beanstandenden Äußerungen tatsächlich nicht zu überhören waren."[303]

Im August 1932 forderte das preußische Innenministerium detaillierte Informationen über das Reichsbanner und die „Eiserne Front" bei den lokalen Polizeibehörden an.[304] Im Antwortschreiben der Nordhorner Polizeibehörde an die Landeskriminalpolizeistelle Hannover zeigte diese sich (absichtlich?) als bemerkenswert uninformiert. Man kannte vor Ort nicht die Kreisvorstände, wusste nicht, welche Ortsvereine zum Kreisverein gehörten, vermochte auch die Mitgliederzahl des Nordhorner Ortsvereins nicht in Erfahrung zu bringen, ebensowenig die der „Schufo". Lediglich drei führende Mitglieder konnte sie namentlich benennen: den Ortsvorsitzenden Georg Haselroth, Karl Strübbe, der auf Kreisebene eine wichtige Rolle spiele, und den mosaischen Kassierer Friedrich Hopfeld. Der sei zwar weiterhin Vorstandsmitglied, doch sei nicht sicher, ob er noch Kassierer sei. Die dürftigen Angaben erklärte der Berichterstatter damit, dass man von den Vorstandsmitgliedern keine Auskunft bekommen konnte, da diese offensichtlich über das Rundschreiben zur Ausforschung informiert gewesen seien.[305]

Die landrätliche Hilfsstelle in Neuenhaus meldete, es bestehe ein Ortsverein Niedergrafschaft mit Sitz in Neuenhaus unter Führung des Schriftsetzers Otto Gwodz (1903–1945)[306] aus Neuenhaus-Teich. Weitere Vorstandsmitglieder seien Weber Jan Hoesmann (geb. 1905) und Schlosser Albert Raben (geb. 1899). Die Ortsgruppe verfüge über 30 bis 40 Mitglieder. Über besondere Bestrebungen sei nichts bekannt.[307]

303 Bundesarchiv Koblenz BArch, N 1681: Dr. Gerhard Scheffler, Ministerialdirektor im Bundesministerium des Innern a. D., Lebenserinnerungen 1900–1949 (–1952). Bd. 2: Studium und berufliche Tätigkeit als Regierungsdezernent für Umgemeindungen im östlichen Industriegebiet und als Landrat des Kreises Bentheim, Bezirk Osnabrück, 1919–1933 [künftig: Scheffler, Lebenserinnerungen], S. 232.
304 Vgl. Elsbach, Reichsbanner, S. 546.
305 Vgl. NLA OS Rep 450 Bent II L.A. Bent Nr. 408: Schreiben vom 27.8.1932.
306 Der Schriftsetzer Otto Gwodz/Gwosdz kandidierte 1933 auf einem hinteren Listenplatz für die SPD zum Kreistag. Er starb im Februar 1945 an seinen Kriegsverletzungen in St. Brod, Kroatien (vgl. auch: NLA OS Rep 439 Nr. 19).
307 Vgl. NLA OS Rep 450 Bent II L.A. Bent Nr. 408: Schreiben Neuenhaus vom 29.8.1932. Zu beiden vgl. NLA OS Rep 439 Nr. 19, wobei Raben auch Vorstandsmitglied der SPD Niedergrafschaft war.

Die SPD fand in der Niedergrafschaft nur relativ wenige Wähler – im Hauptort Neuenhaus waren es im Juli 1932 9,7 Prozent, im November 12,4 Prozent und im März 1933 5,5 Prozent. Daher konnte hier kein sozialistisches Milieu mit einer Vielzahl von Vereinen entstehen. So ist – wohl mangels Vorhandenseins – von einem Zusammenschluss des Reichsbanners Niedergrafschaft mit lokalen ADGB- oder sozialistischen Sportverbänden nichts bekannt. Hier veranstaltete das Reichsbanner also offenbar – ohne umfangreichere Bündnisbestrebungen – eigene Aktivitäten unter dem Logo der „Eiserne Front".

Die Landjägerei-Abteilung Bentheim meldete zur Ortsgruppe Gildehaus, diese gehöre zum Gau Oldenburg-Ostfriesland und zähle 33 Mitglieder. Die Ortsgruppe habe allerdings seit einem Jahr keine Beiträge mehr gezahlt. Daher gehöre sie dem Gau statutengemäß nicht mehr an. Vorsitzender sei der Bahnwärter Gerhard Dobben (geb. 1893), Kassierer Weber Lambert Dobben (geb. 1899) und Schriftführer Hermann Stegemerten[308] (1893–1952).[309] Die Bentheimer Polizei berichtete, eine Ortsgruppe des Reichsbanners existiere in der Behördenstadt nicht mehr.[310] Dies scheint zu stimmen, denn es wurden seit 1930 keine Aktivitäten von ihr in der Presse gefunden. Ebenso meldete Bürgermeister Dr. Franz Scheurmann (1892–1964) wahrheitswidrig aus Schüttorf, eine Ortsgruppe des Reichsbanners bestehe zwar, doch habe sie seit Jahren nichts mehr unternommen.[311] Deshalb leitete er keine weiteren Angaben und erst recht keine Namen nach Hannover weiter.

308 Der Weber Hermann Stegemerten ist im Hinblick auf seine Funktionen 1928 als Zweiter Vorsitzender, 1930 als Vorsitzender und 1932 als Schriftführer des Reichsbanners Gildehaus nachweisbar. Zudem war er zeitweilig Leiter der sozialistischen Freien Gewerkschaften in Gildehaus (NLA OS Rep 439 Nr. 19). Stegemerten unterstützte den Gildehauser DVP-Bürgermeister Ernst Buermeyer in dessen Kampf gegen die NSDAP und gehörte dem Gildehauser Bürgervorsteherkollegium seit Mitte der 1920er-Jahre an.

309 Vgl. NLA OS Rep 450 Bent II L.A. Bentheim Nr. 408: Schreiben Bentheim vom 28.8.1932.

310 Ebenda: Schreiben Bentheim vom 30.8.1932. In der Geschichte der Bentheimer SPD findet sich in der kurzen Passage zur Weimarer Zeit kein Wort über das Reichsbanner, wohl aber der Hinweis, dass ab den ausgehenden 1920er-Jahren die Tätigkeit der Partei erlahmte, was möglicherweise mit dem Tod des bisherigen rührigen Vorsitzenden zusammenhing (Eleonore Deters, Die SPD in Gildehaus und Bentheim von den Anfängen bis 1933, in: SPD-Ortsverein Bad Bentheim (Hrsg.), SPD Bad Bentheim 1919–1995. Festschrift anläßlich des Zusammenschlusses der Ortsvereine Gildehaus und Bentheim vor 20 Jahre am 25. Januar 1975, Bad Bentheim 1995, S. 15–28, hier S. 25).

311 Vgl. NLA OS Rep 450 Bent II L.A. Bentheim Nr. 408: Bürgermeister Schüttorf vom 30.8.1932.

„Eiserne Front" Schüttorf.

Zur Reichstagswahl spricht am

Freitag, 15. Juli, abends 8.30 Uhr,

im großen Lenzingschen Saale

Genosse Prof. Dr. Schümer

(Magdeburg) über

„Knechtschaft oder Freiheit des deutschen Volkes."

Für die Einwohner Schüttorfs dürfte die Veranstaltung von besonderem Interesse sein, da hier ein geborener Schüttorfer die Ziele der Eisernen Front behandeln wird.

Eintritt 20 Pfg., Erwerbslose 10 Pfg. Die Kampfleitung.

Einladung der „Eisernen Front" Schüttorf zu einer Versammlung mit Georg Schümer.
Quelle: „Schüttorfer Zeitung", Nr. 163 vom 14. Juli 1932

Die „Eiserne Front" veranstaltete zahlreiche Wahlversammlungen im Bentheimer Land. Besonders aktiv waren die beiden mitgliederstärksten Ortsgruppen Nordhorn und Schüttorf. Vor der Juli-Wahl 1932 trat Georg Schümer (1873–1945) aus Magdeburg, ein gebürtiger Schüttorfer und um die Jahrhundertwende ein leitender Aktivist des Nationalsozialen Vereins im Bentheimer Land, der nach einer politischen Karriere in der DDP inzwischen SPD-Mitglied geworden war, in den ehemals nationalsozialen Hochburgen Nordhorn, Schüttorf und Gildehaus auf Kundgebungen der „Eisernen Front" auf, gleichfalls in Neuenhaus.[312]

312 Vgl. FP, Nr. 150 vom 29.6.1932; FP, Nr. 162 vom 13.7.1932; ZuA, Nr. 156 vom 7.7.1932; SZ, Nr. 163 vom 14.7.1932; zu seinem Auftritt in Gildehaus: de Vries, Demokratie, S. 437–438. In Lingen war Schümer bereits im April 1932 gewesen (FP, Nr. 88 vom 14.4.1932). Auch hier war er noch als nationalsozialer Redner bei den älteren Arbeitern bekannt. Zu Schümer vgl. Helmut Lensing, Art. Schümer, Georg, in: EG 7 (1998), S. 244–249.

Die „Kampfleitung" der Schüttorfer „Eisernen Front" organisierte im Juli 1932 eine Kundgebung zum Thema „Faschismus und Sozialismus" mit dem regionalen SPD-Reichstagsabgeordneten Alfred Faust aus Bremen und anschließend mit Hermann Tempel aus Leer.[313] Überdies berief sie Stadtteilversammlungen der „Eisernen Front" mit Andreas Simon (geb. 1895) aus Rheine ein, zu Beginn der Weimarer Republik der für Schüttorf zuständige DTV-Gewerkschaftssekretär.[314]

Zentrum der politischen Auseinandersetzung war jedoch Nordhorn als zweitgrößte Stadt des Regierungsbezirks Osnabrück. Die „Eiserne Front" veranstaltete dort eine Wahlkundgebung gegen die Regierung Papen mit dem Bremer Reichstagsabgeordneten Faust.[315] Sie engagierte sich ebenso im Rahmen einer Großkundgebung gegen den Lohnabbau in den Nordhorner Textilfabriken, maßgeblich veranstaltet von der vor Ort sehr aktionistischen KPD.[316] Diese überflügelte hier inzwischen bei Wahlen die SPD.

In der erregten politischen Atmosphäre des Sommers 1932 waren die Mitglieder der „Eisernen Front" im Dauereinsatz. So spielte die Reichsbannerkapelle auch bei den Demonstrationsumzügen des Nordhorner Mietervereins, in der sich die zahlreichen Neusiedler organisiert hatten, da die aus dem Heideboden gestampften Siedlerhäuser häufig Mängel aufwiesen und die Siedler wegen der Krise der Textilindustrie ihre Verbindlichkeiten nicht mehr bedienen konnten.

Nach dem Erfolg der KPD-nahen RGO bei der Betriebsratswahl 1931 auf Kosten des SPD-nahen DTV intensivierte die KPD ihre Arbeit unter den Nordhorner Textilarbeitern und schickte 1932 sogar Politiker aus dem Ruhrgebiet nach Nordhorn.[317] An einer Demonstration der RGO und des ADGB wegen der Notlage der Arbeiter beteiligte sich inzwischen auch die „Eiserne Front" und stellte einen Redner, der die als „Lohnraub" kritisierten Lohnkürzungen in der Textilindustrie verurteilte.[318]

313 Vgl. SZ, Nr. 159 vom 9.7.1932; SZ, Nr. 176 vom 29.7.1932.
314 Vgl. FP, Nr. 162 vom 13.7.1932; SZ, Nr. 163 vom 14.7.1932.
315 FP, Nr. 161 vom 12.7.1932.
316 Vgl. ZuA, Nr. 160 vom 12.7.1932. Zur KPD in Nordhorn in dieser Phase: Rohr, Arbeiterbewegung, S. 158–163, 167–171; Lensing, Partizipation, S. 160–166.
317 Vgl. Rohr, Arbeiterbewegung, S. 158–162.
318 Vgl. N. N., Nordhorn im Zeichen öffentlicher Kundgebungen, in: ZuA, Nr. 163 vom 15.7.1932. Bei einer vorherigen RGO-Versammlung war beschlossen worden, dass die „Eiserne Front" an der Spitze der Demonstration marschieren solle (ZuA, Nr. 160 vom 12.7.1932).

Blick von einer Fabrik auf eine Nordhorner Arbeitersiedlung, die in den 1920er-Jahren infolge des Booms der Textilindustrie im Schnellverfahren aus dem Heideboden gestampft wurde.
Quelle: Privatbesitz, Rosemann, Nordhorn

Höhepunkt der Auseinandersetzung in der reichsweit bedeutenden Textilstadt war der so genannte „Nordhorner Blutfreitag": Rund 1500 NSDAP-Anhänger, darunter Angehörige der SA und der Schutzstaffel (SS) aus der gesamten Region, versammelten sich am 15. Juli 1932 in Nordhorn und zogen unter Polizeischutz demonstrativ durch die Arbeiterviertel, den Hochburgen der KPD, der SPD und des Zentrums. Hierbei kam es zu massiven Zusammenstößen, Steine flogen auf die Nationalsozialisten und es fielen Schüsse. Mit Gewalt gingen Polizei, die mit den Nationalsozialisten kooperierte, und SA gegen die zahlreichen Gegendemonstranten vor.[319] Wie die SPD-Presse meldete, hatten die Funktionäre der „Eisernen Front" alle Hände voll zu tun, die von den Nationalsozialisten provozierten Zuschauer zu beruhigen.[320] Wie einer Aufstellung des Bentheimer Landratsamts über das Einschreiten der Polizei gegen Störungen von politischen Parteien und Verbänden 1932 zu entnehmen ist, war dies das einzige Mal, dass im Landkreis die Polizei gegen das Reichsbanner – richtiger wäre wohl die „Eiserne Front" – einschritten musste. Ansonsten wurde sie acht Mal gegen die NSDAP und sieben Mal gegen die KPD eingesetzt.[321]

Trotz der Gründung des Bündnisses „Eiserne Front" existierte das Reichsbanner organisatorisch weiter. So veranstaltete die Ortsgruppe Nordhorn im Oktober 1932 zur anstehenden Reichstagswahl eine Versammlung mit einem mecklenburgischen SPD-Reichstagsabgeordneten und nahm zwölf neue Mitglieder auf.[322] Aber dies war eine Ausnahme, denn die übergroße Masse der Veranstaltungen fand unter dem Banner der „Eisernen Front" statt.

In Lingen verteidigte der Reichstagsabgeordnete Hermann Tempel Mitte September 1932 auf einer Versammlung der „Eisernen Front" das Vorgehen nach der Absetzung der Preußen-Regierung. Er betonte das hohe Risiko, falls die „Eiserne Front" bewaffnet gegen die Absetzung vorgegangen wäre. Die kommende Wahl sei nichts anderes als „die Generaloffensive des Kapitalismus auf die Knochen der Arbeiter",[323] wie die letzten Notverordnungen der Regierung Papen gezeigt habe.

319 Vgl. den amtlichen, mit Sympathien für die Nationalsozialisten verfassten Bericht in: NA, Nr. 370 vom 19.7.1932. Die NS-Sicht ist zu lesen in: „Osnabrücker Zeitung", Nr. 191 vom 17.7.1932. Zum Nachspiel: Urantrag der KPD zu den Vorfällen in Nordhorn im Preußischen Landtag in: Sammlung der Drucksachen des Preußischen Landtags (Anlagen zu den Sitzungsprotokollen), 4. Wahlperiode, 1. Tagung vom 24.5.1932, Bd. 1, Berlin 1933, S. 305. Zusammenfassend dazu: Wagner, Gestapo, S. 384–389; Rohr, Arbeiterbewegung, S. 166–170. Allerdings hatte sich der Christliche Textilarbeiter-Verband nicht, wie hier zu lesen ist, mit der SPD zur „Eisernen Front" zusammengeschlossen (S. 167). Zur Sicht des Landrats: Scheffler, Lebenserinnerungen, S. 235.

320 Vgl. FP, Nr. 167 vom 19.7.1932.

321 Undatierte Aufstellung in: NLA OS Rep 450 Bent II L.A. Bent Nr. 409.

322 Vgl. FP, Nr. 252 vom 26.10.1932.

323 FP, Nr. 221 vom 20.9.1932.

Auf der Mitgliederversammlung des Reichsbanners Mitte Oktober 1932 warb Weinmann für eine Beteiligung an der Wahl, da es Absicht sei, „das Volk wahlmüde zu machen und sich tot zu wählen."[324] Anschließend kritisierte er den Sturz Brünings und das Programm der Papen-Regierung. Die „Technischen Leiter" forderte die „Schufo" auf, auch in diesem Wahlkampf wieder ihre Pflicht zu erfüllen.

Ungeachtet der „Naziübermacht in Neuenhaus",[325] wie die Parteipresse hervorhob, warb hier Ende Oktober 1932 die „Eiserne Front" Niedergrafschaft auf einer Wahlkundgebung mit dem Lingener SPD-Kommunalpolitiker und Reichsbanneraktivisten Heinrich Melcher für die Teilnahme an der Reichstagswahl.

Vor vielen SA-Leuten in Zivilkleidung kritisierte der Redner die Dolchstoßlegende sowie die Nationalsozialisten mit ihrer SA und feierte die Marxisten als Retter Deutschlands beispielsweise im Ruhrkampf. Hier zeigt sich schon überdeutlich: Die Grafschafter „Eiserne Front" war eine durch und durch von der SPD geprägte Organisation. Sie hatte inzwischen jede sprachliche Zurückhaltung aufgegeben und nahm keine Rücksicht mehr auf Republikaner aus den Reihen des Zentrums oder der bürgerlichen Parteien. Mit sozialistisch-marxistischem Vokabular und entsprechenden Forderungen waren jedoch außerhalb des sozialistischen Lagers keine Anhänger zu gewinnen. Insgesamt zeigt sich auch im Bentheimer Land, dass die „Eiserne Front" nur noch eine „verzweifelte(n) Abwehrschlacht"[326] gegen die übermächtigen Republikfeinde führte, die im Landkreis inzwischen den Ton angaben. Den Forderungen der Kommunisten nach einer „Einheitsfront gegen den Faschismus", die diese nicht nur in Nordhorn, sondern reichsweit immer wieder erhoben, erteilte etwa Hermann Tempel während einer Versammlung der „Eisernen Front" in Osnabrück im Januar 1933 eine entschiedene Absage, solange die KPD die Hetze gegen die SPD fortsetze und „die heutige Staatsform mit Waffengewalt beseitigen wolle".[327]

324 FP, Nr. 251 vom 25.10.1932.
325 FP, Nr. 257 vom 1.11.1932.
326 Rohe, Reichsbanner, S. 417.
327 Zitiert nach: Wochenbericht der Ortspolizeibehörde – Nachrichtenstelle – Osnabrück vom 16. Januar 1933, in: Gerd Steinwascher (Bearbeiter), Gestapo Osnabrück meldet ... Polizei- und Regierungsberichte aus dem Regierungsbezirk Osnabrück aus den Jahren 1933 bis 1936 (Osnabrücker Geschichtsquellen und Forschungen, Bd. XXXVI), Osnabrück 1995 [künftig: Steinwascher, Gestapo Osnabrück], S. 362.

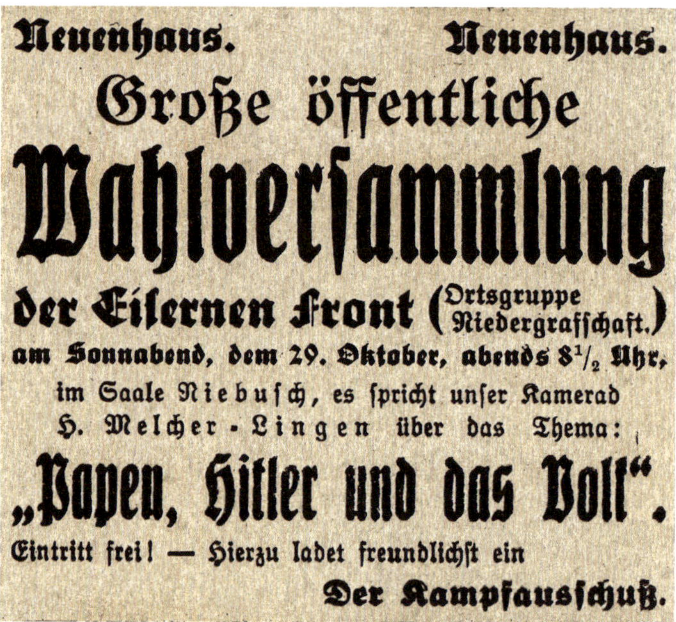

Neuenhaus. Neuenhaus.

Große öffentliche

Wahlversammlung

der Eisernen Front (Ortsgruppe Niedergrafschaft.)

am Sonnabend, dem 29. Oktober, abends 8½ Uhr,

im Saale Niebusch, es spricht unser Kamerad

H. Melcher-Lingen über das Thema:

„Papen, Hitler und das Volk".

Eintritt frei! — Hierzu ladet freundlichst ein

Der Kampfausschuß.

Einladungsanzeige des Reichsbanners Niedergrafschaft zu einer Wahlversammlung mit dem Lingener SPD-Politiker und Gewerkschaftssekretär Heinrich Melcher (1887–1959).
Quelle: „Zeitung und Anzeigeblatt", Nr. 234 vom 28. Oktober 1932

In Anbetracht des Wachstums des Radikalismus beschloss im Dezember 1932 eine Konferenz der Reichsbannerkreise Osnabrück-West und -Ost in Osnabrück, für die nächste Zeit den Wehrsport in den Mittelpunkt der Aktivitäten zu stellen. Damit folgte man einen Vorstoß des „Technischen Gauleiters" Grunewald, der damit auch erhoffte, die Jugend mehr für den Schutz der Republik zu begeistern.[328]

328 RBZ vom 24.12.1932. Vgl. auch: N. N., Richtlinien für den Wehrsport, in: RBZ vom 7.1.1933 und RBZ vom 4.2.1933.

8

Das Ende von Reichsbanner und „Eiserner Front“ im Jahr 1933

Nachdem der NSDAP-Parteiführer Adolf Hitler am 30. Januar 1933 vom Reichspräsidenten Paul von Hindenburg zum Reichskanzler ernannt worden war und die Nationalsozialisten umgehend im Rundfunk und in der Verwaltung Schlüsselstellen übernommen hatten, gaben die staatlichen Behörden jede Zurückhaltung gegenüber Reichsbanner und „Eiserner Front“ auf. Die republikanische Schutzorganisation stand mit dem Rücken zur Wand, zumal der neue Reichskommissar für das preußische Innenministerium, der NS-Politiker Hermann Göring (1893–1946), in einer Anordnung vom 22. Februar 1933 die Möglichkeit eröffnete, Mitglieder von Stahlhelm, SA und SS, also der entschiedensten Gegner der „Eisernen Front“, zu Hilfspolizisten zu ernennen. Davon machten die Behörden in der Grafschaft ebenso wie der rechtsgerichtete Lingener Landrat sofort Gebrauch.[329] Widerstand gegen Stahlhelm- und SA-Männer, die als Hilfspolizisten fungierten, wurde damit zu mit Strafe bedrohtem Widerstand gegen die Staatsgewalt. Die Hilfspolizisten übten umgehend vielfach Gewalt gegen ihre alten Gegner aus.[330] Die sogenannte „Reichstagsbrandverordnung“ vom 28. Februar 1933 setzte Grundrechte außer Kraft.[331] Danach begann eine erste Verhaftungswelle von NS-Gegnern. Besonders betroffen waren in dieser Phase die Kommunisten.[332] Gegnerische Zeitungen, vor allem die Presse von KPD, SPD und Zentrum, wurden ganz oder zeitweilig verboten und mit strengen Zensurmaßnahmen und Strafandrohungen bedrängt.[333]

329 ZuA, Nr. 51 vom 2.3.1933 (die Stadt Nordhorn ernennt acht Stahlhelmer und 16 SA-Männer zu Hilfspolizisten); SZ Nr. 53 vom 3.3.1933 (Landratsamt ernennt Hilfspolizisten aus diesen drei Organisationen). In Lingen ernannte der Landrat 15 Stahlhelm- und 15 SA-Männer zu Hilfspolizisten (Remling, Lingen, S. 95).
330 Vgl. Elsbach, Reichsbanner, S. 547–549.
331 Vgl. Gotschlich, Kampf, S. 164, 166; vgl. zu Details Thomas Raithel/Irene Strenge, Die Reichstagsbrandverordnung. Grundlegung der Diktatur mit den Instrumenten des Weimarer Ausnahmezustandes, in: Vierteljahrshefte für Zeitgeschichte, 48 (2000) 3, S. 413–460.
332 Vgl. ZuA, Nr. 50 vom 1.3.1933; LKB, Nr. 53 vom 3.3.1933.
333 Im Bentheimer Land wurde das Zentrumsblatt „Nordhorner Anzeiger“ vor den Märzwahlen zeitweilig verboten, durchgängig verboten war die Osnabrücker SPD-Zeitung „Freie Presse“. In Lingen wurden die katholischen Zeitungen verwarnt. Zu den Presseverboten vgl. entsprechende Schreiben und Verfügungen in: NLA OS Rep 430 Dez. 201 acc. 5/66 Nr. 12 Bd. 1.

Trotzdem stemmte sich die „Eiserne Front" im Bentheimer Land gegen den unaufhaltsam scheinenden NS-Vormarsch und trat mit Versammlungen oder Demonstrationen für die Republik und speziell für eine Wahl der SPD an die Öffentlichkeit. Wiederum übernahm sie den Saalschutz für die Sozialdemokraten gegen die im Landkreis zahlenmäßig überlegene SA.

Zu einer SPD-Versammlung in Neuenhaus am 10. Februar 1933 mit Hermann Tempel waren sehr viele Nationalsozialisten gekommen. Sie störten die Versammlung massiv. Der Veranstalter forderte sie deshalb auf, den Saal zu verlassen. Weil sie sich aber weigerten, löste die Polizei die Versammlung auf. Danach tagte die „Eiserne Front" in einer geschlossenen Versammlung.[334]

334 Vgl. NLA OS Rep 450 Bent II L.A. Bent Nr. 408: Landjäger Bentheim vom 11.2.1933.

Titelblatt der „Illustrierten Republikanischen Zeitung": Verletzte Reichsbanner-Männer, Februar 1933.

Quelle: „Illustrierte Republikanische Zeitung", Nr. 9 vom 4. März 1933

Die Resonanz der Presse auf Veranstaltungen der „Eisernen Front" ging allerdings zurück; die staatlichen Behörden unterstützten und schützten die Wehrorganisation zudem nicht mehr. So berichtete die „Zeitung und Anzeigeblatt" über eine Kundgebung der „Eisernen Front" am 11. Februar in Nordhorn:

„Am Sonnabend nachmittag zog hier ein Demonstrationszug der ‚Eisernen Front' durch die Straßen, der eine nur ganz mäßige Beteiligung aufwies. Nur etwa 130 Leute folgten der schwarz-rot-goldenen Fahne des Reichsbanners und einer Anzahl roter Fahnen. Der Zug, den ein großes Aufgebot von Polizei begleitete, nahm einen reibungslosen Verlauf. Auf dem Hindenburgplatz begann ein Redner aus Lingen zu sprechen, der aber nach wenigen Sätzen durch nationalsozialistische Sprechchöre unterbrochen wurde. Da somit die Gefahr von Zusammenstößen bestand, löste der aufsichtsführende Beamte die Demonstration auf. Die Menge – es hatten sich weit mehr Neugierige als Teilnehmer eingestellt – verlief sich darauf in voller Ruhe."[335]

Im Niedergrafschafter Dorf Veldhausen hingegen kam es zu Schlägereien zwischen Anhängern der „Eisernen Front" und den hier besonders zahlreichen Nationalsozialisten.[336] Wenige Tage später, am 19. Februar, marschierte die „Eiserne Front" in Nordhorn erneut auf. Diesmal kamen Kameraden aus Lingen und der Niedergrafschaft hinzu. Der rechtsgerichtete Grafschafter Landrat Dr. Gerhard Scheffler hatte bekanntlich bereits zuvor den Nationalsozialisten weitgehend freie Hand gelassen. Nun zog er zwanzig Landjäger aus dem Kreis zusammen, die darüber wachten, dass sich die „Eiserne Front" seiner Ansicht nach geziemend verhielt. Auf der Abschlusskundgebung hielt der SPD-Spitzenkandidat im Wahlkreis Weser-Ems, Chefredakteur Alfred Faust aus Bremen, eine Rede gegen Hitler und den mit ihm verbündeten DNVP-Vorsitzenden Alfred Hugenberg (1865–1951).[337]

Doch Zerfallserscheinungen waren augenscheinlich und spiegelten sich selbst in die Grafschafter Presse wider. Beispielsweise berichtete die Neuenhauser „Zeitung und Anzeigeblatt" am 28. Februar 1933, der katholische Jugendführer und politische Schriftsteller Hubertus Prinz zu Löwenstein (1906–1984), Initiator des von ihm für das Reichsbanner geschaffenen „Vortrupps Schwarz-Rot-Gold",

335 ZuA, Nr. 36 vom 13.2.1933.
336 Vgl. ZuA, Nr. 38 vom 15.2.1933.
337 Vgl. NN, Nr. 42 vom 20.2.1933.

habe sein Amt niedergelegt und das Reichsbanner verlassen.[338] Mit Hilfe der „Reichstagsbrandverordnung“ erließ die neue „nationale“ Regierung umgehend ein zweimonatiges Verbot der Zeitung „Das Reichsbanner“,[339] wodurch die demokratischen Republikanhänger ihrer wichtigsten öffentlichen Stimme beraubt waren.

Nach dem Wahlsieg der Hitler-Koalition am 5. März 1933 waren alle Dämme gebrochen. Reichsbanner und „Eiserne Front“ waren der Übermacht der vom Staat unterstützten NS-Verbände rechtlos ausgeliefert. In den folgenden Wochen war in einigen Grafschafter Kommunen mit einer Ortsgruppe des Reichsbanners eine typische Aktion der Nationalsozialisten gegen den geschlagenen Gegner zu beobachten. Die NS-Hochburg Neuenhaus machte den Anfang, und zwar noch direkt am Abend vor der Reichstagswahl. Die Presse berichtete:

„Am Sonnabend abend sammelte sich das gesamte nationale Neuenhaus, an der Spitze der Krieger- und Frontsoldatenverein und die Formationen der NSDAP., zu einem imposanten Fackelzuge durch die Stadt. Nach der Übertragung der Ostmarkenkundgebung aus Königsberg auf unserem Marktplatz, bei der Herr Reichskanzler Adolf Hitler zum letzten Mal Deutschland an seine Aufgabe erinnerte, setzte sich ein endloser, unübersehbarer Zug unter Vorantritt der Kapelle des Neuenhäuser Musikvereins in Bewegung. […] Das wogende Lichtermeer von Hunderten von Wachsfackeln und von unzähligen Lampions, in das sich das milde Licht des Mondes ergoß, überflutete die abendlichen Straßen und die dunklen Häuserfronten. Vom Markt ging's im gleichen Schritt und Tritt durch die Bahnhofstraße über die Moorstraße bis zum Teich, zurück bis zum Uelser Tor und wieder über den Markt zur Wagenhorst, wo im Hinblick auf die gelungene Bildung des Kabinetts der nationalen Kräfte ein Freudenfeuer entzündet wurde. Über dem Holzstoß war eine Eiserne Front-Fahne gehißt, die als Symbol des erledigten Systems von 1918 von den züngelnden Flammen verzehrt wurde.“[340]

Die gewaltsam erbeutete Fahne der „Eisernen Front“ wurde also zum Abschluss des Wahlkampfs der Nationalsozialisten und der verbündeten Deutschnationalen triumphierend und propagandistisch wirksam öffentlich verbrannt.

338 Vgl. ZuA, Nr. 49 vom 28.2.1933. Löwenstein kam auch im „Reichsbanner“ als Vorsitzender des Republikanischen Studentenbundes Berlin zu Wort. Vgl. etwa Hubertus Prinz zu Löwenstein, Das Reichsbanner: Träger der deutschen Zukunft, in: RBZ, Nr. 32 vom 8.8.1931.

339 Vgl. NN, Nr. 49 vom 28.2.1933.

340 ZuA, Nr. 54 vom 6.3.1933.

Die Redner der „Eisernen Front" hatten immer die Wehrhaftigkeit des Verbandes betont, doch das hatte sich als Illusion entpuppt. Schlecht bewaffnet und in Unterzahl gegenüber den staatlichen Organen und den „nationalen Verbänden" wie der SA, der SS und dem Stahlhelm, wozu sich als „Reservearmee" auch die sehr mitgliederstarken Kriegervereine gesellten, war ein bewaffneter Widerstand gegen die von einer knappen Mehrheit der Bevölkerung getragene neue Regierung illusorisch. Aufgrund dieser geringen Massenbasis war gleichfalls an den Erfolg eines Generalstreiks, wie er 1920 zur Abwehr des Kapp-Lüttwitz-Putsches stattgefunden hatte, kaum zu denken, zumal er nun mitten in der Weltwirtschaftskrise mit Millionen von Arbeitslosen hätte stattfinden müssen.

So gingen Reichsbanner und „Eiserne Front" im Bentheimer Land sang- und klanglos unter. Außerhalb von Preußen rollte umgehend eine Verbotswelle über das Reichsbanner hinweg, angefangen am 6. März in Thüringen und am 10. März in Bayern. In Preußen gab es Regionen mit handfestem Terror gegen das Reichsbanner, der es dort zusammenfallen ließ, Regionen, in denen es sich bis Anfang Mai halten konnte und Landstriche wie den deutschen Nordwesten, wo das Reichsbanner respektive die „Eiserne Front" angesichts der reichsweiten Entwicklung selbst die Reißleine zog und sich zum Schutz ihrer Mitglieder auflöste, nachdem es im bereits früh nationalsozialistisch regierten Freistaat Oldenburg, das einen Teil des Wahlkreises Weser-Ems bildete, verboten worden war.[341] Dies betraf auch die „Eiserne Front" und das Reichsbanner in den beiden untersuchten Landkreisen, da im oldenburgischen Rüstringen die Gauleitung ihren Sitz hatte, die durch das Verbot im Freistaat Oldenburg weitgehend handlungsunfähig gemacht worden war.

Reichsbanner-Vorsitzender Höltermann ging Anfang Mai heimlich über die niederländische Grenze und ließ sich letztlich im Londoner Exil nieder. Ihm folgten viele Reichsbannerführer, zumal die Magdeburger Zentrale bereits am 10. März 1933 von der SA besetzt worden war.[342] Die letzten noch verbliebenen Reichsbannergruppen in Preußen wurden offiziell im Mai 1933 verboten.[343] Vor diesem Hintergrund meldete also die „Zeitung und Anzeigeblatt" Ende März 1933:

341 Vgl. Rohe, Reichsbanner, S. 462–467; Gotschlich, Kampf, S. 166–167.
342 Vgl. ebenda, S. 169–170.
343 Vgl. ebenda, S. 167. In diesem Zusammenhang wurden etwa in Osnabrück auf Verfügung des Regierungspräsidenten Vermögen der SPD, der sozialdemokratischen Zeitungen und des Reichsbanners beschlagnahmt, wohl auch im Bentheimer Land (Bericht der Ortspolizeibehörde – Nachrichtenstelle – Osnabrück vom 13. Mai 1933, in: Steinwascher, Gestapo Osnabrück, S. 378). Zu den Verboten vgl. auch Elsbach, Reichsbanner, S. 549–553.

„Wie uns mitgeteilt wird, hat die Nordhorner Ortsgruppe des Reichsbanners Schwarz-Rot-Gold einschließlich der Schufo ihre Auflösung beschlossen. Dieser Beschluß wurde mit Rücksicht auf die Tatsache gefaßt, daß sich auch das Reichsbanner, Gau Oldenburg-Ostfriesland-Osnabrück, aufgelöst hat. Ebenso hat die Ortsgruppe Niedergrafschaft des Reichsbannes ihre Auflösung vollzogen“.[344]

·o· Wie uns mitgeteilt wird, hat die Nordhorner Ortsgruppe des Reichsbanners Schwarz-Rot-Gold einschließlich der Schufo ihre Auflösung beschlossen. Dieser Beschluß wurde mit Rücksicht auf die Tatsache gefaßt, daß sich auch das Reichsbanner, Gau Oldenburg-Ostfriesland-Osnabrück, aufgelöst hat. Ebenso hat die Ortsgruppe Niedergrafschaft des Reichsbanners ihre Auflösung vollzogen.

Pressenotiz zur Auflösung der Reichsbanner-Ortsgruppe Nordhorn.

Quelle: „Nordhorner Nachrichten", Nr. 75 vom 30. März 1933

Drei Tage zuvor hatte der Nordhorner Reichsbanner-Vorsitzende Georg Haselroth dies den Behörden in knappen Worten schriftlich mitgeteilt,[345] wohl nicht zuletzt, um Vorstand und Mitglieder vor Verfolgungsmaßnahmen zu bewahren.

In Lingen durchsuchten Ende März 1933 rund 30 SS-Männer aus Wuppertal, die durch die Region zogen und auf eigene Faust NSDAP-Gegner drangsalierten, Privathäuser und die Geschäftsstelle der sozialistischen Eisenbahnergewerkschaft. Die dabei erbeuteten schwarz-rot-goldenen Fahnen verbrannten sie abends mit großem Zeremoniell auf dem Marktplatz.[346]

Anfang Mai 1933 verbrannte die NSDAP die Reichsbannerfahne in Gildehaus. Kreisleiter Dr. Ständer, der im Ort als Arzt praktizierte, hatte den zuständigen Oberlandjäger aufgefordert, gegen das Reichsbanner respektive die „Eiserne Front" vorzugehen. Dieser vergewisserte sich beim Landrat Dr. Scheffler, ob er der Aufforderung nachkommen solle, und wurde dann am 27. April aktiv. Bei einem Übungsabend des Trommel- und Pfeiferkorps für den Umzug am 1. Mai beschlagnahmten Polizei und SA die Musikinstrumente, die vom NS-Regierungspräsidenten dann einem SS-Musikkorps übereignet wurden.[347] Bei dieser Gelegenheit fiel wohl auch die Reichsbannerfahne der Ortsgruppe der SA in die Hände. Über die Verbrennungsaktion war in der Presse zu lesen:

344 Vgl. ZuA, Nr. 76 vom 31.3.1933; SZ, Nr. 75 vom 29.3.1933.
345 Vgl. NLA OS Rep 450 Bent II L.A. Bent Nr. 410: Schreiben Haselroth vom 28.3.1933.
346 Vgl. LVB, Nr. 72 vom 27.3.1933. Möglicherweise erbeuteten sie dabei auch die Reichsbannerfahne.
347 Vgl. Wagner, Gestapo, S. 479.

„Geschlossen marschierte die SA. und eine große Zahl der Bevölkerung unter Vorantritt des Trommler- und Pfeiferkorps vom Saale Hindricksherm durch die Horst-Wessel-Straße zum Mühlenberge, wo die Verbrennung stattfand. Herr Dr. Ständer hielt eine passende, kernige Ansprache und führte dabei u. a. aus: 14 Jahre Herrschaft dieses Systems, 14 Jahre das Symbol Deutschlands, welches zum Chaos führte. Ein gutes Werk habe die Regierung von 1918 unternommen, daß sie s. Zt. die schwarz-weiß-rote Fahne abgeschafft und nicht unter diesen ruhmreichen Farben ihre internationale Mißwirtschaft durchgeführt habe. Redner betonte noch besonders, die nationale Revolution habe den Marxismus zerschellen lassen, und auch in unserm Orte werde noch manche Säuberungsaktion durchgeführt werden müssen. (Anhaltender Beifall.) Mit dreimaligem Sieg-Heil auf unsern Reichskanzler Adolf Hitler und mit dem Gesang des Horst-Wessel-Liedes fand die Feier ihren Abschluß."[348]

In Bentheim gab es keine entsprechende Kundgebung, denn hier hatte sich die Ortsgruppe schon vor einigen Jahren aufgelöst, wie die örtliche Polizei berichtete. Zur Nordhorner Ortsgruppe des Reichsbanners meldete der amtliche Bericht, diese habe sich am 28. März aufgelöst,

348 BZ, Nr. 106 vom 8.5.1933.

Die Fahne der Reichsbanner-Ortsgruppe Nordhorn, die versteckt die NS-Zeit überdauerte.
Quelle: SPD Nordhorn

Barvermögen sei nicht vorhanden. Das Restgeld wurde als Sterbegeld der Familie eines verstorbenen Mitglieds übergeben. Die Musikinstrumente seien beschlagnahmt worden.[349] Sie wurden der örtlichen SA und SS übergeben.[350] Die Nordhorner Reichsbannerfahne überstand die Zeit der NS-Diktatur, versteckt in einem Ofenrohr. Sie ziert heute die Wand eines Sitzungsraums der Nordhorner SPD.[351]

Offenbar kam es im Frühjahr 1933 bei führenden Reichsbanner-Mitgliedern auch zu Hausdurchsuchungen. Überliefert ist dies für den 21. April 1933 beim Straßenwärter Berend Itterbeck in Neuenhaus-Thesingfeld, wo Reichsbanner-Literatur und unbeschriebene Mitgliedsbücher der SPD beschlagnahmt wurden.[352] Im Zuge des SPD-Verbots wurden am 24. Juni 1933 fünf SPD-Funktionäre aus Nordhorn kurzzeitig verhaftet, darunter auch Karl Strübbe als früherer Reichsbannerführer.[353] Vom Grafschafter Reichsbanner selbst sind keine Widerstandshandlungen während der NS-Zeit bekannt geworden, doch litten ihre Führer unter Verfolgungsmaßnahmen, weil sie als SPD-Funktionäre und als Reichsbannerleute ins Visier der NS-Behörden gerieten. Dabei war allerdings der Verfolgungsdruck gegen die Sozialdemokraten ungleich geringer als gegen die Grafschafter Kommunisten.[354] Doch hatten die sozialdemokratischen Reichsbanner-Angehörigen ein Todesopfer während der NS-Diktatur zu beklagen. Der Gildehauser Reichsbannermann Heinrich Kloppers (1891–1944), SPD-Mitglied und Aktivist der reformierten Kirche, hielt schon vor 1933 mit seiner Kritik am Kreisleiter Dr. Ständer, der im Dorf wohnte, und der NSDAP nicht hinter dem Berg. Der Kreisleiter betrachtete ihn wegen dessen weiter anhaltenden Opposition gegen den NS-Staat und dessen Repräsentanten als persönlichen Gegner, so dass Kloppers schließlich nach dem gescheiterten Attentat auf Hitler am 20. Juli 1944 offenbar auf seine Initiative hin ins Konzentrationslager Neuengamme verschleppt wurde, wo er bald darauf umkam.[355]

349 Vgl. NLA OS Rep 450 Bent II L.A. Bent Nr. 411: Schreiben Nordhorn mit Eingang vom 13.5.1933. Schon im August 1932 war ja gemeldet worden, dass in Bentheim das Reichsbanner nicht mehr bestehe.
350 Vgl. Wagner, Gestapo, S. 306.
351 Vgl. De Vries, Demokratie, S. 361.
352 Vgl. NLA OS Rep 450 Bent II L.A. Bent Nr. 410: Landjäger Neuenhaus vom 22.4.1933.
353 NLA OS Rep 450 Bent II L.A. Bent Nr. 411: Schreiben Bürgermeister Nordhorn vom 14.9.1933.
354 Vgl. Wagner, Gestapo, S. 304–306.
355 Zu Details vgl. ebenda, S. 486–529; KKA Nordhorn: CEEB 30/10: Schreiben Gerhardine Kloppers vom 7.8.1947.

Gildehauser Mitglieder der Spielschar des Reichsbanners, die zum Schützenverein übergetreten waren, um nationale Gesinnung zu demonstrieren, ohne sich einem NS-Verband anzuschließen, spielten im Sommer 1933 bei einem Aufenthalt in den nahen Niederlanden, wo sie sich sicher fühlten, die „Internationale". Dies wurde allerdings im Ort bekannt, weshalb man sie aus dem Schützenverein ausschloss,[356] der es in der NS-Diktatur nicht dulden konnte, dass seine Mitglieder ein Lied aus dem sozialistischen Musikrepertoire spielten.

Auch in Lingen waren Reichsbanneraktivisten Verfolgungen ausgesetzt, wobei die Mitgliedschaft im Reichsbanner respektive der „Eisernen Front" nur eine Ursache der Drangsalierung in der NS-Zeit war. Führende Mitglieder wie der Gewerkschaftssekretär und SPD-Vorsitzende Heinrich Melcher wurden infolge der Gleichschaltung der sozialistischen Gewerkschaften am 2. Mai kurzfristig inhaftiert.[357] Ebenso verlor Gauvorstandsmitglied Rektor Adolf Adamczyk 1933 sofort seine Schulleiterstelle und wurde in der NS-Zeit mehrfach von der Gestapo vernommen.[358]

Von den übrigen Reichsbannerleuten wurde die NS-Zeit für den Lingener Reichsbannervorsitzenden Ludwig Weinmann am bittersten. Das Reichsbanner besaß wegen seines Einsatzes für die von den rechten Wehrverbänden besonders mit Hass verfolgten Juden den Ruf einer „Judenschutztruppe".[359] Daher engagierten sich in ihr etwa die Lingener Juden Max und Hugo Hanauer. Der Lingener Vorsitzende Weinmann war vom Judentum zum Christentum konvertiert. Der junge Lingener NSDAP-Kreisleiter Erich Plesse wandte sich nun Anfang April 1933 an den neuen Osnabrücker NS-Regierungspräsidenten, um die Entfernung von fünf Männern aus der Stadt zu verlangen, da sie einer restlosen Durchsetzung der Politik der NSDAP massiv im Wege ständen. Außer einer Entlassung der Zentrumsführer, des zentrumsnahen Polizeichefs und des Zentrums-Bürgermeisters forderte er den Ausschluss Weinmanns aus dem Staatsdienst. Dieser sei, so begründete er sein Begehren, noch vor kurzem Führer des Reichsbanners gewesen, daher der eifrigste Verfechter des „Marxismus" und darüber hinaus noch getaufter Jude. Weinmann selbst betonte in einer Stellungnahme, dass die Lingener Reichsbannermitglieder durchweg gemäßigte Elemente gewesen seien, nämlich

356 Vgl. BZ, Nr. 153 vom 4.7.1933.
357 Vgl. LKB, Nr. 103 vom 4.5.1933. Die Lingener sozialistischen Reichsbannerführer gerieten auch wegen dieser Aktivität in das Visier der Gestapo, die über sie Karteikarten anlegte (NLA OS Rep 439 Nr. 19).
358 Vgl. Herlemann, Biographisches Lexikon, S. 21.

Arbeiter, Freiberufler, Beamte der Strafanstalt, der Polizei und der Reichsbahn, denen vor allem daran gelegen war, Ruhe und Ordnung gegenüber den in Lingen verhältnismäßig starken Kommunisten zu verteidigen. Obwohl selbst der örtliche Stahlhelmführer, ein Lingener NSDAP-Senator, und der Ortsgruppenleiter der NSDAP Lengerich für eine Weiterbeschäftigung des fachlich von seinen Vorgesetzten hoch gelobten Weinmann eintraten, half dies angesichts der Vorwürfe Plesses nichts. NSDAP-Gauleiter Carl Röver (1889–1942) aus Oldenburg stärkte seinem jungen Lingener Kreisleiter den Rücken und befürwortete eine Entlassung Weinmanns. Diese verfügte der neue Osnabrücker NS-Regierungspräsident Mitte Juli 1933. Der langjährige Reichsbannerführer musste Lingen verlassen, kam 1938 für einige Zeit in ein Konzentrationslager und ging schließlich nach Großbritannien ins Exil.[360]

359 Vgl. Becker, Wahrheit; Jacob Toury, Jüdische Aspekte der Reichsbannergründung, in: Toury, Deutschlands Stiefkinder, S. 93–113.
360 Vgl. NLA OS Rep 430 Dez. 101 acc. 7/43 Nr. 539: Brief Plesses vom 3.4.1933, Brief Weinmann vom 8.7.1933, Ehrenerklärungen für Weinmann vom 6.7.1933, Erklärung Rövers vom 30.6.1933 und Schreiben des Regierungspräsidenten vom 17.7.1933. Weinmanns Schutzbehauptung, der letzte Reichsbanneraufmarsch sei im August 1931 gewesen, ist formal wohl korrekt, da anschließend alle späteren unter dem Zeichen der „Eisernen Front" stattfanden.

9

Fazit

Mit seiner in der zweiten Hälfte der 1920er-Jahre geschaffenen Feier- und Festkultur, die den ehemaligen Frontsoldaten Kameradschaft, Flucht aus dem entbehrungsreichen Alltag wie auch eine als sinnvoll angesehene Tätigkeit zur Verteidigung der Republik anbot, schuf das Reichsbanner eine attraktive Alternative zu den in der Region allgegenwärtigen Kriegervereinen.[361] Indes vermochte der republikanische Wehrverband in der Grafschaft Bentheim, traditionell eine Domäne rechtsgerichtet-autoritärer politischer Vorstellungen, diese Alternative lediglich in den kleinstädtisch geprägten Orten des Landkreises anzubieten. In Nordhorn, Schüttorf und Gildehaus konnte das Reichsbanner seinen Gegnern – zunächst insbesondere dem Stahlhelm, später vor allem der nationalsozialistischen SA – durchaus Paroli bieten. Doch in Bentheim und Neuenhaus, vor allem aber in den evangelischen Dörfern, hatten die rechten Feinde der Demokratie schon vor Hitlers Machtantritt weitgehend die Herrschaft über die Straße errungen. Dennoch versuchte das Reichsbanner unverzagt, auch hier immer wieder Präsenz zu zeigen und das Feld nicht kampflos den Antidemokraten zu überlassen.

Nonno de Vries meint, infolge der Tatsache, dass die „Eiserne Front" nach ihrer Gründung von fast allen nichtsozialistischen Gruppen eine demonstrative Abfuhr erhalten habe und daher eine rote statt eine schwarz-rot-goldene Wehrorganisation gewesen sei, seien die Sozialdemokraten, „wenn es ernst wurde, in ihrem Einsatz für die Demokratie ziemlich allein gelassen"[362] worden. Dabei übersieht er, dass die Sozialdemokraten gerade in den Regionen, wo sie das Reichsbanner stark prägten, selbst kräftig dazu beitrugen, indem sie auch im Reichsbanner

361 Zu deren politischen Ausrichtung und starken Verbreitung im Landkreis bereits im Kaiserreich vgl. Christian Lonnemann, Kriegervereine in der Grafschaft Bentheim zwischen Kameradschaftspflege, bürgerlichem Engagement und politischer Instrumentalisierung, in: Kotte/Lensing, Erster Weltkrieg, S. 28–42.

362 de Vries, Demokratie, S. 425.

ihre vielfach atheistisch geprägte Herkunft und speziell das Bekenntnis zum Sozialismus mit roten Fahnen, marxistischem Vokabular und entsprechendem Musikrepertoire demonstrativ pflegten. Zudem stand ihr linker Parteirand in einem ständigen personellen und geistigen Austausch mit den demokratiefeindlichen Kommunisten, an die die SPD in der Endphase der Weimarer Republik Mitglieder und Wähler verlor. Durch die Einbindung linker Milieuorganisationen in der neu geschaffenen „Eisernen Front" verstärkte sich die Einbettung in das sozialistische Lager. Dies führte dazu, dass sich die Reichsbanner-Mitglieder des Zentrums nahezu komplett der „Eisernen Front" verweigerten. Ebenso zog sich die Masse der verbliebenen bürgerlichen Republikaner zurück. Die Schaffung der „Eisernen Front" ohne Konsultation und Beteiligung von Reichsbanner-Mitgliedern aus den beiden anderen republikanischen Parteien wurde von diesen weit mehrheitlich als Linksruck und als Rückzug in das eigene Milieu bewertet, als eine bewusste Zurückweisung beispielsweise der antisozialistischen christlichen Gewerkschafter. Nicht ohne Grund versuchten diese daher in Zusammenarbeit mit katholischen Arbeitervereinen – in Nordhorn auch mit dem evangelischen Arbeiterverein – eine eigene, weniger militante Schutzorganisation aufzubauen, die „Volksfront gegen Radikalismus und soziale Reaktion". Dazu trug ebenfalls die Tatsache bei, dass das Grafschafter Reichsbanner überregionale Versammlungen und viele Familienfestivitäten an Sonntagen bereits zur Kirchgangszeit beginnen ließ, ohne Gelegenheit zum Gottesdienstbesuch zu geben. Das fassten die meist orthodox-reformierten und altreformierten Grafschafter vor dem Hintergrund der besonders strengen Sonntagsheiligung im Bentheimer Land als einen bewussten antireligiösen Affront auf. Dies gilt gleichfalls für die Förderung, die die SPD und ihr Umfeld auch im Gau der Jugendweihe angedeihen ließen, die eine offene Kampfansage an das Christentum war und die Konfirmation beziehungsweise Firmung ersetzen sollte.[363]

363 Siehe etwa die Werbung für Bücher zur Jugendweihe in: FP, Nr. 2425 vom 12.3.1928. Vor allem im nördlichen Teil des Reichsbanner-Gaus, so in der SPD-Hochburg Nord-Oldenburg, förderten die parteinahen Gewerkschaften die Jugendweihe bis in die 1950er-Jahre (Michael Hirschfeld, Soziale Gerechtigkeit als Lebensaufgabe. Willy Althaus. Ein Vorkämpfer der Katholischen Arbeitnehmer-Bewegung in Delmenhorst und im Oldenburger Land, Vechta 2000 (Quellen und Beiträge zur Kirchengeschichte des Oldenburger Landes, Beiheft 1), S. 84–85).

Werbung für Buchgeschenke zur Jugendweihe 1928 im SPD-Parteiorgan für den Regierungsbezirk Osnabrück.
Quelle: „Freie Presse", Nr. 2425 vom 12. März 1928

Zur Jugendweihe

wertvolle Werke schenken, die im wahrsten Sinne des Wortes **Bücher fürs Leben** werden können. Wir empfehlen:

Prof. Dr. Anna Siemsen

Das Buch der Mädel

Das beste weltliche Geschenkbuch für Mädels — auch die Jungen sollten es lesen — mit schönen stilvollen Erzählungen; im praktischen Leben den jungen Menschen zum ständigen Führer und Helfer werdend. Reich ill. in Halbl. RM. 2.50.

Prof. Dr. Eduard Erkes

Wie Gott erschaffen wurde.

Das Buch gibt eine sehr gute und leichtverständliche Darstellung über die geschichtliche Rolle des Gottesbegriffes. Preis broschiert RM. 1.50, gebunden RM. 2.—.

O. F. Kanitz

Das proletar. Kind in der bürgerl. Gesellschaft.

Ein Buch, das lange gefehlt hat und von allen im Interesse der heranwachsenden Kinder gelesen werden müßte. Broschiert RM. 1.50, gebunden RM. 2.—.

Prof. Theodor Hartwig

Soziologie und Sozialismus.

Die Geschichte der Welt in klaren, leichtverständlichen Umrissen. Broschiert RM. 1.50, gebunden RM. 2.—.

Prof. Dr. H. Schmidt

Fruchtbarkeit und Vermehrung.

Leichtverständlich wird das gerade für die heranwachsende Generation so wichtige Problem der Fruchtbarkeit und Vermehrung in der Pflanzen-, Tier- und Menschenwelt behandelt. Broschiert RM. 1.50, gebd. RM. 2.—.

Eduard Weckerle

Mensch und Maschine.

Die Beziehungen zwischen beiden, wie sie wurden und wie sie eigentlich nach sittlichen Begriffen sein sollten, werden in voller Klarheit aufgezeichnet. Brosch. RM. 1.50, gebd. 2.—.

Prof. Dr. I. Herrmann

Das neue Vaterunser.

Kein Hoffen auf den „Vater" mehr, kein Gebet um Erlösung, sondern ein Vorsatz zu menschenwürdigem Leben. In Halbpergament gebunden, zweifarbig gedruckt, RM. 0.75.

Erich Grisar

Gesänge des Lebens.

Flammende Anklagen gegen die Verursacher des Arbeitsleids und die bestehende gesellschaftliche Ungleichheit. Kartoniert RM. 1.—.

Dr. O. Hauser

Dort, wo der Menschheit Wiege stand

Eine feine, spannende Erzählung über die Urmenschforschung. Preis gebunden RM. 1.50.

Georg Engelbert Graf

Entwicklungsgeschichte der Erde.

Meisterhaft und verständlich ist hier die Entstehung und Entwicklung der Erde nach dem neuesten Stand der wissenschaftlichen Forschung dargelegt. Reich illustriert, kartoniert RM. 1.50.

C. Arriens

Mosaik des Völkerlebens.

Ein Reisewerk von hohem völkerkundlichen Wert, das über Leben und Treiben vieler Völker höchst interessant und lehrreich zu berichten weiß. Reich illustr. in Halbl. RM. 3.50.

Alle Werke sind zu beziehen durch:

Buchhandlung „Freie Presse" Osnabrück

Johannisstraße 43

Unter anderem der Bruch der Sonntagsheiligung und die Vermeidung der Möglichkeit, einen Sonntagsgottesdienst bei Großveranstaltungen des Reichsbanners und vor allem der „Eisernen Front" zu besuchen, hielten Zentrumsleute und die streng reformierten und altreformierten Anhänger der christlichen Gewerkschaften im Landkreis von einer Teilnahme ab. Die Fixierung der „Eisernen Front" im Gau auf das sozialistische Milieu zeigte sich überdies an vielen Kleinigkeiten. Beispielsweise trafen sich im September 1932 Mitglieder des Jungbanners der Regionen Ostfriesland und Oldenburg zu einem Grenztreffen im niederländischen Groningen mit Vertretern der niederländischen Arbeiterschaft. Über die Fahrtkostenmodalitäten war im „Reichsbanner" zu lesen:

„Die Jungba-Führer setzen sich möglichst rechtzeitig mit den örtlichen Instanzen der SPD. in Verbindung und regeln Fahrpreis usw."[364]

Daher bedeutete es für das Grafschafter Reichsbanner eine wesentliche Schwächung, dass es nicht – wie in anderen Regionen mit bedeutender katholischer Arbeiterbevölkerung[365] – von Beginn an versuchte, die katholische Minderheit mit ihrem sehr stabilen Milieu sowie die christlichen Gewerkschaften für eine Mitarbeit zu gewinnen, und ebenso wenig auf deren Gepflogenheiten einging. Verantwortlich dafür waren wohl die vor Ort wirkenden historischen Gegensätze zwischen Protestanten und Katholiken und die hier tief verwurzelte Konkurrenz zwischen den sozialistischen und christlichen Gewerkschaften. Trotz des gemeinsamen Bekenntnisses zur Republik, was sich etwa in der Gründung der christlichen „Volksfront" 1932 niederschlug, konnte dies die weltanschaulichen Gegensätze nur begrenzt kitten, selbst wenn es in politischen Gremien – etwa in Nordhorn – durchaus zu einer politischen Zusammenarbeit von SPD und Zentrum kam, beides politische Außenseiter im Kaiserreich und in Nordhorn weitgehend außerhalb der örtlichen Honoratiorenschaft stehend. Die SPD verlor ab 1930 im Landkreis Wähler an die KPD, aber auch an die NSDAP. Ob dies gleichzeitig zu einem Mitgliederverlust des Reichsbanners und der „Eisernen Front" führte, kann nicht abschließend beurteilt werden, da Mitgliederzahlen der Ortsgruppen nur selten überliefert sind. Für die Zeit ab 1930 existieren überhaupt keine Hinweise darauf. Immerhin musste um 1930 die Ortsgruppe Bentheim mangels aktiver Mitglieder aufgelöst werden. Die „Behördenstadt", in der Nationalsozialisten bereits seit 1923 aktiv waren, fungierte als Ausgangspunkt für die regionale Expansion der

364 RBZ vom 2.9.1932.

365 Vgl. beispielsweise für die katholische Enklave und Zentrumshochburg Eichsfeld: Degenhardt, Reichsbanner, S. 332–335.

NSDAP. Da insbesondere in Nordhorn die KPD durch die ökonomische Krise in der Textilindustrie von der Radikalisierung der in ihrer materiellen Existenz bedrohten Textilarbeiter profitierte, ebenso in Lingen vom Arbeitsplatzabbau beim RAW, büßte die SPD in beiden Städten ab 1930 massiv an Wählern und Anhängern ein. Bekanntlich überflügelten die Kommunisten bei Wahlen bereits die Sozialdemokraten. Deswegen liegt die Vermutung nahe, dass in Folge dieser Entwicklung die „Eiserne Front" spätestens ab Mitte 1932 Mitglieder wie Rückhalt in der regionalen Arbeiterschaft verlor.

Im Emsland hatte, so das Fazit Martin Lönings über die Durchsetzung der nationalsozialistischen Herrschaft im Emsland, die Konstituierung der

„Eisernen Front" *„kaum Resonanz gefunden."* Die Gründung der „Eisernen Front" scheine hier *„eher ein bürokratischer Akt von oben denn Ausdruck einer aktiven, kampfbereiten Arbeiterbewegung gewesen zu sein."* [366]

Ebenso seien, so Löning, wenig besuchte Versammlungen der bei Wahlen schrumpfenden SPD und deren verkleinerte Kandidatenlisten bei den Kommunalwahlen 1933 deutliche Anzeichen für deren Schwierigkeit im Emsland, geeignete und bereitwillige Kandidaten zu finden und die Arbeitslosen zu integrieren.[367] So ist die „Eiserne Front" in Lingen offensichtlich auf die Kerntruppe des Reichsbanners, die Sozialdemokraten, zurückgeworfen worden. Die Ortspresse nahm von ihr kaum noch Notiz, die „Lingener Tageszeitung" entzog ihr die Unterstützung, die sie dem Reichsbanner – obschon mit abnehmender Begeisterung – bislang gewährt hatte. Der langjährige Lingener Stadtarchivar Ludwig Remling konstatiert folglich zur „Eisernen Front" in der Emsstadt, sie habe „nicht die von ihren Initiatoren erwünschte politische Bedeutung" erreicht.[368] Vom Ende der Organisation ist dann 1933 in den Ortszeitungen folglich nichts mehr zu lesen. Die Zentrumsleute hatten sich augenscheinlich komplett der neuen Organisation verweigert, die in den Versammlungen nun deutlich ihr sozialistisches Profil zeigte. Es war dem Reichsbanner im Kreis Lingen nicht gelungen, außerhalb des urbanen linkskatholischen Milieus Anklang zu finden. Zum einen unternahm das Reichsbanner wenig, um die Katholiken im agrarischen Bereich des Landkreises zu gewinnen, zum anderen überwog hier das Misstrauen gegen die Sozialisten. Die antichristliche Agitation im Zuge der Revolution 1918/19 durch

366 Löning, Durchsetzung, S. 105.
367 Vgl. ebenda.
368 Vgl. Remling, Lingen, S. 88.

auswärtige Parteiredner und der stetige Kampf gegen die Konfessionsschule schreckten viele Einheimische vor einer Unterstützung der SPD und des mit ihr eng verbundenen Reichsbanners ab.[369] Dazu gehörten ebenso Forderungen aus den Reihen der sozialistisch-planwirtschaftlich eingestellten SPD nach der entschädigungslosen Enteignung der Fürsten. Das entsprechende regionale Pendant war das Begehren der Sozialdemokraten nach einer entschädigungslosen Enteignung der Ödlandbesitzer zugunsten der Landarbeiter und der unterbäuerlichen Schicht der Heuerleute, was diese selbst – in beiden Landkreisen in einem christlichen Verband organisiert – in dieser Form entschieden ablehnten.[370] Damit war ein Eindringen der religionskritisch-marxistischen SPD, die auf dem Land vielfach mit dem Reichsbanner gleichgesetzt wurde, in die religiös geprägten ländlichen Unterschichten beider Landkreise nicht möglich.

Da die bürgerlichen Linksliberalen der DDP, die sich in Schüttorf anfänglich im Reichsbanner engagierten, politisch bald bedeutungslos wurden, blieb das Reichsbanner im Bentheimer Land spätestens seit den ausgehenden 1920er-Jahren auf die (sozialistische) Arbeiterschaft beschränkt – eine Tendenz, die sich infolge der Abstinenz der Zentrumsmitglieder, in Schüttorf und Nordhorn größtenteils Textilarbeiter, mit dem Niedergang der DDP und ihrem Schrumpfen bei Wahlen bis zur Bedeutungslosigkeit noch verstärkte. So ist für das Bentheimer Land Sebastian Elsbachs leidenschaftliches Plädoyer gegen eine „Abstempelung" des Reichsbanners und der „Eisernen Front" als eine sozialdemokratische Organisation und seine Betonung der Funktion als ein überparteiliches Massenbündnis nicht zu teilen.[371] Auch auf Gauebene dominierte die SPD die Wehrorganisation, in deren Vorstandsetagen oberhalb der Ortsebene im Gau bislang kein einziger Zentrumsmann aufgespürt werden konnte.

369 Vgl. Hermann Giesecke, Zur Schulpolitik der Sozialdemokraten in Preußen und im Reich 1918/19, in: Vierteljahrshefte für Zeitgeschichte. 13. Jg., Heft 1 (1965), S. 162–177; zur Region vgl. Lensing, Protestantismus, S. 109–116.

370 Dabei war die soziale Frage auf dem Land in den emsländischen Landkreisen und der Grafschaft seinerzeit durchaus virulent, stärkte dort aber wegen der antireligiösen Ausrichtung der Sozialdemokratie linkskatholische Splitterparteien, nicht die SPD und das Reichsbanner. Vgl. Lensing, Zentrumspartei, S. 134–138; Helmut Lensing/Bernd Robben, „Wenn der Bauer pfeift, dann müssen die Heuerleute kommen!". Betrachtungen und Forschungen zum Heuerlingswesen in Nordwestdeutschland (10. minimal erweiterte Aufl.), Meppen 2021, S. 220–227, 237–245. Im evangelischen Teil des Osnabrücker Lands gab es indes einen sozialdemokratischen Heuerlingsverband und ländliche Reichsbannergruppen.

371 Vgl. Elsbach, Reichsbanner, S. 31–41.

Zwar überzeugen Elsbachs Darlegungen durchaus, dass das Reichsbanner kein reiner Befehlsempfänger der SPD-Parteileitung war und die Organisation ein Eigenbewusstsein entfaltete. Doch im Bentheimer Land waren Reichsbanner und „Eiserne Front" seit dem Ende der 1920er-Jahre, als in Führungspositionen keine DDP-Mitglieder mehr nachweisbar sind, fest in das sozialistische Milieu eingebunden. Ähnliches gilt auf Gauebene, wo in den Leitungsämtern ohnehin Sozialdemokraten aus Oldenburg und Ostfriesland dominierten. So kann für die Region Emsland/Grafschaft Bentheim Elsbachs Meinung, trotz der Schärfung des sozialdemokratischen Profils des Reichsbanners durch die Gründung der „Eisernen Front" hätten die bürgerlichen Mitglieder des Reichsbanners nach wie vor mitgearbeitet,[372] nicht bestätigt werden. Mitglieder der Deutschen Staatspartei sind ebenso wie Zentrumsmitglieder in hohen Führungsgremien von Reichsbanner und „Eiserne Front" ab Anfang 1932 in der Region nicht mehr nachweisbar. Lediglich im mehrheitlich katholischen Lingen war der Linksliberale Ludwig Weinmann noch Vorsitzender der „Eisernen Front". Ansonsten sind überall ausschließlich SPD-Anhänger in Vorstandsämtern zu finden. Dies ist weit mehr, als dass bürgerliche Anhänger nur „emotional auf Distanz zum Reichsbanner" gingen, wie Elsbach einräumt.[373] Bezeichnenderweise nimmt er von der weitgehend katholischen „Volksfront" keine Notiz, bis auf den Hinweis, dass Reichsbannerleute für die „Volksfront" in Witten an der Ruhr den Saalschutz übernommen hätten.[374] In Lingen zeigte der Ortsgruppen-Vorsitzende, ein evangelischer DDP-Mann, mehr Rücksicht gegenüber den katholischen Mitgliedern, sodass Zentrumsanhänger und Linkskatholiken dort länger zum Reichsbanner hielten.

In der Grafschaft galten ohnehin Sozialdemokraten wie Zentrumsleute als eingeschworene NS-Gegner, was auch die steigende Zusammenarbeit von SPD und Zentrum in Nordhorn ab der Weltwirtschaftskrise und die Konstituierung der mit dem Reichsbanner verbündeten „Volksfront" zeigt. So überrascht dann auch folgender Vorfall bei dem großen Umzug zum Sieg des „nationalen Deutschlands" bei der Reichstagswahl vom 5. März 1933 wenig. Am Umzug beteiligten sich katholische Verbände Nordhorns, die nicht wie im „Kulturkampf" vom „nationalen Konsens" ausgeschlossen sein wollten. Doch dabei kam es gleich zu Unstimmig-

372 Vgl. ebenda, S. 413.
373 Vgl. ebenda, S. 415.
374 Vgl. ebenda, S. 425.

keiten, wie die Pfarrchronik von St. Marien überliefert. Als die Nationalsozialisten im Sprechchor riefen: „Deutschland erwache! Juda verrecke! Wer hat uns verraten? – Die Sozialdemokraten! Wer war dabei? Die Zentrumspartei!", skandierten katholische Teilnehmer lautstark „Treu Kolping! Kolping-treu! Jugendkraft-Heil".[375]

Sebastian Elsbach weist auf die lange unbekannte Tatsache hin, dass es gerade in den ersten Monaten des Jahres 1933 zu zahlreichen Kämpfen zwischen staatlichen Organen und den nationalsozialistischen Wehrverbänden mit ehemaligen Reichsbannerleuten kam, die sogar Todesopfer forderten. Sich kampflos dem Schicksal ergeben habe sich daher das Reichsbanner nicht, wobei in der Regel diese handfesten Konfrontationen in größeren Städten stattfanden.[376]

Im Bentheimer Land und in Lingen war dies jedoch nicht der Fall. Dort spielte das Reichsbanner aber eine wichtige Rolle bei der Bekämpfung rechter Einstellungen, bot es den Arbeitern doch eine emotionale Heimat, die sie von den rechts eingestellten Kriegervereinen, dem Stahlhelm und später der SA fernhielt. Wie der oben zitierte Bericht über die Wahlabschlusskundgebung der NSDAP und den verbündeten Deutschnationalen am 4. März 1933 in Neuenhaus mit der Verbrennung der Fahne der „Eisernen Front" zeigt, marschierte hier der örtliche Kriegerverein schon bei den Nationalsozialisten mit. Zwar war der Kampf der republikanischen Schutzorganisation gegen den Nationalsozialismus letztlich erfolglos. Doch erschwerte er in den Kommunen mit einer Ortsgruppe den Vormarsch der Nationalsozialisten – speziell unter den Arbeitern – erheblich. Allerdings gelang es dem Reichsbanner, sozial verwurzelt bei den Grafschafter Textilarbeitern, nicht, in den protestantischen Dörfern Fuß zu fassen, wo die Nationalsozialisten bereits von dem Machtantritt Hitlers das politische Klima beherrschten. In den Städten und in Gildehaus trug es allerdings mit dazu bei, dass auch in der NS-Zeit ein Teil der Grafschafter Bevölkerung Distanz zum NS-Regime bewahrte.[377]

375 Katholische Kirchengemeinde St. Marien (Hrsg.), „Wir sind lebendige Steine". 75 Jahre Kirchweih St. Marien Nordhorn, 80 Jahre Gemeindegeschichte St. Marien Nordhorn, Nordhorn 2010, S. 42. Mit Jugendkraft war die katholische Sportorganisation Deutsche Jugendkraft gemeint, die in Nordhorn mitgliederstark war.

376 Vgl. Elsbach, Reichsbanner, S. 557–562.

377 Vgl. Wagner, Gestapo, S. 376–379. Allerdings trugen zum widerständigen (Wahl-)Verhalten in der NS-Zeit auch kirchenpolitische Auseinandersetzungen bei, die Wagner nur am Rande berücksichtigt.

In der großen Textilarbeiterstadt Nordhorn arbeiteten – bei allen Gegensätzen – das Reichsbanner bzw. die „Eiserne Front" und die Anhänger der katholischen Zentrumspartei in den Krisenjahren der Weimarer Republik politisch immer enger zusammen. Wenngleich die Katholiken sich vor Ort nicht am Reichsbanner beteiligten, so sammelten sie sich doch in der mit ihm verbündeten „Volksfront gegen Radikalismus und soziale Reaktion". Die Nationalsozialisten sahen beide als Gegner an. Dies taten sie auch in Lingen, doch hier kühlte das Verhältnis zwischen der dominierenden Zentrumspartei und der SPD spätestens nach der Gründung der „Eisernen Front" merklich ab. Von einem gemeinsamen Kampf für die Republik ist in der Emsstadt nichts zu bemerken. Dies liegt vielleicht auch daran, dass die SPD in Lingen 1932 stark geschrumpft war und die KPD im linken Spektrum die führende Partei wurde. Infolgedessen richtete sich die Verfolgung linker Kräfte in der Grenzregion ab 1933 durch die NS-Diktatur in erster Linie gegen die KPD, weniger gegen die SPD und das Reichsbanner, zumal deren Mitglieder weit weniger als die Kommunisten den Weg in den konspirativen Widerstand gingen.[378]

378 Zur Verfolgung von Nordhorner und Lingener Kommunisten vgl. Gerd Steinwascher, Mit der „Roten Fahne" in den Untergang. Der Widerstand der KPD gegen den Nationalsozialismus im Emsland nach der Machtergreifung, in: Jahrbuch des Emsländischen Heimatbundes, Bd. 47 (2001), S. 85–113; Rohr, Arbeiterbewegung, S. 179–197, zum Widerstand der SPD und der Freien Gewerkschaften S. 197–198; Wagner, Gestapo, S. 302–307.

Ludwig Weinmann (1880–1953)[379]

Der älteste Sohn eines jüdischen Möbelfabrikanten wurde am 10. August 1880 in Berlin geboren. Infolge finanzieller Probleme des väterlichen Betriebs musste Weinmann seinen Lebensunterhalt während des Architekturstudiums an der Berliner Technischen Hochschule selbst verdienen. Im Herbst 1903 trat er in den preußischen Staatsdienst ein. 1912 konvertierte der Architekt vom Judentum zur evangelisch-lutherischen Kirche. Am 2. August 1914 zum Kriegsdienst eingezogen, wurde Weinmann vornehmlich als Baumeister in Berlin eingesetzt. Zum 1. Mai 1920 übernahm er die Leitung des Preußischen Hochbauamts in Lingen an der Ems. Seit seiner Jugend Anhänger des Nationalsozialen Vereins Friedrich Naumanns und des nationalsozialen Bodenreformers Adolf Damaschke, betätigte sich Weinmann in Lingen im Bund der Bodenreformer. Nachdem Damaschke hier 1923 persönlich für seine Ideen geworben hatte, erhielt in den 1920er-Jahren ein neuerrichteter Stadtteil Lingens seinen Namen. Als Anhänger der Weimarer Republik engagierte sich Weinmann spätestens ab 1922 als Vorsitzender der in Lingen kleinen linksliberalen DDP. 1925 kandidierte er erfolglos für die DDP zur Provinziallandtagswahl. Da die DDP in der Emsstadt immer weiter an Rückhalt verlor, waren seine Bewerbungen zum Bürgervorsteher-Kollegium selbst auf vorderen Listenplätzen nicht erfolgreich.

In der Öffentlichkeit trat Weinmann als Verteidiger der demokratischen Republik auf. 1924 konstituierte sich in der Emsstadt eine Ortsgruppe des Reichsbanners Schwarz-Rot-Gold, die Weinmann wie auch ab 1932 die „Eiserne Front" bis zur Auflösung 1933 leitete. Der Lingener NSDAP-Ortsgruppenführer und -Kreisleiter verlangte nach der Etablierung der NS-Herrschaft durch die März-Wahlen 1933 beim Osnabrücker NS-Regierungspräsidenten die sofortige Entlassung Weinmanns, da dieser ein NS-Gegner, ein getaufter Jude und Reichsbannerführer sei, weshalb sich der Beamte als einer „der eifrigsten Verfechter des Marxismus" in Lingen betätigt habe.

379 Zu Weinmann vgl. Lensing, Weinmann. Hier finden sich auch die nachfolgenden Informationen sowie in: NLA OS Rep 430 Dez. 101, acc. 7/43 Nr. 539: Schreiben Plesses vom 3.4.1933.

Anfang April 1933 vorläufig vom Dienst suspendiert, erfolgte zum 15. September 1933 Weinmanns endgültige Zwangspensionierung. Er siedelte nach Berlin über. Im Zuge des antisemitischen Pogroms vom 9. November 1938 wurde er verhaftet und in das Konzentrationslager Sachsenhausen bei Berlin verschleppt. Dort war er vom 10. November bis zum 19. Dezember 1938 inhaftiert. Man entließ Weinmann unter der Bedingung, dass er umgehend Deutschland verlasse. Bleibende Erinnerung an die KZ-Haft, in der er mehrfach misshandelt wurde, war die Verkrüppelung eines Fingers infolge von Erfrierungen. Weinmann emigrierte im März 1939 nach London. Seine Frau Auguste durfte ihn nicht begleiten. Sie starb 1944 nach schwerer Krankheit, ohne ihren Ehemann wiedergesehen zu haben. 1947 kehrte Weinmann, der in London als Architekt gearbeitet hatte, nach Lingen zurück. Auf Bitten der Stadt übernahm er 1949 die Stellung des Zweiten Vorsitzenden des wieder gegründeten Lingener Heimat- und Verkehrsvereins. De facto fungierte er damit als Geschäftsführer des Vereins für Fremdenverkehrsförderung, agierte für die Verbesserung der Verkehrsinfrastruktur, Stadtverschönerung, der Organisation von Heimatfesten und der Herausgabe heimatkundlicher Schriften. Weinmann leitete zudem den Planungsausschuss der Stadt. Im April 1951 wählte der Heimat- und Verkehrsverein ihn einstimmig zum neuen Vorsitzenden. Ludwig Weinmann starb am 10. August 1953 in Hamburg. In der Stadt Lingen erinnert eine Straße an ihm.

Der Lingener Reichsbanner-Vorsitzende Ludwig Weinmann (1880–1953), o. J.

Quelle: Lingener Heimatkalender für das Jahr 1954, Lingen (1953), S. 30 (Reproduktion)

Heinrich Kloppers (1891–1944)[380]

Der Sohn eines evangelisch-reformierten niederländischen Zimmermanns und seiner deutschen Ehefrau wurde am 14. Juni 1891 in der Bauerschaft Hagelshoek bei Gildehaus in der Obergrafschaft Bentheim geboren. 1894 erhielt die gesamte Familie die deutsche Staatsbürgerschaft. Heinrich Kloppers besuchte die Gildehauser evangelische Volksschule und arbeitete anschließend als Weber. 1915 wurde der tief religiöse Kloppers zum Kriegsdienst eingezogen. Er pflegte während des Kriegsdienstes an der Front einen engen Kontakt zur Kirchengemeinde. Kloppers kehrte als Kriegsbeschädigter heim. Bald arbeitete er wieder als Weber. 1920 heiratete Kloppers die Näherin Mina Gerlings aus dem nahen Bardel.

Heinrich Kloppers betätigte sich ab Mitte der 1920er-Jahre stark im Gildehauser Vereinsleben. Sein kirchliches Engagement im evangelischen Männer- und Jünglingsverein, dem er seit 1907 angehörte, stieg an. Er besuchte viele Veranstaltungen der reformierten Kirche, war seit 1913 Mitglied beim Blaukreuzverein gegen den Alkohol und zog bald in die Oberwohnung des evangelischen Vereinsheims. Ab Ende der 1930er-Jahre betätigte er sich vor allem im Gildehauser Christlichen Verein Junger Männer.

Der Sozialdemokrat Kloppers trat dem 1925 im Textilarbeiterdorf gegründeten Reichsbanner Schwarz-Rot-Gold bei und engagierte sich im 1927 konstituierten Arbeiter-Turn- und Sportverein „Jahn", den er 1931 als Vorsitzender leitete. Ebenso war er Mitglied in der sozialistischen Textilarbeitergewerkschaft. Kloppers diente als Scharnier zwischen dem kirchlichen und sozialistischen Milieu im Ort. 1929 kandidierte er erfolgreich auf der Sammelliste des Gemeindevorstehers Ernst Buermeyer (1883–1945), eines DVP-Mitglieds, dem eine bürgerliche Rechtsliste gegenüberstand. Im Dorf entwickelten sich große parteipolitische Gegensätze, da die NSDAP viele Unterstützer besaß und der fanatische Kreisleiter Dr. Joseph Ständer hier als Arzt praktizierte. Andererseits war unter den Textilarbeitern ein stabiles linkes Milieu entstanden. Die Nationalsozialisten führten in der ausgehenden Weimarer Republik eine Verleumdungskampagne gegen Gemeindevorsteher Buermeyer

380 Vgl. Wagner, Gestapo, S. 458–560; KKA NOH Nachlass Kloppers, Heinrich: CEEB 30/09; CEEB 30/16.

wegen Grundstücksgeschäften, wobei Kloppers als Mitglied der Grundstückskommission des Gildehauser Rates direkt betroffen war. Diese dörflichen Auseinandersetzungen fanden bis in die Osnabrücker Presse hinein Aufmerksamkeit. In der Weltwirtschaftskrise mit seiner schwierigen Geschäftslage der Textilindustrie wechselte Kloppers seinen Beruf. Ab Sommer 1931 arbeitete er bei der AOK, wobei er schon seit 1927 als Arbeitnehmervertreter in dessen Ausschuss gewählt worden war. Im April 1932 wurde er zum AOK-Vollziehungsbeamten ernannt. In dieser Tätigkeit kam es mehrfach zu Konflikten mit NS-Funktionären.

1933 standen sich bei der Kommunalwahl eine Einheitsliste unter Leitung Buermeyers und eine Liste der Nationalsozialisten gegenüber, wobei die Buermeyer-Liste sieben Mandate und die Nationalsozialisten zwei gewannen. Kloppers hatte nun nicht mehr kandidiert. Buermeyer wurde zwar einstimmig als Gemeindevorsteher wiedergewählt, aber nach einer NS-Hetzkampagne vom Landrat nicht bestätigt. Zermürbt musste er sein Amt niederlegen und die Grafschaft verlassen.

Da Kloppers nach der „Gleichschaltung" die geforderte „nationale Gesinnung" für die Weiterführung seines Berufes fehlte und er sich weigerte, der Partei beizutreten, erhielt er im September 1933 seine fristlose Kündigung. Er wurde durch den Bruder des NS-Ortsgruppenleiters ersetzt. In seiner finanziellen Not nahm Kloppers eine Arbeit als Aushilfs- und Straßenunterhaltungsarbeiter an, erkrankte aber im Februar 1934 an einer Lungenentzündung. Nach seiner Genesung fand er wieder Arbeit in einer Gildehauser Textilfabrik, in der Nationalsozialisten immer mehr die Oberhand gewannen. 1937 wechselte er zur Nordhorner Textilfabrik Ludwig Povel & Co., wo er bis zu seiner Verhaftung arbeitete. Dazu fuhr er mit der Bahn zur Arbeit. Der Textilarbeiter hielt als ehemaliges Reichsbannermitglied und bekennender Christ auch nach 1933 mit seiner Ablehnung der NS-Ideologie nicht hinter dem Berg. So kritisierte er öffentlich die NS-Politik gegenüber den Juden, mit denen er wie mit etlichen anderen alten Reichsbannerkameraden engen Kontakt pflegte und sich zu politischen Gesprächen heimlich traf. Der in politischen Diskussionen schnell erregte Kloppers wurde bei den Bahnfahrten häufig von NS-Anhängern provoziert. Nach dem gescheiterten Attentat auf Hitler am 20. Juli 1944 gab es am 22. August im Landkreis eine Verhaftungswelle bekannter NS-Gegner. In diesem Zusammenhang wurde Kloppers am 23. August zusammen mit dem Nordhorner christlichen Gewerkschaftsveteranen und Zentrumsmann Bernhard Moorwessel, dem Weber und KPD-Leiter Ferdinand Kobitzki (1890–1944) und dem KPD-Aktivisten Karl Barfuß an seiner Arbeitsstelle verhaftet und

**Heinrich Kloppers, o. J.
Kloppers war Brückenbauer zwischen Gildehauser reformiertem Milieu und dem sozialistischen Milieu. Kloppers starb 1944 im Konzentrationslager Neuengamme.**
Quelle: KKA Nordhorn CEEB 30/25

in das Bentheimer Gerichtsgefängnis eingeliefert. Gleichfalls verhaftet worden waren in Nordhorn etliche ehemals führende SPD-Kommunalpolitiker wie der ehemalige Reichsbannerführer Karl Strübbe und die Gewerkschafter Paul Köhler, Bernhard Kipker und Oskar Scheele. Während die meisten Inhaftierten relativ schnell entlassen wurden, überstellte man am 20. September 1944 Kloppers und Kobitzki der Osnabrücker Gestapo. Offenbar war Kreisleiter Dr. Ständer für Kloppers Verhaftung verantwortlich. Seine Familie bat ihn vergeblich, für seine Freilassung zu intervenieren. Kloppers Arbeitergeber Dr. Ben Povel (1897–1952), späterer CDU-Bundestagsabgeordneter und katholischer NS-Gegner, der persönlich verfolgte Juden in die Niederlande geschmuggelt hatte, setzte sich brieflich für die Freilassung von Kloppers und Kobitzki ein. Die Gestapo verfrachtete beide in das Polizeigefängnis Osnabrück. Von dort ging es am 29. September weiter in das Konzentrationslager Neuengamme bei Hamburg. Die überharte Arbeit und Misshandlungen führten dazu, dass Kloppers laut amtlichen Angaben am 24. November 1944 in Neuengamme an „Lungenschwindsucht" starb. Auch Kobitzki überlebte die Haft nicht, er starb drei Wochen später. Gildehaus erinnert durch eine Straßenbenennung an Heinrich Kloppers.

Anhang

Abkürzungsverzeichnis

Abb.	Abbildung
a. D.	außer Dienst
ADGB	Allgemeiner Deutscher Gewerkschaftsbund
AEV	Allgemeiner Eisenbahner-Verband
Anm.	Anmerkung
AOK	Allgemeine Ortskrankenkasse
Art.	Artikel
Bd.	Band
BVP	Bayerische Volkspartei
BZ	Bentheimer Zeitung
CNBLP	Christlich-Nationale Bauern- und Landvolk-Partei
CSRP	Christlich-Soziale Reichspartei
CSVD	Christlich-Sozialer Volksdienst
CSVG	Christlich-Soziale Volksgemeinschaft
CTV	Christlicher Textilarbeiter-Verband
DBP	Deutsche Bauernpartei
DDP	Deutsche Demokratische Partei
Deutschsoz.	Deutschsoziale Partei
DEV	Deutscher Eisenbahner-Verband
DGB	Deutscher Gewerkschaftsbund (Dachorganisation der christlich-nationalen Gewerkschaften der Weimarer Republik)
DHP	Deutsch-Hannoversche Partei
DL	Deutsches Landvolk (vormals Christlich-Nationale Bauern- und Landvolkspartei)
DNVP	Deutschnationale Volkspartei
DStP	Deutsche Staatspartei
DTV	Deutscher Textilarbeiter-Verband
DVP	Deutsche Volkspartei

EG	Emsländische Geschichte
FVB	Frerener Volksblatt
EdED	Einheitsverband der Eisenbahner Deutschlands
FP	Freie Presse, Osnabrück
GdE	Gewerkschaft deutscher Eisenbahner
GDW	Gedenkstätte Deutscher Widerstand
geb.	geboren
GN	Grafschafter Nachrichten, Nordhorn
GWR	Grafschafter Wochen-Rundschau, Nordhorn
Hrsg.	Herausgeber
hrsg.	herausgegeben
i. A.	im Auftrag
Jg.	Jahrgang
Jungba	Jungbanner (Jugendorganisation des Reichsbanners)
Jungdo	Jungdeutscher Orden
Kam.	Kamerad
KFSWR	Kampffront Schwarz-Weiß-Rot (ehemals DNVP)
KKA NOH	Kreis- und Kommunalarchiv der Grafschaft Bentheim in Nordhorn
KPD	Kommunistische Partei Deutschlands
KZ	Konzentrationslager
LKB	Lingener Kreisblatt
LT	Lingener Tageszeitung, Lingen/Rheine
LVB	Lingener Volksbote
LWB	Lingen'sches Wochenblatt
MSPD	Mehrheits-Sozialdemokratische Partei Deutschlands
NA	Nordhorner Anzeiger, Münster/Nordhorn
NLA OS	Niedersächsisches Landesarchiv – Abteilung Osnabrück
NN	Nordhorner Nachrichten
N. N.	Nomen nescio
Nr.	Nummer
ns/NS	nationalsozialistisch
NSBO	Nationalsozialistische Betriebszellen-Organisation
NSDAP	Nationalsozialistische Deutsche Arbeiterpartei
RAW	Reichsbahnausbesserungswerk
RBZ	Das Reichsbanner. Zeitung des Reichsbanners Schwarz-Rot-Gold
RFB	Roter Frontkämpfer-Bund
RGO	Revolutionäre Gewerkschafts-Opposition
S.	Seite
SA	Sturm-Abteilung
SAP	Sozialistische Arbeiter-Partei Deutschlands
Schufo	Schutzformation
SPD	Sozialdemokratische Partei Deutschlands

SS	Schutz-Staffel
SZ	Schüttorfer Zeitung
s. Zt.	seiner Zeit
u. a.	unter anderem/und andere
USPD	Unabhängige Sozialdemokratische Partei Deutschlands
Volksrecht	Volksrechtpartei/Reichspartei für Volksrecht und Aufwertung
VSB	Völkisch-Sozialer Block (Tarnorganisation der NSDAP)
VSPD	Vereinigte Sozialdemokratische Partei Deutschlands
Wahlber.	Wahlberechtigte
Wahlbet.	Wahlbeteiligung
WP	Wirtschaftspartei/Reichspartei des deutschen Mittelstandes
ZuA	Zeitung und Anzeigeblatt, Neuenhaus

Quellen- und Literaturverzeichnis

Quellen

Archivalien

Bundesarchiv Berlin
BArch, R 9350/723: Fotosammlung

Bundesarchiv Koblenz
BArch, N 1681: Nachlass: Scheffler, Gerhard

Niedersächsisches Landesarchiv – Abteilung Osnabrück (NLA OS)
Rep 430 Dez. 101 acc. 7/43 Nr. 539
Rep 430 Dez. 201 acc 5/55 Nr. 5 Bd. 1
Rep 430 Dez. 201 acc 5/66 Nr. 6 Bd. 3
Rep 430 Dez. 201 Akz 5/66 Nr. 12 Bd. 1
Rep 430 Dez. 902 Akz 2003/068 Nr. 298
Rep 439 Nr. 19
Rep 450 Bent I L.A. Bentheim Nr. 38
Rep 450 Bent I L.A. Bentheim Nr. 43
Rep 450 Bent I L.A. Bent Nr. 99 b
Rep 450 Bent I L.A. Bent Nr. 464
Rep 450 Bent II L.A. Bent Nr. 407
Rep 450 Bent II L.A. Bent Nr. 408
Rep 450 Bent II L.A. Bent Nr. 409
Rep 450 Bent II L.A. Bent Nr. 410
Rep 450 Bent II L.A. Bent Nr. 411
Rep 450 Lin L.A. Lingen Nr. 14 a

Kreis- und Kommunalarchiv der Grafschaft Bentheim zu Nordhorn
Stadtarchiv Nordhorn C I q Nr. 36
Stadtarchiv Nordhorn C I q Nr. 37
Nachlass Kloppers, Heinrich: CEEB 30/09, CEEB 30/10; CEEB 30/16; CEEB 30/25

Stadtarchiv Schüttorf
Stadtarchiv Schüttorf Nr. 51
Fotosammlung

Stadtarchiv Lingen
Dep 29 b I Nr. 5401
Fotosammlung

Gedruckte Quellen

Adreß-Buch der Stadt- und Landgemeinden des Kreises Grafschaft Bentheim 1930, bearbeitet von ten Brink, hrsg. von Engelbert Pötters, Nordhorn 1930.

Adreßbuch der Stadt Lingen an der Ems und des Kreises Lingen 1925, bearbeitet von Verwaltungssekretär Riekhoff, Lingen 1925.

Das Bentheimer Land, Bd. XII. Zugleich Heimat-Kalender 1937 (Jahrbuch des Heimatvereins der Grafschaft Bentheim), Nordhorn 1936.

Brans, (Johannes), Der Kreis Lingen. Wirtschaft und Statistik, in: „Osnabrücker Volkszeitung", Nr. 62 vom 2.3.1932.

Florin, Wilhelm, Das Zentrum, die führende Partei des deutschen Faschismus, in: „Ruhr-Echo", Nr. 233 vom 21.11.1931.

F. M., „Volksfront" Ordnungs-Banner Osnabrück in Aktion, in: „Osnabrücker Volkszeitung", Nr. 69 vom 9.3.1932.

Grunewald jun., A., Schutzsport im Gau Oldenburg-Ostfriesland-Osnabrück. Ein Bericht über das Sommerhalbjahr, in: „Das Reichsbanner" vom 18.11.1928.

Grunewald, Arthur, Demokratie oder Faschismus, in: „Das Reichsbanner" vom 24.1.1931.

Grafschafter Heimat-Kalender für das Jahr 1929. 4. Jg., bearbeitet von Heinrich Specht, hrsg. von Heinrich Kip, Neuenhaus 1928.

Grafschafter Heimat-Kalender für das Jahr 1931. 6. Jg., bearbeitet von Heinrich Specht, hrsg. von Heinrich Kip, Neuenhaus 1930.

Hölscher, H., Volksfront gegen Radikalismus und soziale Reaktion, in: „Lingener Tageszeitung" vom 26.3.1932.

Leer. Reichsbanner-Gautreffen Oldenburg, Ostfriesland, Osnabrück 28. Juni – 29. Juni 1930, (Leer 1930).

Löwenstein, Hubertus Prinz zu, Das Reichsbanner: Träger der deutschen Zukunft, in: „Das Reichsbanner", Nr. 32 vom 8.8.1931.

N. N., Einheitssturm gegen Textil-Lohnraub, in: „Ruhr-Echo", Nr. 148 vom 12.7.1932.

N. N., Die „Eiserne Front" marschiert, in: „Freie Presse", Nr. 45 vom 23.2.1932.

N. N., Art. Nordhorn, in: Adreß-Buch der Stadt- und Landgemeinden des Kreises Grafschaft Bentheim 1930, bearbeitet von ten Brink, hrsg. von Engelbert Pötters, Nordhorn 1930, S. 147–151.

N. N., Hakenkreuz und Kommunismus im Bunde, in: „Freie Presse", Nr. 79 vom 5.4.1929.

N. N., Kundgebung der „eisernen Front". Das dritte Reich kommt nicht, in: „Zeitung und Anzeigeblatt", Nr. 13 vom 18.1.1932.

N. N., Münsterlands Textiler wieder in Kampffront, in: „Ruhr-Echo", Nr. 214 vom 20.10.1931.

N. N., Nordhorn im Zeichen öffentlicher Kundgebungen, in: „Zeitung und Anzeigeblatt", Nr. 163 vom 15.7.1932.

N. N., Der Rattenpater hetzt wieder. Muckermann verbreitet wieder Lügen über die Sowjetunion, in: „Ruhr-Echo", Nr. 13 vom 20.1.1931.

N. N., Richtlinien für den Wehrsport, in: „Das Reichsbanner" vom 7.1.1933 und „Das Reichsbanner" vom 4.2.1933.

N. N., Der Schutzsport im Reichsbanner, in: „Das Reichsbanner", Nr. 23 vom 7.6.1930.

N. N., Die SPD. im Bezirk Oldenburg-Ostfriesland-Osnabrück. Der Rechenschaftsbericht, in: „Freie Presse", Nr. 2100 vom 19.2.1927.

N. N., Sturm in den Textilhöllen, in: „Ruhr-Echo", Nr. 153 vom 18.7.1932.

N. N., Textilarbeiter greifen zur Waffe des Streiks. Zwei Abteilungen des Powel-Werkes in Nordhorn im Streik gegen den Lohnraub. Antifaschistischer Kampfwille der Textiler, in: „Ruhr-Echo", Nr. 152 vom 16.7.1932.

N. N., Textilarbeiterstreik verbreitert, in: „Ruhr-Echo", Nr. 154 vom 19.7.1932.

N. N., Textiler, streikfertig gemacht!, in: „Ruhr-Echo", Nr. 147 vom 11.6.1932.

N. N., Die beruflich-sozialen Verhältnisse in Lingen, in: „Lingener Tageszeitung" vom 27.2.1930.

N. N., Volkszählung 1933 in der Grafschaft Bentheim, in: Das Bentheimer Land, Bd. IX. Zugleich Heimat-Kalender 1935 (Jahrbuch des Heimatvereins des Grafschaft Bentheim), Nordhorn 1934, S. 55–56.

N. N., Zentrum gleich Nazis, in: „Ruhr-Echo", Nr. 34 vom 11.2.1932.

N. N., Zentrum und Reichsbanner, in: „Freie Presse", Nr. 2233 vom 28.7.1927.

Organisationshandbuch der Deutschen Demokratischen Partei, hrsg. von der Reichsgeschäftsstelle der Deutschen Demokratischen Partei, Berlin 1926.

Sammlung der Drucksachen des Preußischen Landtags (Anlagen zu den Sitzungsprotokollen), 4. Wahlperiode, 1. Tagung vom 24.5.1932, Bd. 1, Berlin 1933.

Statistik des Deutschen Reichs, Bd. 434: Die Wahlen zum Reichstag am 31. Juli und 6. November 1932 und am 5. März 1933 (Sechste bis Achte Wahlperiode), Berlin 1935.

Wegweiser für Funktionäre, Führer und alle Bundeskameraden des Reichsbanners Schwarz-Rot-Gold. Gültig ab 1. Januar 1929, Magdeburg o. J.

Literaturverzeichnis

Albertin, Lothar, Stahlhelm und Reichsbanner. Bedrohung und Verteidigung der Weimarer Demokratie durch politische Kampfverbände, in: Neue Politische Literatur. XIII. Jg. 1968, Frankfurt am Main 1968, S. 456–465.

Becker, Robert, Der Wahrheit die Ehre. Das Reichsbanner Schwarz-Rot-Gold. Die vergessene „Judenschutztruppe" der Weimarer Republik, Wiesbaden 2000.

Berghahn, Volker, Der Stahlhelm. Bund der Frontsoldaten 1918–1933, Düsseldorf 1966 (Beiträge zur Geschichte des Parlamentarismus und der politischen Parteien, Bd. 33).

Beuker, Gerrit Jan, Umkehr und Erneuerung. Aus der Geschichte der Evangelisch-altreformierten Kirche in Niedersachsen 1835–1988, hrsg. von der Synode der Ev.-altref. Kirche in Niedersachsen, Bentheim 1988.

Budde, Herbert, Die Stadt Osnabrück und der Ortsverein der SPD 1924–1933, in: Wilhelm van Kampen/Tilmann Westphalen, 100 Jahre SPD in Osnabrück 1875–1975. Ausgewählte Kapitel zur Geschichte der Arbeiterbewegung in Osnabrück, Osnabrück 1975, S. 97–105.

Criegee, Hermann, Textilindustrie in Schüttorf, in: Heinrich Voort (Schriftleitung), 1295–1995. 700 Jahre Stadtrechte Schüttorf. Beiträge zur Geschichte, hrsg. von der Stadt Schüttorf, Bad Bentheim 1995 (Das Bentheimer Land, Bd. 134), S. 463–508.

Damaschke, Adolf, Zeitenwende. Aus meinem Leben. Bd. 2, Leipzig/Zürich 1925.

Degenhardt, Mathias, „... treue und begeisterte Republikaner ..." Das „Reichsbanner Schwarz-Rot-Gold" auf dem Eichsfeld anhand von Pressemitteilungen, in: Verein für Eichsfeldische Heimatkunde/Heimatverein Goldene Mark (Untereichsfeld) e. V. (Hrsg.), Eichsfeld-Jahrbuch. 30. Jg., Duderstadt 2022, S. 327–364.

Deters, Eleonore, Die SPD in Gildehaus und Bentheim von den Anfängen bis 1933, in: SPD-Ortsverein Bad Bentheim (Hrsg.), SPD Bad Bentheim 1919–1995. Festschrift anläßlich des Zusammenschlusses der Ortsvereine Gildehaus und Bentheim vor 20 Jahre am 25. Januar 1975, Bad Bentheim 1995, S. 15–28.

Elsbach, Sebastian, Das Reichsbanner Schwarz-Rot-Gold. Republikschutz und politische Gewalt in der Weimarer Republik, Stuttgart 2019 (Weimarer Schriften zur Republik, Bd. 10).

Falter, Jürgen W., Hitlers Wähler, München 1991.

Finker, Kurt, Jungdeutscher Orden (Jungdo) 1920–1933, in: Dieter Fricke u. a. (Hrsg.), Lexikon zur Parteiengeschichte. Die bürgerlichen und kleinbürgerlichen Parteien und Verbände in Deutschland 1789–1945, Bd. 3, Leipzig/Köln 1985, S. 138–148.

Für Freiheit und Republik! Das Reichsbanner Schwarz-Rot-Gold im Kampf für die Demokratie 1924 bis 1933. Begleitband für die Ausstellung der Gedenkstätte Deutscher Widerstand in Zusammenarbeit mit dem Reichsbanner Schwarz-Rot-Gold, Bund aktiver Demokraten e.V. (2. Aufl.), Berlin 2019.

Fricke, Dieter u. a. (Hrsg.), Lexikon zur Parteiengeschichte. Die bürgerlichen und kleinbürgerlichen Parteien und Verbände in Deutschland 1789–1945, Bd. 3: Gesamtverband deutscher Angestelltengewerkschaften – Reichs- und freikonservative Partei; Bd. 4: Reichsverband der deutschen Industrie – Zweckverband der freien Deutschtumsvereine, Leipzig 1985–1986.

Giesecke, Hermann, Zur Schulpolitik der Sozialdemokraten in Preußen und im Reich 1918/19, in: Vierteljahrshefte für Zeitgeschichte. 13. Jg., Heft 1 (1965), S. 162–177.

Gotschlich, Helga, Zwischen Kampf und Kapitulation. Zur Geschichte des Reichsbanners Schwarz-Rot-Gold, (Ost-)Berlin 1987.

Grave, Josef, Das Frerener Volksblatt. Notizen zur Geschichte einer ländlichen Kleinzeitung, in: Jahrbuch des Emsländischen Heimatbundes, Bd. 36 (1990), S. 98–105.

Herlemann, Beatrix, Biographisches Lexikon niedersächsischer Parlamentarier 1919–1945, Hannover 2004 (Veröffentlichungen der Historischen Kommission für Niedersachsen, Bd. 222).

Hinrichs, Wilfried, Die emsländische Presse unter dem Hakenkreuz. Selbstanpassung und Resistenz im katholischen Milieu, in: Emsland/Bentheim. Beiträge zur Geschichte, Bd. 6, hrsg. von der Emsländischen Landschaft für den Landkreis Emsland und die Grafschaft Bentheim, Sögel 1990, S. 7–253.

Hirschfeld, Michael, Soziale Gerechtigkeit als Lebensaufgabe. Willy Althaus. Ein Vorkämpfer der Katholischen Arbeitnehmer-Bewegung in Delmenhorst und im Oldenburger Land, Vechta 2000 (Quellen und Beiträge zur Kirchengeschichte des Oldenburger Landes, Beiheft 1).

Holl, Karl, Konfessionalität, Konfessionalismus und demokratische Revolution. Zu einigen Aspekten der Reichspräsidentenwahl von 1925, in: Vierteljahrshefte für Zeitgeschichte 17 (1969), S. 254–275.

Hornung, Klaus, Der Jungdeutsche Orden, Düsseldorf 1958 (Kommission für Geschichte des Parlamentarismus und der politischen Parteien, Bd. 14).

Kleene, Heinz, Über Mannsbilder und Kameraden. Zum Kriegervereinswesen im Emsland zur Zeit der Weimarer Republik, Haselünne 2020 (Studien und Quellen zur Geschichte des Emslandes und der Grafschaft Bentheim, 4).

Knapp, Thomas A., The German Center and the Reichsbanner, in: International Review of Social History 14 (1969), S. 159–179.

Koch, Karl, Kohlbrüggianer in der Grafschaft Bentheim. Eine Studie zur reformierten Kirchengeschichte der Grafschaft Bentheim zwischen 1880 und 1950. Zugleich ein Beitrag zur Geschichte des Kirchenkampfes, in: Emsland/ Bentheim. Beiträge zur Geschichte, Bd. 12, hrsg. von der Emsländischen Landschaft für die Landkreise Emsland und Grafschaft Bentheim, Sögel 1996, S. 355–432.

Kotte, Eugen, Denkmäler für Gefallene des Ersten Weltkriegs in der Grafschaft Bentheim, in: Eugen Kotte/Helmut Lensing, Die Grafschaft Bentheim im Ersten Weltkrieg. „Heimatfront" an der deutsch-niederländischen Grenze, hrsg. vom Heimatverein der Grafschaft Bentheim in Zusammenarbeit mit dem Landkreis Grafschaft Bentheim, Nordhorn 2018 (Das Bentheimer Land, 222), S. 434–455.

Kraft, Emil, 80 Jahre Arbeiterbewegung zwischen Moor und Meer. Ein Beitrag zur Geschichte der politischen Bewegungen in Weser-Ems, Wilhelmshaven 1952.

Kühle, Ernst, Die Bevölkerungsdichte in der Grafschaft Bentheim, in: Grafschafter Heimat-Kalender für das Jahr 1933, bearbeitet von Heinr. Specht, hrsg. von Heinrich Kip, Neuenhaus (1932), S. 42–44.

Lensing, Helmut, Die „Nationalsozialistische Deutsche Arbeiterpartei" (NSDAP) im Emsland von ihren Anfängen bis zum Beginn der NS-Diktatur 1933, in: Studiengesellschaft für Emsländische Regionalgeschichte (Hrsg.), Emsländische Geschichte 20 (2013), S. 258–481.

Lensing, Helmut, Art. Köhler, Paul, in: Studiengesellschaft für Emsländische Regionalgeschichte (Hrsg.), Emsländische Geschichte 7 (1998), S. 187–191.

Lensing, Helmut, Art. Lütkenhues, Franz, in: Studiengesellschaft für Emsländische Regionalgeschichte (Hrsg.), Emsländische Geschichte 11 (2004), S. 276–287.

Lensing, Helmut, Art. Maschmeyer, Dietrich, in: Studiengesellschaft für Emsländische Regionalgeschichte (Hrsg.), Emsländische Geschichte 6 (1997), S. 255–259.

Lensing, Helmut, Art. Schümer, Georg, in: Studiengesellschaft für Emsländische Regionalgeschichte (Hrsg.), Emsländische Geschichte 7 (1998), S. 244–249.

Lensing, Helmut, Art. Weinmann, Ludwig, in: Studiengesellschaft für Emsländische Regionalgeschichte (Hrsg.), Emsländische Geschichte 11 (2004), S. 323–329.

Lensing, Helmut, Der Aufstieg der Nationalsozialistischen Deutschen Arbeiterpartei in der Grafschaft Bentheim 1923–1933, in: Osnabrücker Mitteilungen. Mitteilungen des Vereins für Geschichte und Landeskunde von Osnabrück (Historischer Verein), Bd. 111 (2006), S. 255–296.

Lensing, Helmut, Der Aufstieg des Nationalsozialismus in der Grafschaft Bentheim mit besonderem Blick auf das Kirchspiel Uelsen 1923–1933 I, in: Bentheimer Jahrbuch 2007, Bad Bentheim 2006 (Das Bentheimer Land, Bd. 180), S. 251–268.

Lensing, Helmut, Betriebsratswahlen im Lingener Reichsbahnausbesserungswerk während der Weimarer Republik, in: Jahrbuch des Emsländischen Heimatbundes, Bd. 41 (1995), S. 82–103.

Lensing, Helmut, Die Betriebsratswahlen in der Nordhorner Textilindustrie während der Weimarer Republik. Ein Beitrag zur Geschichte der Arbeiterbewegung in der Grafschaft Bentheim, in: Studiengesellschaft für Emsländische Regionalgeschichte (Hrsg.), Emsländische Geschichte 8 (2000), S. 41–104.

Lensing, Helmut, Der Christlich-Soziale Volksdienst in der Grafschaft Bentheim und im Emsland. Die regionale Geschichte einer streng protestantischen Partei in der Endphase der Weimarer Republik, in: Studiengesellschaft für Emsländische Regionalgeschichte (Hrsg.), Emsländische Geschichte 9 (2001), S. 63–133.

Lensing, Helmut, Die Landvolk-in-Not-Bewegung von 1928 im Emsland, in: Jahrbuch des Emsländischen Heimatbundes, Bd. 40 (1994), S. 44–63.

Lensing, Helmut, Der reformierte Protestantismus in der Grafschaft Bentheim während der Weimarer Republik und das Aufkommen des Nationalsozialismus bis zu seiner Etablierung Ende 1933, in: Jahrbuch der Gesellschaft für niedersächsische Kirchengeschichte, Bd. 105 (2007), S. 95–166.

Lensing, Helmut, Die politische Partizipation der Bürger. Wahlen und Parteien in der Grafschaft Bentheim, in: Heinrich Voort (Hrsg.), 250 Jahre Bentheim – Hannover. Die Folgen einer Pfandschaft 1752–2002, hrsg. i. A. des Landkreises Grafschaft Bentheim, Bad Bentheim 2002 (Das Bentheimer Land, Bd. 156), S. 127–266.

Lensing, Helmut, Die Presse in der Grafschaft Bentheim während der Weimarer Republik, in: Bentheimer Jahrbuch 1992, Bad Bentheim 1991 (Das Bentheimer Land, Bd. 125), S. 179–200.

Lensing, Helmut, Die emsländische Presselandschaft im „Dritten Reich“, in: Reinhard Bojer, Emsländische Heimatkunde im Nationalsozialismus 1933–1945. Heimatkundliches aus emsländischen Tageszeitungen, Bd. 1, Lingen/Ems 2005, S. 17–51.

Lensing, Helmut, Die Region Emsland/Grafschaft Bentheim von der Gründungsphase des Kaiserreichs bis zur NS-Machtergreifung. Eine Handreichung für den Unterricht in den Sekundarbereichen I und II, hrsg. von der Emsländischen Landschaft für die Landkreise Emsland und Grafschaft Bentheim. Teil II: Quellen von der Novemberrevolution 1918 bis zur Konsolidierung der NS-Diktatur Ende 1933. Teilband I und II, Sögel 2009.

Lensing, Helmut, Die SPD in Schüttorf von den Anfängen bis 1933, in: Studiengesellschaft für Emsländische Regionalgeschichte (Hrsg.), Emsländische Geschichte 6 (1997), S. 33–88.

Lensing, Helmut, Wahlen, Parteien und Verbände in Schüttorf von 1867 bis 1933, in: Heinrich Voort (Schriftleitung), 1295–1995. 700 Jahre Stadtrechte Schüttorf. Beiträge zur Geschichte, hrsg. von der Stadt Schüttorf, Bad Bentheim 1995 (Das Bentheimer Land, Bd. 134), S. 333–438.

Lensing, Helmut, Die Wahlen zum Reichstag und zum Preußischen Abgeordnetenhaus im Emsland und in der Grafschaft Bentheim 1867 bis 1918. Parteiensystem und politische Auseinandersetzung im Wahlkreis Ludwig Windthorsts während des Kaiserreichs, Sögel 1999 (Emsland/Bentheim. Beiträge zur Geschichte, Bd. 15).

Lensing, Helmut, Antidemokratische Wehrverbände im Emsland während der Weimarer Republik. Der „Rote Frontkämpferbund" (RFB), der „Stahlhelm" und die nationalsozialistische „Sturm-Abteilung" (SA), in: Emsland-Jahrbuch. Jahrbuch des Emsländischen Heimatbundes, Bd. 57 (2011), S. 49–84.

Lensing, Helmut, Vom Ersten Weltkrieg bis zur Durchsetzung der NS-Diktatur. Neuenhaus von 1914 bis 1933, in: Neuenhaus – Ansichten und Einblicke. Aspekte einer Stadtgeschichte, hrsg. von Ruth Prinz/Peter Koop für die Stadt Neuenhaus und der Volkshochschule Grafschaft Bentheim. Schriftleitung: Hubert Titz, Nordhorn/Bad Bentheim/Neuenhaus 2011 (Schriftenreihe der Volkshochschule Grafschaft Bentheim, Bd. 30), S. 246–299.

Lensing, Helmut, Republikanische Wehrorganisationen im Emsland. Das „Reichsbanner Schwarz-Rot-Gold", die „Eiserne Front" und die „Volksfront gegen Radikalismus und soziale Reaktion", in: Emsland-Jahrbuch. Jahrbuch des Emsländischen Heimatbundes, Bd. 55 (2009), S. 45–72.

Lensing, Helmut, Die Zentrumspartei in der Provinz Hannover während der Weimarer Republik – Teil 1, in: Studiengesellschaft für Emsländische Regionalgeschichte (Hrsg.), Emsländische Geschichte 25 (2018), S. 57–221.

Lensing, Helmut/Plasger, Gerhard, Art. Switzer, Friederikus, in: Studiengesellschaft für Emsländische Regionalgeschichte (Hrsg.), Emsländische Geschichte 7 (1998), S. 275–278.

Lensing, Helmut/Robben, Bernd, „Wenn der Bauer pfeift, dann müssen die Heuerleute kommen!". Betrachtungen und Forschungen zum Heuerlingswesen in Nordwestdeutschland (10. minimal veränderte Aufl.), Meppen 2021.

Longerich, Peter, Geschichte der SA, München 2003.

Löning, Martin, Die Durchsetzung nationalsozialistischer Herrschaft im Emsland (1933–1935), in: Emsland/Bentheim. Beiträge zur Geschichte, Bd. 12, hrsg. von der Emsländischen Landschaft für die Landkreise Emsland und Grafschaft Bentheim, Sögel 1996, S. 7–353.

Lonnemann, Christian, Kriegervereine in der Grafschaft Bentheim zwischen Kameradschaftspflege, bürgerlichem Engagement und politischer Instrumentalisierung, in: Eugen Kotte/ Helmut Lensing, Die Grafschaft Bentheim im Ersten Weltkrieg. „Heimatfront" an der deutsch-niederländischen Grenze, hrsg. vom Heimatverein der Grafschaft Bentheim in Zusammenarbeit mit dem Landkreis Grafschaft Bentheim, Nordhorn 2018 (Das Bentheimer Land, 222), S. 28–42.

Mahlke, Bernhard, Stahlhelm – Bund der Frontsoldaten (Stahlhelm) 1918–1935 (1934–1935 Nationalsozialistischer Deutscher Frontkämpferbund [Stahlhelm] [NSDFB], in: Dieter Fricke u. a. (Hrsg.), Lexikon zur Parteiengeschichte. Die bürgerlichen und kleinbürgerlichen Parteien und Verbände in Deutschland 1789–1945, Bd. 4, Leipzig 1986, S. 145–158.

Katholische Kirchengemeinde St. Marien (Hrsg.), „Wir sind lebendige Steine". 75 Jahre Kirchweih St. Marien Nordhorn, 80 Jahre Gemeindegeschichte St. Marien Nordhorn, Nordhorn 2010.

Pätzold, Kurt/Rüssig, Peter, Sturm-Abteilung der Nationalsozialistischen Deutschen Arbeiterpartei (SA) 1920/21–1945, in: Dieter Fricke u. a. (Hrsg.), Lexikon zur Parteiengeschichte. Die bürgerlichen und kleinbürgerlichen Parteien und Verbände in Deutschland 1789–1945, Bd. 4, Leipzig 1986, S. 159–179.

Raithel, Thomas/Strenge, Irene, Die Reichstagsbrandverordnung. Grundlegung der Diktatur mit den Instrumenten des Weimarer Ausnahmezustandes, in: Vierteljahrshefte für Zeitgeschichte, 48 (2000) 3, S. 413–460.

Reeken, Dietmar von, Art. Tempel, Hermann Bernhard Christoph, in: Martin Tielke (Hrsg.), Biographisches Lexikon für Ostfriesland, Aurich 1993, S. 347–348.

Remling, Ludwig, Von der Demokratie zur Diktatur. Lingen 1932–1933, in: Emsland-Jahrbuch. Jahrbuch des Emsländischen Heimatbundes, Bd. 60 (2014), S. 75–106.

Rohe, Karl, Das Reichsbanner Schwarz Rot Gold. Ein Beitrag zur Geschichte und Struktur der politischen Kampfverbände zur Zeit der Weimarer Republik, Düsseldorf 1966 (Beiträge zur Geschichte des Parlamentarismus und der politischen Parteien, Bd. 33).

Rohr, Werner, Die Geschichte der Arbeiterbewegung in Nordhorn. Von den Anfängen bis 1945, in: Emsland/Bentheim. Beiträge zur neueren Geschichte, Bd. 4, hrsg. von der Emsländischen Landschaft für die Landkreise Emsland und Grafschaft Bentheim, Sögel 1988, S. 45–202.

Rötterink, Albert, Sonntag in der Grafschaft Bentheim – ein Blick zurück, in: Bentheimer Jahrbuch 2002, Bad Bentheim 2001 (Das Bentheimer Land, Bd. 155), S. 77–92.

Schneider, Michael, Die christlichen Gewerkschaften 1894–1933, Bonn 1982 (Forschungsinstitut der Friedrich-Ebert-Stiftung, Reihe: Politik und Gesellschaftsgeschichte, Bd. 10).

Schüren, Ulrich, Der Volksentscheid zur Fürstenenteignung 1926. Die Vermögensauseinandersetzung mit den depossedierten Landesherren als Problem der deutschen Innenpolitik unter besonderer Berücksichtigung der Verhältnisse in Preußen, Düsseldorf 1978 (Beiträge zur Geschichte des Parlamentarismus und der politischen Parteien, Bd. 64).

Schuster, Kurt G. P., Der Rote Frontkämpferbund 1924–1929. Beiträge zur Geschichte und Organisationsstruktur eines politischen Kampfbundes, Düsseldorf 1975 (Beiträge zur Geschichte des Parlamentarismus und der politischen Parteien, Bd. 55).

Siemens, Daniel, Sturmabteilung. Die Geschichte der SA, München 2019.

Specht, Heinrich, Nordhorn. Geschichte einer Grenzstadt, Nordhorn 1979 (Das Bentheimer Land, Bd. XXII) (Nachdruck der Ausgabe Nordhorn 1941).

Steinwascher, Gerd, Mit der „Roten Fahne" in den Untergang. Der Widerstand der KPD gegen den Nationalsozialismus im Emsland nach der Machtergreifung, in: Jahrbuch des Emsländischen Heimatbundes, Bd. 47 (2001), S. 85–113.

Steinwascher, Gerd, Politische Geschichte im 19. und in der ersten Hälfte des 20. Jahrhunderts, in: Werner Franke/Josef Grave/Heiner Schüpp/Gerd Steinwascher (Hrsg.), Der Landkreis Emsland. Geographie – Geschichte – Gegenwart. Eine Kreisbeschreibung, hrsg. im Auftrag des Landkreises Emsland, Meppen 2002, S. 333–379.

Steinwascher, Gerd (Bearbeiter), Gestapo Osnabrück meldet ... Polizei- und Regierungsberichte aus dem Regierungsbezirk Osnabrück aus den Jahren 1933 bis 1936, Osnabrück 1995 (Osnabrücker Geschichtsquellen und Forschungen, Bd. XXXVI).

Toury, Jacob, Jüdische Aspekte der Reichsbannergründung, in: Jacob Toury, Deutschlands Stiefkinder: ausgewählte Aufsätze zur deutschen und deutsch-jüdischen Geschichte, Gerlingen 1997 (Schriften des Instituts für Deutsche Geschichte, Universität Tel Aviv, Bd. 18), S. 93–113.

Toury, Jacob; Das Reichsbanner Schwarz-Rot-Gold. Stiefkind der Republik. Zur Gründungsgeschichte republikanischer Wehren, in: Jacob Toury, Deutschlands Stiefkinder: ausgewählte Aufsätze zur deutschen und deutsch-jüdischen Geschichte, Gerlingen 1997 (Schriften des Instituts für Deutsche Geschichte, Universität Tel Aviv, Bd. 18), S. 11–92.

Ummenhofer, Stefan, Wie Feuer und Wasser? Katholizismus und Sozialdemokratie in der Weimarer Republik, Berlin 2003.

Voort, Heinrich (Schriftleitung), 1295–1995. 700 Jahre Stadtrechte Schüttorf. Beiträge zur Geschichte, hrsg. von der Stadt Schüttorf, Bad Bentheim 1995 (Das Bentheimer Land, Bd. 134).

Vries, Nonno de, Demokratie kommt nicht von selbst. Ein Rückblick auf unsere Vergangenheit in der Grafschaft Bentheim vor 1945, hrsg. von der Historischen Kommission der Grafschafter SPD, Nordhorn 2018 (Beiträge zur Geschichte der Grafschaft Bentheim, 1).

Wagner, Herbert, Die Gestapo war nicht allein ... Politische Sozialkontrolle und Staatsterror im deutsch-niederländischen Grenzgebiet 1929–1945, Münster 2004 (Anpassung – Selbstbehauptung – Widerstand, Bd. 22, zugleich Diss. FernUniversität Hagen 2002).

Wahlpflichtkurs „Geschichte" der Klasse 10 der Marienschule Lingen (Hrsg.), 140 Straßennamen in Lingen. Personen in Text und Bild, Lingen 1985.

Wolf, Willi, 60 Jahre Lingener SPD, in: SPD Ortsverein Lingen (Hrsg.), 60 Jahre SPD – 1919–1979 Ortsverein Lingen, Lingen 1979, S. 33–43.

Ziemann, Benjamin, Die Zukunft der Republik. Das Reichsbanner Schwarz-Rot-Gold 1924–1933, Bonn 2011 (Gesprächskreis Geschichte, Heft 91).

Internetquellen

Gonschior, Andreas, Der Freistaat Preußen. Reichstagswahl November 1932, in: http://www.gonschior.de/weimar/Preussen/RT7.html (zuletzt eingesehen am 2.6.2022).

N. N., Kleine Geschichte der Lingener SPD, in: https://www.spd-lingen.de/spd-in-lingen/ (zuletzt eingesehen am 5.4.2022).

Danksagung

Mein Dank gilt den Archivarinnen und Archivaren im Niedersächsischen Landesarchiv – Abteilung Osnabrück, im Kreis- und Kommunalarchiv der Grafschaft Bentheim in Nordhorn und in den Stadtarchiven Lingen und Schüttorf für die Unterstützung meiner Arbeit sowie für die Druckerlaubnis von Fotos oder Archivalien aus ihren Beständen. Dies gilt ebenfalls für das Stadtmuseum Nordhorn, der SPD Nordhorn und Leer, dem Emsland-museum Lingen und den Familien Kipker, Nordhorn, und Altmeppen-Friese, Meppen, die mit Illustrationen zu diesem Buch beitrugen.

Ganz besonderer Dank gilt Herrn Dr. Stefan Heinz und Frau Marion Goers von der Gedenkstätte Deutscher Widerstand in Berlin, die mir nicht nur wichtiges Material aus den Beständen ihrer Institution zugänglich machten, sondern darüber hinaus wertvolle redaktionelle Arbeit bei der Drucklegung dieses Werks leisteten.
Herrn Dr. Christof Haverkamp aus Osnabrück schulde ich Dank für eine langjährige kritisch-konstruktive Durchsicht meiner Artikel, so auch dieses Werkes.

Nicht zuletzt gebührt der Braun Engels Gestaltung GmbH für ihre gelungene Gestaltung des Buches und dem Metropol Verlag für den Buchvertrieb Dank.

Personenregister

Zum Autor

Helmut Lensing, Dr. phil.; geboren 1961 in Wietmarschen, Kreis Grafschaft Bentheim; Studium der Geschichte, Katholischen Religionslehre und Sozialwissenschaften für das Lehramt Sek. II/I in Münster; 1997 Promotion; Lehrer in Münster; Leiter des Redaktionsteams der regionalgeschichtlichen Reihe „Emsländische Geschichte" der Studiengesellschaft für Emsländische Regionalgeschichte, dort Vorstandsmitglied; zahlreiche Veröffentlichungen, vor allem zur Parteien-, Kirchen-, Wahl-, Wirtschafts-, Verbands- und Ortsgeschichte der Region Emsland/Grafschaft Bentheim.